Coursework section by Christine Morgan
Reading and Writing section by Soledad Spencer-Montes

Heinemann is an imprint of Pearson Education Limited,
a company incorporated in England and Wales, having
its registered office at Edinburgh Gate, Harlow, Essex, CM20 2JE.
Registered company number: 872828

Heinemann is a registered trademark of Pearson Education Limited

First published 2002
10
17

A catalogue record is available from the British library on request.

ISBN: 978 0 435 43030 6

Produced by Ken Vail Design, Cambridge
Original illustrations © Heinemann Educational Publishers 2002
Illustrations by Arlene Adams Graham-Cameron Illustration (Harriet Buckley), Celia Hart, Nick Hawken, Sylvie Poggio Artists Agency (James Arnold, Tim Davies, Nick Duffy, Tony Forbes, Roger Haigh, Simon Jacob, Nigel Kitching, Roger Langridge, Simon Martin), Judy Stevens

Cover design by Hicksdesign

Cover photograph by Travel Ink/Simon Reddy (Kio Towers, Madrid)

Printed and bound in China (CTPS/17)

Acknowledgements

The author would like to thank Clive Bell, Helena González Florido, Christine Haylett, Naomi Laredo, Deborah Manning, María Luisa Pendrous, Carmen Suárez Perez, Johanna Riesz, Colette at Footstep Productions and all the speakers, Soledad Moreno and the pupils at the Instituto de Bachillerato Alfonso X el Sabio, Murcia for their help in the making of this course.

Teacher Consultant: Tess Large of West Redcar School, Cleveland

Photographs were provided by: **Travel Ink/Chris Stammers** p.14 (Guggenheim Museum, Bilbao), **Travel Ink/Angela Hampton** p.14 (Sitges), **Corbis** p.14 (Pyrenean village), **Travel Ink/Stephen Andrews** p.37 (Roman aqueduct, Sergovia), **Chris Honeywell** p.38 (tourist information material), p.116 (montage of magazines), **Travel Ink/David Forman** p.39 (Chilean lakes and mountains), p.45 (Havana), **Rex Features** p.41 (Spanish music and dancing), p.45 (Mexico), p.57 (traffic jam), p.89 (drug abuse), p.110 (pop concert), p.125 (Antonio Banderas), p.125 (Jennifer López), **Empics** p.90 (Formula 1), p.110 (fire-eaters), **Steve Benbow** p.106 (shop scene), p.136 (computer scene), **Freemantlemedia** p.119 (Neighbours scene), **PYMCA** p.130 (drug abuse), **South American Pictures** p.133 (Quito traffic). All other photos are provided by **Keith Gibson** and Heinemann Educational Publishers.

Tel: 01865 888058 www.heinemann.co.uk

Tabla de materias

Módulo 1 Me presento

Módulo 2 En el cole

Módulo 3 De vacaciones

Módulo 4 En ruta

Módulo 5 ¿Qué te ha pasado?

Módulo 6 En casa y en el trabajo

Módulo 7 De compras

Módulo 8 De juerga

Módulo 9 Yo

Módulo 10 El futuro

Me presento

Revising introducing yourself

1a Lee las presentaciones y rellena la ficha.

¡Hola! ¿Qué tal? Me llamo Carlos y soy español. Tengo dieciséis años y mi cumpleaños es el 10 de enero. Vivo en Madrid con mis padres y mis dos hermanos. Mi hermano mayor tiene veinte años y se llama Jorge. Mi hermano menor se llama Nacho. Tiene catorce años. El otro miembro de la familia es el perro que se llama Fede. Tiene cinco años y me gusta mucho.

Me presento. Me llamo María y soy de Argentina, de la capital Buenos Aires. Tengo diecisiete años. Vivo con mi madre, Gloria, con mi abuela y con mi hermana Pili. Tiene dieciocho años. No tengo mucha familia porque mi madre es hija única y mis padres están divorciados. Mi padre vive en los Estados Unidos. No tengo ningún animal en casa porque es un piso y no se permiten animales.

	Edad	Cumpleaños	Hermano(s)	Hermana(s)	Animal(es)
Carlos					
María					

1b Escribe una presentación.

Ejemplo: *¡Hola! Me llamo … Tengo …*

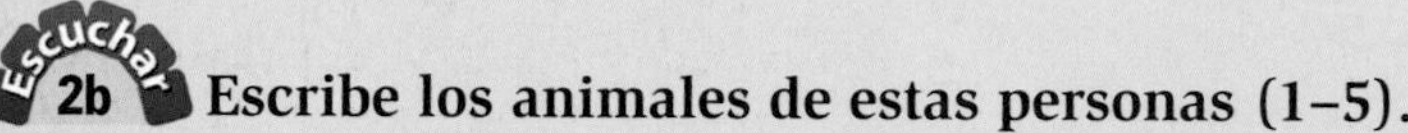

Escuchar
2a Escribe la edad, el cumpleaños y el número de hermanos/as de estas personas (1–6).

Escuchar 2b Escribe los animales de estas personas (1–5).

Hablar 3a Túrnate con tu compañero/a.

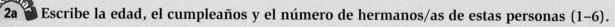

***Ejemplo:* 1**

- ¿Cuántos años tienes?
- Tengo dieciséis años.
- ¿Cuándo es tu cumpleaños?
- Es el doce de octubre.

3b Con tu compañero/a pregunta y contesta.

- ¿Cómo te llamas?
- Me llamo …
- ¿Cuántos años tienes?
- Tengo … años.
- ¿Cuándo es tu cumpleaños?
- Es el …
- ¿Cuántas personas hay en tu familia?
- Hay …
- ¿Tienes hermanos/as?
- Sí, tengo …/No, no tengo …
- ¿Tienes animales en casa?
- Sí, tengo …/No, no tengo …

Gramática

Question words

Reminder: All question words have an accent. The accent goes where the stress falls on the word: ¿qui**é**n? ¿cu**á**l? ¿c**ó**mo?

Don't forget the upside-down question mark before the question. Make sure you know and recognise all the question words.

Para saber más → página 188, 4.10

¡OJO!

Aim to speak fluently and practise without looking at the book.

Try to link your ideas together using simple conjunctions: **y**, **pero**, **también** *(also).*

Time yourself and see if you can beat your record for speaking without stopping.

4a En el mensaje electrónico, Julia presenta a su familia. Contesta a las preguntas de abajo.

1 ¿Dónde vive Julia?
2 ¿Cuántos años tiene?
3 ¿Cuántas personas hay en su familia?
4 ¿Quiénes son?
5 ¿Qué hace su padre? ¿Y su hermano?
6 ¿Cómo es Anita?

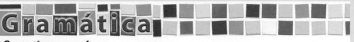

Fichero Edición Inserción Formato Instrumen

¡Hola! Me llamo Julia González. Tengo quince años y vivo en Barcelona. Somos cinco en casa: vivo con mi padre, mi madrastra, mi hermano y mi hermanastra. Mis padres se divorciaron hace tres años.

Mi padre se llama Jorge y es mecánico. Tiene cuarenta años. Mi madrastra, Carmen, tiene treinta y cinco años y no trabaja. Mi hermano se llama José y es estudiante en la universidad. Tiene veintidós años. Finalmente, mi hermanastra tiene doce años. Se llama Anita y es muy simpática.

No tenemos animales en casa porque vivimos en un piso. Mis abuelos viven cerca y tienen un perro muy grande.

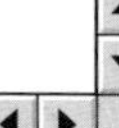

4b Escribe un mensaje como el de Julia.

Gramática

Jobs

Notice that when you're talking about jobs in Spanish you don't include un *or* una*. For example:*

Mi padre es ingeniero.	*My father is **an** engineer.*
Mi madre es profesora.	*My mother is **a** teacher.*

Para saber más → página 182, 1.4

Repaso 2

Leer 1 Empareja las descripciones con las personas.

Ejemplo: ***1*** *– Nacho*

1 Tengo los ojos azules y el pelo muy corto y rubio.

2 Mi hermana tiene el pelo castaño. Es bastante largo y ondulado. Tiene los ojos verdes.

3 Tengo los ojos grises y el pelo negro, corto y liso.

4 Mi primo tiene los ojos negros y el pelo moreno, largo y rizado.

Miguel Mohamed Juanita Pilar Juan Nacho Isabel

Hablar 2a Túrnate con tu compañero/a.

Ejemplo:

- Tiene el pelo negro y corto y tiene los ojos azules. Tiene pecas.
- Es Marga.
- Sí.

José Marga Hassan Marisol Alejandro

Mi padre/madre Mi amigo/a Mi hermano/a	tiene	el pelo	castaño moreno negro rubio	corto largo liso ondulado rizado	y los ojos	azules. grises. negros. verdes.
	Tiene	barba. bigote.	gafas. pecas.			

2b Describe a las personas en 2a.

Ejemplo: *José tiene el pelo rubio y largo y los ojos verdes. Tiene barba.*

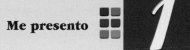

2c Escribe unas frases sobre unos miembros de tu familia.

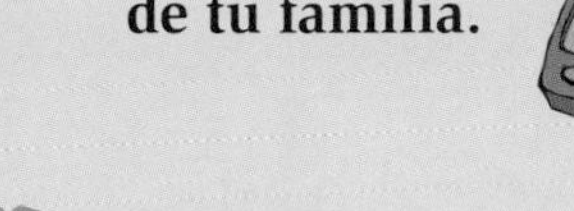

Gramática

Agreement of adjectives

Adjectives change their endings according to the noun they are referring to. Note the patterns:

ending in **-o/-a**	*ending in* **-e**	*ending in any other letter*
el pelo rubi**o**	el pelo verd**e**	el pelo azul
una barba negr**a**	la chica grand**e**	la casa azul
los ojos negr**os**	los ojos verd**es**	los ojos azul**es**
unas gafas roj**as**	unas pecas grand**es**	las gafas azul**es**

Remember that most adjectives come after the noun.

Para saber más → página 182, 2.1

3a Describe a estas personas usando los adjetivos.

Ejemplo:
1 – El hombre es muy viejo. Es bastante bajo y feo.

alto/bajo
guapo/feo
delgado/gordo
rubio/moreno
joven/viejo

¡OJO!

Don't forget to use words like **bastante** *(quite) and* **muy** *(very) to qualify the adjectives.*

3b Escucha las descripciones (1–5). ¿Quién habla?

Ejemplo: 1 – B

4a Haz una descripción de ti y de unos miembros de la familia. Incluye:

- tu/su nombre
- tu/su edad
- cómo son tus/sus ojos
- cómo eres/es
- cómo es tu/su pelo

Gramática

The present tense

Learn the present tense of these important verbs by practising them. For example:

Me llamo Helen. Mi hermano **se llama** Pete y mis padres **se llaman** Barbara y Mark.

llamarse *to be called*	**ser** *to be*	**tener** *to have*
me llamo	soy	tengo
se llama	es	tiene
se llaman	son	tienen

Para saber más → página 189, 5.2

1 Te presento a mi familia

Introducing other people

1a Mira la foto y escucha la información.

1b Las frases, ¿son verdad (✔) o mentira (✘)? Corrige las frases falsas.

1 Mis tíos no tienen hijos.
2 Vivo con mi padre.
3 Mi hermana tiene dos hijos.
4 Los hijos de mis tíos son gemelos.
5 Mi abuelo vive con mis tíos.
6 Mi hermana tiene un marido.
7 Mis primas son gemelas.

1c Describe a unos miembros de tu familia.

Mi hermano/a Mi hermanastro/a Mi padre/madre Mi padrastro/ madrastra Mi abuelo/a	está	casado/a/os/as *(married)*. separado/a/os/as. divorciado/a/os/as. jubilado/a/os/as *(retired)*. muerto/a/os/as *(dead)*. viudo/a *(widowed)*.	Tiene Tienen	un hijo. una hija. dos hijos. tres hijas. gemelos/as.
Mis padres Mis abuelos Mis tíos	están		No tiene No tienen	hijos.

1d Túrnate con tu compañero/a. 

You're staying at your Spanish penfriend's house. Describe your family to your partner. Talk for 30, 60 or 90 seconds.

- Habla un poco de tu familia.
- *Say you live with your parents/stepfather/stepmother.*
- ¿Tienes hermanos?
- *Say how many brothers and sisters you have.*
- ¿Tienes abuelos?
- *Say how many grandparents you have.*
- ¿Viven en tu casa?
- *Say whether they live with you. If not, say where they live.*

2a Empareja las frases con los mapas.

Ejemplo: 1 – E

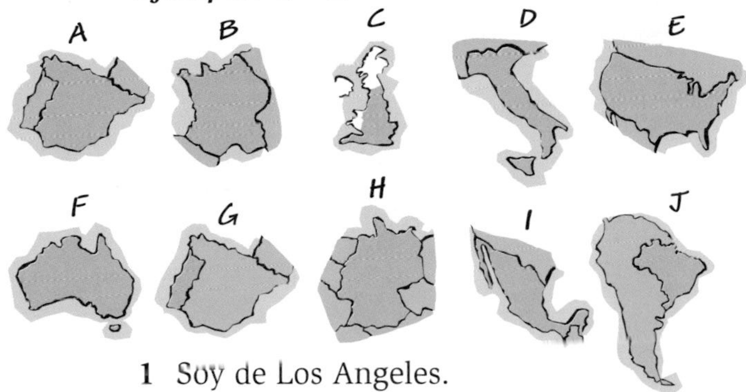

1. Soy de Los Angeles.
2. Nací en Roma.
3. Vivo en Londres.
4. Mi padre es francés y mi madre es alemana.
5. Vivo en Granada pero nací en Madrid.
6. Trabajo en los Estados Unidos pero soy de Tijuana.

nací *I was born*	trabajo *I work*

Gramática

Ser *and* estar

Don't forget there are two verbs 'to be' in Spanish: ser *and* estar.

Ser *is used for permanent and long-term states: nationality, jobs, personality, descriptions (colours, material, size, etc.):*

Soy inglés.
Mi hermana mayor es profesora
Mis hermanos son aburridos.
Mi jersey es rojo. Es de lana y es bastante grande.

Estar *is used*

1. *for location or position:*
   Mis primos están en Madrid.
   Mi abuela está aquí.
2. *for temporary states (mood, health):*
   Estoy contenta hoy.

Para saber más → página 192, 5.7

2b Mira los mapas. Escucha y escribe las letras de los países mencionados (1–5).

Ejemplo: 1 – J, E

2c En grupos de tres. Túrnate con tus compañeros/as para presentar a estas personas. Cambia las palabras subrayadas.

Ejemplo:

- ¿Conoces a mi <u>amigo Javi</u>?
- No.
- Entonces, te presento a <u>Javi</u>.
- Mucho gusto. ¿De dónde eres, <u>Javi</u>?
- Soy <u>de Cancún</u>. Soy <u>mexicano</u>.

1. amigo – Javi – Cancún – mexicano
2. tía – Francisca – Santiago – chilena
3. abuela – Manuela – Granada – española
4. primo – Carlos – Nueva York – estadounidense
5. amiga – Teresa – Edimburgo – escocesa

2d Describe a las personas en 2c.

Ejemplo: Javi es de Cancún. Es mexicano.

2e Escucha 2b otra vez. Completa estas frases.

1. La … de Jesús es …
2. Los padres de Anita son …
3. La madre de Enrique es …
4. La … de Karl es …
5. Anna es … y su padre es …

Adjectives of nationality

Note that many adjectives of nationality are irregular:

escocés, escoces**a**, escoces**es**, escoces**as**
(inglés, francés, galés, irlandés *are the same*)
español, español**a**, español**es**, español**as**

Para saber más → página 182, 2.1

2 Mi casa

Describing your house or flat

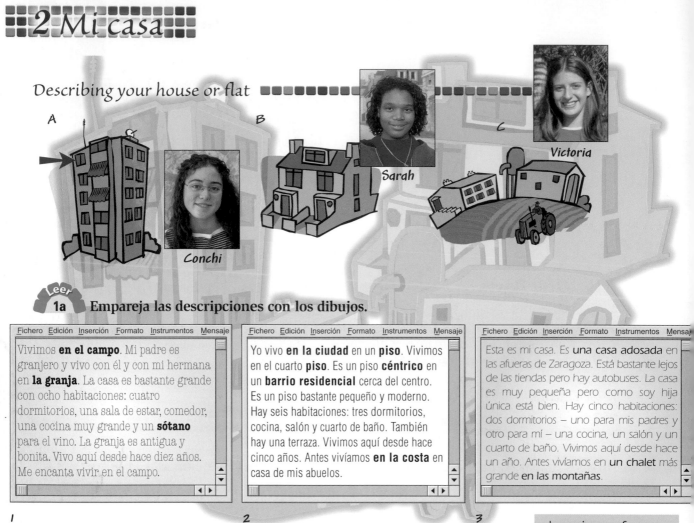

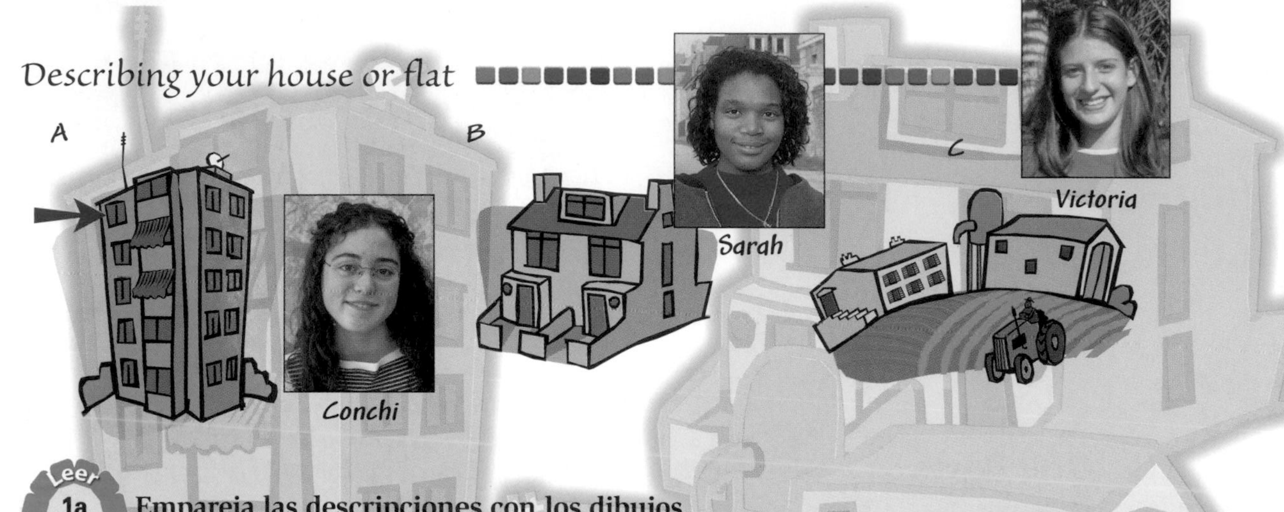

1a Empareja las descripciones con los dibujos.

1	2	3
Fichero Edición Inserción Formato Instrumentos Mensaje	Fichero Edición Inserción Formato Instrumentos Mensaje	Fichero Edición Inserción Formato Instrumentos Mensaje
Vivimos **en el campo**. Mi padre es granjero y vivo con él y con mi hermana en **la granja**. La casa es bastante grande con ocho habitaciones: cuatro dormitorios, una sala de estar, comedor, una cocina muy grande y un **sótano** para el vino. La granja es antigua y bonita. Vivo aquí desde hace diez años. Me encanta vivir en el campo.	Yo vivo **en la ciudad** en un **piso**. Vivimos en el cuarto **piso**. Es un piso **céntrico** en un **barrio residencial** cerca del centro. Es un piso bastante pequeño y moderno. Hay seis habitaciones: tres dormitorios, cocina, salón y cuarto de baño. También hay una terraza. Vivimos aquí desde hace cinco años. Antes vivíamos **en la costa** en casa de mis abuelos.	Esta es mi casa. Es **una casa adosada** en las afueras de Zaragoza. Está bastante lejos de las tiendas pero hay autobuses. La casa es muy pequeña pero como soy hija única está bien. Hay cinco habitaciones: dos dormitorios – uno para mis padres y otro para mí – una cocina, un salón y un cuarto de baño. Vivimos aquí desde hace un año. Antes vivíamos en **un chalet** más grande **en las montañas**.

el granjero	*farmer*
las afueras	*outskirts*

1b ¿Quién habla? Escribe el número (1–8) y la persona que habla.

Ejemplo: 1 – Sarah

1c Con tu compañero/a describe dónde vives como en 1a.

- ¿Vives en una casa o en un piso?
- *Say where you live.*
- ¿Cómo es?
- *Describe the size.*
- ¿Cuántos dormitorios tiene?
- *Say how many bedrooms it has.*
- ¿Desde hace cuánto tiempo vives allí?
- *Say how long you have lived there.*
- ¿Te gusta?
- *Say whether you like it.*

Gramática

Desde hace

When you want to say how long you have been doing something you use desde hace + *present tense:*

I have been living here for a year.
Vivo aquí **desde hace** un año.

Para saber más → página 200, 5.25

¡OJO!

In the exams, it's very important to show you can use the past and future tenses. Look in 1a above for examples of how the writers have managed to mention the past.

Lee la carta de Santiago y decide si las frases son verdad o mentira. Corrige las frases falsas.

Ejemplo: *1 – ✗*
Santiago vive en un piso.

Vivo en un barrio residencial cerca del centro de Málaga que se llama Echevarría. Es un barrio tranquilo excepto que el hospital más grande de Málaga está al final de la calle y las ambulancias pasan. Hay tiendas cerca y acaban de abrir un restaurante chino debajo de mi casa. Es un piso muy grande en la séptima planta. Normalmente hay cuatro pisos en cada planta, pero el nuestro es un ático y sólo hay dos. Por eso, es más grande. Abajo hay un patio para los niños donde pueden jugar. Hay un aparcamiento.

El piso tiene seis dormitorios. Hay una cocina, el dormitorio de mi hermana mayor, Pilar, el de mis padres y unos cuantos más, y hay un salón, un comedor y una salita y una terraza muy grande con muchas plantas y flores. Éramos cinco en casa pero mi hermano, que es mayor, se casó hace tres años. Ahora somos cuatro. Mi hermano vive ahora en las afueras de Málaga en un chalet adocado. Mi hermana estudia psicología en la universidad. Se va a casar el año que viene y se va a ir a vivir a Badajoz, cerca de la frontera con Portugal.

Me gusta mucho mi dormitorio. En las paredes hay pósters de mis cantantes favoritos. Tengo una cama nueva, una televisión con vídeo, un equipo de música y un ordenador portátil. Tengo una mesa donde hago mis deberes y unos estantes con libros.

Santiago

1 Santiago vive en una casa.
2 No es un barrio tranquilo.
3 Son cinco en casa ahora.
4 Su hermano vive en Portugal.
5 Tiene un hermano mayor y una hermana menor.
6 Vive en la séptima planta.
7 Hay una terraza pequeña.
8 Tiene un ordenador.
9 No hay pósters en las paredes.

Gramática

Possessive adjectives

Notice that possessive adjectives change their endings depending on whether the noun they describe is singular or plural (and, in the case of nuestro *and* vuestro, *masculine or feminine).*

	Sing.	**Plural**
my	mi	mis
your (fam. sing.)	tu	tus
his, her, its, your (polite)	su	sus
our	nuestro/a	nuestros/as
your (fam. pl.)	vuestro/a	vuestros/as
your (polite), their	su	sus

Para saber más → página 183, 2.3

Escucha las conversaciones (1–8) y escribe la letra de la habitación.

Ejemplo: *1 – A*

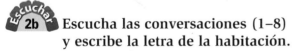

A el salón

B el cuarto de baño

C la cocina

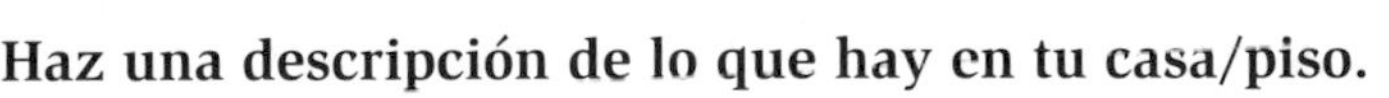

Haz una descripción de lo que hay en tu casa/piso.

Ejemplo: *En mi casa hay siete habitaciones. Hay … dormitorios. En mi dormitorio hay …*

3 El pueblo donde vivo

Describing the place where you live

1a Escribe el número de la frase y el nombre de la persona que escribe.

***Ejemplo:* 1** – *Dolores*

¡Hola!
Soy Kurtis. Yo vivo en Bilbao, una ciudad en el norte de España. Está en la costa y mi piso está muy cerca del puerto. El centro de Bilbao es bonito ahora y hay mucho turismo y mucha cultura, pero el barrio donde vivo es industrial. Es sucio y ruidoso y hay mucha contaminación. Lo malo es que hay mucho desempleo. Mi padre está en paro. Los bloques de pisos son antiguos y feos. Lo bueno es que tengo muchos amigos y vamos a los parques y al polideportivo que está cerca. No hay mucho que hacer pero me gusta bastante vivir allí.

Querido amigo:
Me llamo Dolores y vivo en Sitges. Es un pueblo muy turístico en la Costa Brava en el este de España. Es muy ruidoso, sobre todo los fines de semana y en julio y agosto. Hay muchísimos turistas ingleses, alemanes y holandeses. Lo bueno es que hay muchas diversiones: discotecas, cines, bares, tiendas – y las playas, claro. Lo malo es el ruido: hay música a todas horas.

¡Hola!
Soy Rafa. Vivo en un pueblo rural muy pequeño que se llama Canfranc. Está bastante lejos de San Sebastián, cerca de los Pirineos. Hay cien habitantes. Muchos son jubilados y hay pocos jóvenes. Lo malo es que mis amigos viven lejos. No hay nada que hacer en el verano – en invierno, sí. El pueblo es muy bonito, limpio, tranquilo, pero muy aburrido, ¡aburridísimo!

1 Lo malo es la música todo el tiempo en verano.

2 Lo interesante son las diversiones.

3 Lo malo es la contaminación.

4 Lo bueno es que el pueblo es bonito y tranquilo.

5 Lo malo es el ruido.

6 Lo aburrido es que mis amigos no viven cerca.

7 Lo malo es que hay mucho desempleo.

Gramática

Lo + *adjective*

Lo + *adjective* means 'the … thing'. For example:

Lo bueno es que hay mucho que hacer.
The good thing is that there's a lot to do.
Lo fantástico es que está cerca de la playa.
The great thing is that it's near the beach.

Para saber más → página 182, 1.5

1b Escucha y completa estas frases con una palabra de la lista a la derecha. ¡Ojo! Hay ocho frases y diez palabras.

1a Lo bueno es que es muy …
1b Lo malo es que es …

2a Lo bueno es que no hay mucho …
2b Lo malo es que es muy …

3a Lo bueno es que es …
3b Lo aburrido es que es demasiado …

4a Lo bueno es que no hay mucho …
4b Lo malo es que hay mucho …

sucio
verde
desempleo
tráfico
contaminación
tranquilo
bonito
ruidoso
turismo
industria

Con tu compañero/a haz una conversación. 

- ¿Cómo es tu pueblo?
- Es rural/industrial/turístico/ruidoso/sucio/limpio/verde/…
- ¿Te gusta?
- …
- ¿Por qué?/¿Por qué no?
- …
- ¿Qué es lo bueno de tu pueblo?
- …
- ¿Qué es lo malo?
- …

Haz una lista de los sitios mencionados.

Vivo en Santander, una ciudad bastante grande con mucho turismo. Hay una estación de trenes, de autocares, un puerto y un aeropuerto. Hay un palacio cerca de las playas y un zoo. El estadio de fútbol no está lejos. Hay muchas fuentes y es muy bonito.

El barrio comercial donde vivo tiene bancos, oficinas, la comisaría y Correos. El ayuntamiento está cerca, al lado de la biblioteca, y el hospital no está lejos. Hay un videoclub donde voy para alquilar vídeos y juegos. No hay fábricas y el centro comercial está lejos.

Málaga tiene de todo: museos, un castillo, una catedral, parques y jardines, y una plaza de toros.

Escribe una carta a un amigo describiendo tu pueblo/ciudad.

Vivo en	un pueblo una ciudad	industrial. comercial. rural. turístico/a.	Hay Tiene	bastante demasiado/a mucho/a poco/a	contaminación. cultura. desempleo. dinero. industria.

El barrio es	ruidoso/tranquilo/sucio/ limpio/verde/contaminado/ feo/moderno/antiguo.	Lo	bueno malo	es (que) ...
		Hay mucho No hay nada		que hacer.
		Hay ...		

4 Lo bueno y lo malo

Expressing opinions and making comparisons

¿Hablan de la ciudad o del campo? ¿Qué opinan? Pon las opiniones en la categoría correcta.

A favor de la ciudad	A favor del campo

Hay mucho que hacer.

Es más limpio y tranquilo.

Hay demasiado tráfico y contaminación.

No hay mucho transporte público. Necesitas un coche.

Prefiero los lagos, los ríos y el paisaje.

Lo bueno es la tranquilidad.

Me gustan mucho las diversiones.

No hay videoclubs ni centros comerciales.

Lo malo es que no hay nada que ver.

Es menos interesante para los jóvenes.

Es más interesante que el campo porque hay más que hacer.

Gramática

The comparative

Use más que *and* menos que *when you want to make comparisons. For example:*

Madrid es **más** interesante **que** Torrelavega.
El campo es **menos** interesante **que** la ciudad.

Para saber más → página 183, 2.4

1b Hablar

Con tu compañero/a haz cuatro conversaciones cortas usando las frases de 1a.

- ¿Prefieres el campo o la ciudad? ● Prefiero …
- ¿Por qué? ● Porque …

¡OJO!

Try to give extended answers in the exam, then you'll be asked fewer questions and gain more credit for your answers.

Me gusta vivir en el campo **porque** es tranquilo y muy verde, **pero** prefiero la ciudad. Hay muchas diversiones. **También** hay …

2a Escuchar

Escucha las conversaciones (1–5) y escribe la letra que corresponde. En cada conversación hay un error. ¿Qué es?

Ejemplo: *1 – D 40 kilómetros*

A: 2 kilómetros – 5 minutos en bicicleta

B: 500 metros – 10 minutos andando

C: 10 kilómetros – 25 minutos en autobús

D: 30 kilómetros – 35 minutos en tren/20 en coche

E: 4 kilómetros – 15 minutos en metro

Está a 2 kilómetros.	*It's 2 km away.*
Está a 5 minutos.	*It's 5 minutes away.*

Escucha cinco conversaciones más y rellena la tabla.

	Sitio	Distancia	Tiempo	Método de transporte
1	el centro comercial	3 km	30 minutos	andando

Con tu compañero/a pregunta y contesta.

- ¿Está cerca el estadio/el centro comercial/el colegio?
- Sí/No, está(n) …
- ¿Están cerca las tiendas/las fábricas/los cines?
- …
- ¿A qué distancia?
- A … kilómetros.
- ¿Cómo vas allí?
- …
- ¿Cuánto tiempo tardas en llegar?
- … minutos más o menos.

Describe lo que hay cerca de tu casa, cómo vas allí y cuánto tiempo tardas en llegar. 

Escribe seis frases con el sitio y la estación del año.

Ejemplos: *Madrid – verano: Me gusta ir allí de vacaciones en julio porque hace calor.*
Liverpool – invierno: No me gusta ir …

	primavera	verano	otoño	invierno
A Madrid				
B Liverpool				

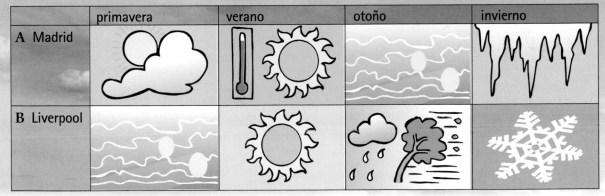

Escribe el número (1–5) y la letra del sitio que corresponde.

Ejemplo: *1 – B*

Con tu compañero/a pregunta y contesta.

- ¿Te gusta el clima?
- *Say you like the weather in summer but not in winter.*
- ¿Qué tiempo hace en verano?
- *Describe the weather in summer.*
- ¿Prefieres el clima en tu país o en España?
- *Explain your preference.*

Describe el clima donde vives. ¿Qué estación del año te gusta más y por qué?

Vocabulario

Datos personales	Personal details
Me llamo ...	*My name is ...*
Tengo ... años.	*I'm ... years old.*
Mi cumpleaños es el ... de ...	*My birthday is the ... of ...*
Soy (inglés/inglesa).	*I'm (English).*
Vivo en ...	*I live in ...*

Familia	Family
Somos (cinco) en casa.	*There are (five) of us at home.*
Vivo con mis padres/ mi madre.	*I live with my parents/ my mother.*
Mi hermano/hermana se llama ...	*My brother/sister is called ...*
Soy hijo/a único/a.	*I'm an only child.*
Mis hermanas son gemelas.	*My sisters are twins.*
No tengo hermanos.	*I haven't any brothers or sisters.*

Descripción personal	Personal descriptions
Soy alto/a.	*I'm tall.*
bajo/a	*short*
delgado/a	*thin*
gordo/a	*fat*
guapo/a	*good-looking*
feo/a	*ugly*
joven	*young*
viejo/a	*old*
rubio/a	*fair*
moreno/a	*dark*
Tengo los ojos azules/ grises/marrones/ negros/verdes.	*I have blue/ grey/brown/ black/green eyes.*
Tengo el pelo corto/largo/ liso/ondulado/rizado.	*I have short/long/ straight/wavy/curly hair.*
Tengo el pelo castaño/ moreno/rubio.	*I have light brown/ dark/blond hair.*
Tengo barba/bigote/ gafas/pecas.	*I have a beard/a moustache/ glasses/freckles.*

Parientes	Relations
el hijo	*son*
la hija	*daughter*
el marido	*husband*
la mujer	*wife*
el novio/la novia	*boyfriend/girlfriend, fiancé(e)*
los abuelos	*grandparents*
el abuelo/la abuela	*grandfather/grandmother*
los tíos	*uncle and aunt*
el tío/la tía	*uncle/aunt*
el primo/la prima	*cousin*
los padres	*parents*
el padre	*father*
la madre	*mother*
el padrastro/la madrastra	*stepfather/stepmother*
el hermano/la hermana	*brother/sister*
el hermanastro/ la hermanastra	*stepbrother/stepsister*

Estado	Status
(Mi madre) está ...	*(My mother) is ...*
casado/a	*married*
divorciado/a	*divorced*
separado/a	*separated*
viudo/a	*widowed*
jubilado/a	*retired*
en paro	*unemployed*

Animales	Animals
el caballo	*horse*
el cobayo	*guinea pig*
el gato	*cat*
el periquito	*budgerigar*
el ratón	*mouse*
el pez/los peces	*fish*
el perro	*dog*

Nacionalidades	Nationalities
Soy ...	*I'm ...*
español/española	*Spanish*
inglés/inglesa	*English*
alemán	*German*
escocés	*Scottish*
francés	*French*
galés	*Welsh*
irlandés	*Irish*
portugués	*Portuguese*
australiano/a/os/as	*Australian*
brasileño	*Brazilian*
chileno	*Chilean*
italiano	*Italian*
mexicano	*Mexican*
estadounidense(s)	*American (US)*

Domicilio	Home
el barrio	*area/district (of town)*
la casa (adosada)	*(semi-detached) house*
el chalet	*bungalow*
la granja	*farm*
el piso	*flat*
en el campo	*in the country*
en la costa	*on the coast*
en la montaña	*in the mountains*
en el (séptimo) piso/ en la (séptima) planta	*on the (seventh) floor*

Habitaciones	Rooms
el aparcamiento	*parking*
el ático	*attic*
la cocina	*kitchen*
el comedor	*dining room*
el cuarto de baño	*bathroom*
el dormitorio	*bedroom*
el patio	*patio/play area*
el salón	*lounge*
el sótano	*cellar*
la terraza	*balcony*

Los muebles	Furniture
la cocina (de gas/eléctrica)	*(gas/electric) cooker*
el congelador	*freezer*
la lavadora	*washing machine*
el lavaplatos	*dishwasher*
la nevera	*fridge*
la butaca	*armchair*
el equipo de música	*music system*
el estante	*shelf*
la lámpara	*lamp*
la mesa	*table*
el sofá	*sofa*
el teléfono	*telephone*
la televisión	*TV*
la cama	*bed*
el ordenador	*computer*
el póster	*poster*
el vídeo	*video*
la alfombra	*rug*
la bañera	*bath*
la ducha	*shower*
el espejo	*mirror*
el lavabo	*basin*

El pueblo	The town
norte	*north*
sur	*south*
este	*east*
oeste	*west*
sucio/a	*dirty*
limpio/a	*clean*
ruidoso/a	*noisy*
tranquilo/a	*quiet*
industrial	*industrial*
rural	*rural*
contaminado/a	*polluted*
turístico/a	*touristy*
antiguo/a	*old*
moderno/a	*modern*
No hay mucho que hacer.	*There isn't a lot to do.*
Hay muchas diversiones.	*There's a lot of entertainment.*
Hay mucho turismo.	*There's a lot of tourism.*
contaminación	*pollution*
desempleo	*unemployment*
cultura	*culture*
Lo bueno es (que) ...	*The good thing is (that) ...*
Lo malo es (que) ...	*The bad thing is (that) ...*
Lo aburrido es (que) ...	*The boring thing is (that) ...*

Sitios en el pueblo	Places in town
Correos	*post office*
el aeropuerto	*airport*
el ayuntamiento	*town hall*
el castillo	*castle*
el centro comercial	*shopping centre*
el cine	*cinema*
el estadio	*stadium*
el hospital	*hospital*
el lago	*lake*
el museo	*museum*
el palacio	*palace*
el parque de atracciones	*amusement park*
el polideportivo	*sports centre*
el río	*river*
el supermercado	*supermarket*
el valle	*valley*
el videoclub	*video rental shop*
el zoo	*zoo*
la biblioteca	*library*
la catedral	*cathedral*
la comisaría	*police station*
la discoteca	*disco*
la estación de trenes/autocares/autobuses	*railway/coach/bus station*
la fábrica	*factory*
la fuente	*fountain*
la iglesia	*church*
la plaza	*square*
la plaza de toros	*bull ring*
la tienda	*shop*
los jardines	*gardens*

Cómo desplazarse	How to get around
Voy andando.	*I go on foot.*
en autobús	*by bus*
en autocar	*by coach*
en bicicleta	*by bike*
en coche	*by car*
en metro	*by underground*
en tren	*by train*
Las tiendas están a unos quinientos metros.	*The shops are about 500 metres away.*
La estación está a unos cinco minutos andando.	*The station is about five minutes' walk away.*
Tardo una hora en llegar.	*It takes me an hour to get there.*
El viaje dura cuarenta minutos.	*The journey takes forty minutes.*
Está cerca/lejos.	*It's nearby/a long way.*

Las estaciones del año	The seasons
la primavera	*spring*
el verano	*summer*
el otoño	*autumn*
el invierno	*winter*

El tiempo	The weather
Hace buen/mal tiempo.	*The weather is fine/bad.*
Hace calor.	*It's hot.*
frío	*cold*
sol	*sunny*
viento	*windy*
Hay niebla.	*It's foggy.*
Hay tormenta.	*It's stormy.*
Llueve.	*It's raining.*
Nieva.	*It's snowing.*

En el cole

Revising subjects and the timetable

Lee el horario y decide si las frases son verdad o mentira.

Ejemplo: 1 – ✗

1. Hay clase de matemáticas el martes a las nueve y media.
2. Hay recreo a las diez y media.
3. Tengo historia el viernes a las once menos diez.
4. Hay biología el martes a las nueve y media.
5. Hay informática el miércoles a las tres.
6. Hay lengua española a las cuatro el jueves.
7. El lunes hay química a las cuatro.

	lunes	martes	miércoles	jueves	viernes
8.30–9.30	lengua española	gimnasia	trabajos manuales	tecnología	diseño
9.30–10.30	matemáticas	biología	lengua española	educación física	historia
10.30–10.50	RECREO	RECREO	RECREO	RECREO	RECREO
10.50–11.50	física	música	matemáticas	inglés	informática
11.50–12.50	religión	francés	inglés	geografía	matemáticas
12.50–15.00	COMIDA	COMIDA	COMIDA	COMIDA	COMIDA
15.00–16.00	inglés	lengua española	informática	historia	lengua española
16.00–17.00	geografía	química	dibujo	francés	deporte

Escucha las descripciones (1–6). ¿De qué día hablan?

Ejemplo: 1 – martes

*In Spain, '**in** the morning' is* **por** la mañana, *not* **en** la mañana. *But in Latin America* **en** *is used.*

Túrnate con tu compañero/a.

Ejemplo:

- ¿Qué tenemos el lunes a las tres?
- Tenemos inglés.
- Gracias. ¿Qué tenemos ...?

Describe un día de colegio, como en 1a.

Ejemplo: Hay química a las nueve. Después, tengo matemáticas a las diez y diez. Tenemos recreo a las once y media.

Me gusta(n) mucho/bastante A mí me gusta(n) mucho Me encanta(n) Prefiero	el alemán el comercio el dibujo el diseño el español el francés el inglés el teatro	la biología la cocina la educación física la geografía la gimnasia la historia la informática la lengua la música la química la religión la tecnología	los trabajos manuales las ciencias las matemáticas
No me gusta(n) No me gusta(n) nada Odio			

2a **Escucha las opiniones y escribe la letra de la persona que habla.**

Ejemplo: 1 – D

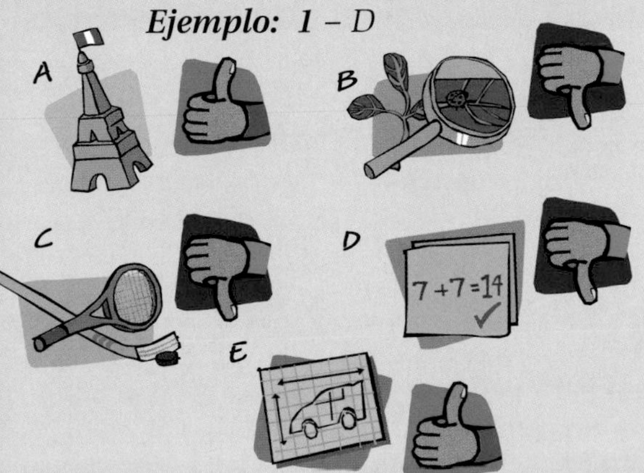

Me gusta(n) ...

You must add the definite articles (el, la, los, las) *when you say what subjects you like or don't like. For example:*

Me gusta **la** historia. *I like history.*

However, when you say what subjects you do, you don't need the definite article:

Tengo historia a las diez. *I have history at ten.*

Notice too that me gusta *and* me encanta *must agree with the noun. If what you like is in the plural, change* gusta *and* encanta *to* gusta**n** *and* encanta**n**.

Me gusta el inglés. Me encantan los trabajos manuales.

Para saber más → página 200, 5.23

2b **Con tu compañero/a pregunta y contesta.** 

- ¿Cuántas asignaturas estudias?
- ¿Cuáles son?
- ¿Qué asignaturas tienes hoy?
- ¿Qué asignaturas te gustan?
- ¿Qué asignaturas no te gustan?

2c **Contesta al mensaje electrónico de un amigo español.**

Fichero Edición Inserción Formato Instrumentos Mensaje

¡Hola! ¿Qué tal? Son las nueve de la mañana y estoy en la clase de informática. Me encanta porque me gusta la red y puedo mandar mensajes a mis amigos como tú. Tengo un ordenador en casa pero paso mucho tiempo en el ordenador en el colegio. Después hay clase de inglés. Me gusta bastante pero no es fácil.

¿Qué asignaturas estudias? ¿Te gustan las ciencias? A mí no me gustan nada. Prefiero el deporte y la educación física. Dime qué asignaturas te gustan y qué asignaturas no te gustan.
Un saludo,
Carlos

1a **Lee el artículo sobre la vuelta al colegio. Haz una lista en español de las cosas que necesitan los alumnos. Busca las palabras que no conoces en un diccionario.**

La vuelta al colegio: pesadilla anual

Estamos en septiembre. Es un buen día para las tiendas de ropa, librerías y papelerías. Tus peques, ¿necesitan una nueva mochila para meter sus libros, cuadernos y diccionarios? Claro que sí. Necesitan un estuche nuevo para meter sus bolis, lápices, rotuladores, reglas, gomas y sacapuntas y una carpeta nueva para sus papeles y deberes. Y hablando de lápices y rotuladores, ¿cuántos colores necesitan? ¿Seis, diez, quince?

Y para las matemáticas, les toca comprar una nueva calculadora. ¿Qué más necesitan? ¿Necesitan una nueva agenda, por ejemplo, para no olvidar sus libros, cuadernos y diccionarios?

la pesadilla	*nightmare*
la librería	*bookshop*
los peques	*the little dears* (peques *is short for* pequeños)
meter	*to put*
olvidar	*to forget*

Un juego de memoria. Túrnate con tu compañero/a para pedir una cosa. Si repites una cosa, tu compañero/a gana un punto.

Ejemplo: ● Déjame el bolígrafo, por favor.

Escucha las instrucciones en clase (1–8) y empáréjalas con los dibujos.

A

B

C

D

E

F

G

H

Sentaos	los deberes.
Quítate	la pizarra.
Escribid	el ejercicio.
Mirad	la cinta.
Lee	la chaqueta.
Escuchad	en el cuaderno.
Haz	en seguida.

Contrarreloj. Haz tantas frases como puedas en cinco minutos.

Gramática

Imperatives

In Spanish, there is one command form for tú *('you' familiar) and another for* usted *('you' formal), and each form also has a plural. You've met the formal version in situations such as in a restaurant* (Traiga el menú). *Teachers usually use the familiar form shown here:*

	-ar *verbs*	**-er** *verbs*	**-ir** *verbs*
Singular	habla	bebe	escribe
Plural	hablad	bebed	escribid

Note these irregulars: pon (poner), ven (venir), sal (salir), haz (hacer).

Note too that in sentaos *the plural* **d** *ending has been lost and the reflexive pronoun added to the end.*

Para saber más → página 199, 5.22

2a Dos amigos describen lo que llevan en el colegio. Lee y apunta las diferencias.

Yo voy a un colegio privado y tengo que llevar uniforme. Normalmente los alumnos en España no llevan uniforme pero nosotros, sí. Llevo pantalones negros, una chaqueta negra, una camisa blanca y zapatos negros. Llevo corbata azul y blanca en invierno y a veces un jersey azul. Las chicas llevan una falda azul y no llevan corbatas. No me gusta el uniforme pero tengo que llevarlo.

Alfredo

Voy a un instituto mixto y no hay uniforme. Muchos llevan vaqueros y camisetas en verano. Yo llevo vaqueros azules, una camisa de rayas, una chaqueta y zapatillas deportivas. No me gusta llevar faldas. Prefiero unos pantalones. En invierno llevo un jersey de lana pero en verano hace mucho calor y una camisa o camiseta de algodón es suficiente.

Alicia

2b Unos jóvenes (1–5) hablan de lo que llevan en el colegio. Escucha y toma apuntes. ¿Llevan uniforme? ¿Qué llevan? ¿Qué opinan de los uniformes?

2c Con tu compañero/a pregunta y contesta.

- ¿Llevas uniforme?
- ¿Te gusta el uniforme?
- ¿En qué consiste?
- ¿Qué te gustaría llevar?

2d Escribe un mensaje electrónico sobre la ropa que llevas en el colegio. Da tu opinión.

1 Mi colegio

Talking about your school

A

las aulas

B

los laboratorios

C

la biblioteca

D

el patio

E
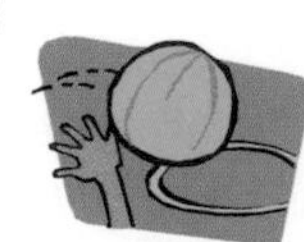
la cancha de baloncesto

F

el gimnasio

G
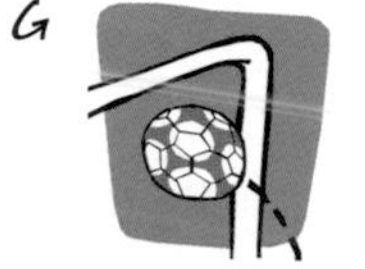
el campo de fútbol

H

la piscina

I

el comedor

J

la sala de profesores

Escucha las descripciones (1–5) y apunta las letras de las cosas mencionadas.

Ejemplo: *1 – A, C, D*

Presenta tu colegio a un visitante.

Ejemplo: *Bueno, a la izquierda está la sala de profesores. Al otro lado de la sala de profesores hay aulas. A la derecha hay laboratorios y un gimnasio. En el centro hay un patio. La biblioteca está todo recto. Al lado está el comedor.*

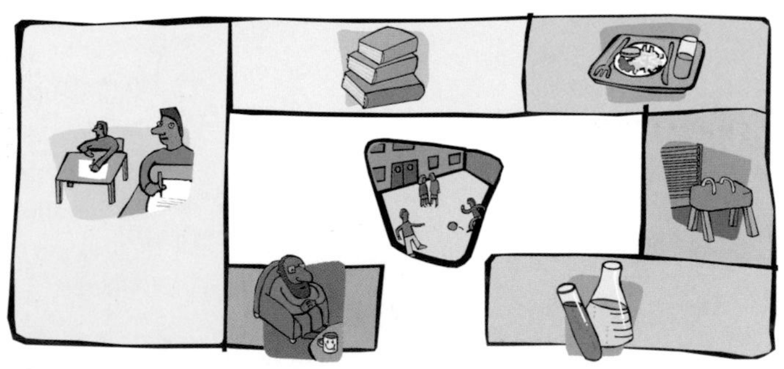

¡OJO!

Listen again and you may notice a few new words that are very useful for expressing your opinions. Afortunadamente *and* desafortunadamente, *meaning 'fortunately' and 'unfortunately', can easily be added to what you want to say. Practise saying a few sentences to your partner including one or the other:*

Afortunadamente, tengo historia esta tarde.
Desafortunadamente, hay ciencias a las tres.

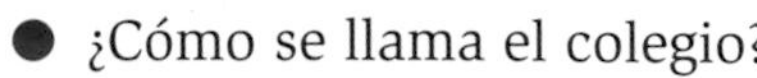

Con tu compañero/a pregunta y contesta

- ¿Cómo se llama el colegio?
- ¿Cómo es?
- ¿Cuántos/as alumnos/as hay?
- ¿Cuántos profesores hay?
- ¿Qué hay en el colegio?

¿Cuántas frases puedes hacer en diez minutos describiendo tu colegio?

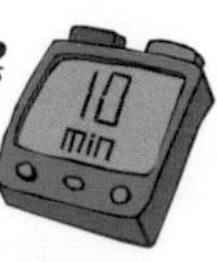

Ejemplo: *El colegio se llama All Saints. Es bastante grande.*

2a Empareja los dos grupos de palabras para hacer frases. ¡Ojo! Hay muchas posibilidades.

Me gusta el inglés No me gusta el dibujo Me encanta la historia No me gusta nada la tecnología Odio la física La geografía no está mal Se me da bien el español	porque pero	es difícil. es fácil. es interesante. es aburrido/a. es útil. es divertido/a. el profesor es simpático/inteligente/trabajador. el profesor es demasiado estricto. la profesora es antipática.

2b Escucha a los cinco alumnos y apunta la información en inglés.

se me da(n) bien ...	*I get on well in ...*
fácil	*easy*
útil	*useful*

	subject	likes or dislikes	reason
1	English	loves	likes teacher
2			

2c Con tu compañero/a pregunta y contesta.

- ¿Qué asignaturas te gustan?
- ¿Por qué?

2d Túrnate con tu compañero/a. Habla un minuto o más sobre las asignaturas. Intenta romper el récord de tu compañero/a.

2e Usando las frases de 2a, escribe un mensaje a un amigo español sobre lo que estudias y tus opiniones.

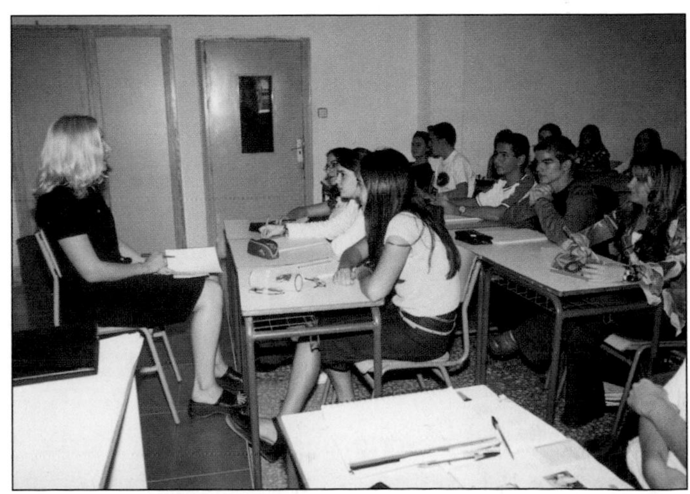

2 Mi rutina diaria

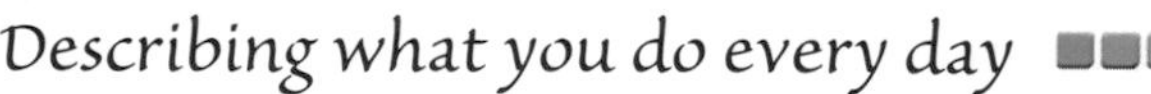

Describing what you do every day

Susana habla de su rutina diaria. Empareja las frases y los dibujos.

*Ejemplo: **1** – D*

1 **Me despierto** a las seis y media.
2 **Me levanto** a las siete menos diez.
3 **Me ducho** de prisa.
4 **Me visto: me pongo** el uniforme.
5 **Tomo el desayuno.**
6 **Me arreglo** y **salgo** de casa a las ocho menos cuarto.
7 **Me voy** al instituto en autobús.
8 **Vuelvo** a casa a las cinco y media.
9 **Ceno** a las nueve.
10 **Me acuesto** a las once y **me duermo** en seguida.

Escucha las entrevistas con Carlos, Graciela y Miguel. Escribe el número y la letra de la frase correcta para cada persona.

*Ejemplo: **Carlos** – 1c, …*

1a Se levanta a las siete.
1b Se despierta a las siete y cuarto.
1c Se levanta a las siete y media.

2a Se pone el uniforme.
2b Se pone una falda y una blusa.
2c Lleva vaqueros.

3a Toma el desayuno en la cocina.
3b No desayuna.
3c Toma tostadas y café con leche.

4a Va al instituto en bici.
4b Va andando.
4c Va en autocar.

Haz preguntas a tus compañeros/as. Apunta sus respuestas.

- ¿A qué hora te despiertas normalmente un día de colegio?
- ¿A qué hora te levantas?
- ¿Te duchas, te bañas o te lavas por la mañana?
- ¿Tomas el desayuno? ¿Qué tomas?
- ¿A qué hora sales de casa?
- ¿Cómo vas?
- ¿A qué hora vuelves?
- ¿Qué haces después?
- ¿A qué hora te acuestas?

Gramática

Stem-changing verbs

*Some common verbs have regular **endings** but change the spelling of the **stem** (the part you put the endings on) in all parts of the present tense except 'we' and 'you' plural (1st and 2nd persons plural). One easy way of remembering this is to call them '1, 2, 3, 6 verbs'.*

	despertarse (e→ie)	**volver (o→ue)**	**vestirse (e→i)**
yo	me desp**ie**rto	v**ue**lvo	me v**i**sto
tú	te desp**ie**rtas	v**ue**lves	te v**i**stes
él, ella, usted	se desp**ie**rta	v**ue**lve	se v**i**ste
nosotros	nos despertamos	volvemos	nos vestimos
vosotros	os despertáis	volvéis	os vestís
ellos, ellas, ustedes	se desp**ie**rtan	v**ue**lven	se v**i**sten

Tip! The stem only changes when the stress falls on it.

Para saber más → página 190, 5.4

Haz una descripción de tu rutina diaria.

Ejemplo: *Me despierto normalmente a las ocho y …*
A veces tomo el desayuno pero normalmente no tomo nada.

2a Lee las dos cartas y apunta las diferencias entre las experiencias de las dos personas.

> *¡OJO!*
> *Personal descriptions and daily routine are common topics in exams and need to be learnt thoroughly.*

Ejemplos:

Javier empieza a las cinco. En su instituto …
Rocío empieza a las ocho. En su colegio …

Voy al Instituto Alfonso X el Sabio. El instituto es bastante antiguo. El instituto empieza a las ocho y media de la mañana y cierra a las diez y media de la noche. Los alumnos vienen en tres turnos: diurno, vespertino y nocturno. Trabajo en un bar durante el día y estudio en el curso nocturno. Las clases empiezan a las cinco y duran cincuenta minutos. Hay dos pausas de quince minutos y terminamos a las diez y media. Vuelvo a casa a las once y ceno con mis padres. Al día siguiente, me levanto a las seis para ir al bar. Es muy difícil pero quiero estudiar en la universidad y necesito el dinero.

Javier Guzmán Sepúlveda

Yo voy al Colegio San Francisco. Es moderno y tiene muchos alumnos. Tengo 17 años y estudio Bachillerato. Empiezo a las ocho y hay recreo a las once. Dura media hora. Las clases duran una hora. Terminamos a la una y media y empezamos otra vez a las tres y media. Como en el colegio porque vivo bastante lejos. Durante la hora de comer hay actividades y clubs. Hay un taller de teatro que me gusta. Voy todos los jueves. Las clases terminan a las cinco y media pero hay entrenamientos deportivos hasta las siete y media. Me quedo dos días a la semana porque me encanta el baloncesto.

Rocío Marmolejo Lares

2b Escucha las descripciones de Alicia, Víctor y Marta y apunta la información.

	las clases empiezan	hay recreo	la hora de comer	las clases empiezan por la tarde	las clases terminan
Alicia	8.30				

2c Con tu compañero/a pregunta y contesta. 

- ¿Cómo vas al colegio?
- ¿A qué hora llegas?
- ¿A qué hora empiezan las clases?
- ¿Cuánto tiempo duran las clases?
- ¿A qué hora es el recreo?
- ¿Qué haces durante el recreo?
- ¿A qué hora comes?
- ¿A qué hora empiezan las clases por la tarde?
- ¿Qué haces después de las clases?

2d Haz una descripción completa de un día de colegio.
Si lo haces en el ordenador, lo puedes incluir en tu fichero personal. 

3 Actividades extraescolares

Talking about free-time activities

Lee esta información en Internet sobre el Instituto Internacional y busca las palabras que no conoces en un diccionario. Decide si las frases son verdad o mentira y corrige las frases falsas.

Ejemplo: *1 – ✗ Se puede hacer teatro en el tercer trimestre.*

INSTITUTO INTERNACIONAL	ACTIVIDADES EXTRAESCOLARES	
Primer trimestre	**Segundo trimestre**	**Tercer trimestre**
Taller de arte	Club de periodismo y fotografía	Club de idiomas: francés e inglés
Coro y orquesta Club de ajedrez	Coro y orquesta Club de ajedrez	Club de teatro
Deporte: fútbol, baloncesto, balonmano, gimnasia	Deporte: fútbol, baloncesto, voleibol	Club de atletismo, natación, tenis
Club de informática	Club de informática	Club de informática
Excursión a las Cuevas del Diablo	Visita cultural a Segovia	Visita cultural a Toledo

1. Se puede hacer teatro en el primer trimestre.
2. Se puede cantar en el primer trimestre.
3. Se puede hacer atletismo durante el segundo trimestre.
4. Se puede visitar Madrid.
5. Hay un club de informática todo el año.
6. Hay un club de inglés y español.
7. Se puede jugar en el equipo de fútbol todo el año.

Gramática

Se puede *(an impersonal verb)*

Se puede + *infinitive is an easy way of saying what 'you can' do. For example:*

Se puede ir al club de teatro/jugar al ajedrez.
You can go to the theatre club/play chess.

Other impersonal verbs include se necesita, *'you need', and* se debe, *'you should'.*

Para saber más → página 191, 5.6

Escucha las entrevistas con alumnos (1–6) que describen su colegio. Apunta las actividades que hay.

Usando las frases claves a la derecha, describe a tu compañero/a lo que haces y cuándo.

Cuando llego En el recreo Durante la hora de comer Después del colegio	como en la cantina. charlo con mis amigos. juego en el patio. estudio en la biblioteca. toco el piano. canto en el coro. practico deporte.
Hay	un club de teatro/fotografía/ajedrez/gimnasia. un taller de música/arte. un coro/una orquesta. un equipo de baloncesto/tenis/fútbol/voleibol.
Se puede	hacer atletismo. jugar al balonmano. charlar.

2a **Pon las frases en orden: más frecuencia → menos frecuencia.**

No voy nunca.

Hago deporte tres veces a la semana.

Hay un taller de arte los lunes y los miércoles.

Voy a la piscina dos veces al día, por la mañana y por la tarde.

Hay un club una vez a la semana.

Hay una excursión dos veces al mes.

Hay un club de deporte todos los días excepto los lunes.

Juego todos los días.

Gramática

El domingo/Los domingos

Note the difference: el + *day means 'on a specific day';* los + *plural day means 'on that day of the week, every week'. For example:*

El martes fui al club de gimnasia. *On Tuesday I went to the gym club.*
Los sábados voy a la piscina. *On Saturdays I go to the swimming pool.*

Para saber más → página 181, 1.3

2b **Lee la información sobre tres alumnos muy diferentes. Luego escucha (1–6). ¿Quién habla?**

Soy Isabel Sánchez. A mí me gusta el deporte. Practico el deporte todos los días. Los lunes hay un club de baloncesto. Jugué ayer y ganamos 100–82. Los martes y miércoles hay natación. Hay una piscina en el colegio. Los jueves y viernes hago alletismo o voleibol después de las clases.

Me llamo Antonio Clavijo González. Me encanta la música. Canto en el coro y toco la flauta en la orquesta. Voy tres veces a la semana. Ayer fui a un concierto en la ciudad. También me gustan los idiomas. Hay un club de idiomas los miércoles. Estoy aprendiendo ruso. Es muy difícil.

Me llamo Sonia Trujillo. No me gusta nada el colegio. Es muy aburrido. No hago nada durante el recreo y no voy nunca a los clubs. Nunca hago deporte. No juego ni al baloncesto ni al voleibol. Estoy sola durante la hora de comer. No hablo con nadie. No estoy contenta.

Gramática

Negatives

Sonia in 2b is very negative about everything:

No hago nada. No hablo con nadie. No voy nunca a los clubs.

You can see that to make a sentence negative you normally put no *in front of the verb and the other negative word (*nada *– nothing;* nunca *– never;* nadie *– nobody;* ni … ni *– neither …nor) after the verb. But look at this example:*

Nunca hago deporte.

Here Sonia has begun the sentence with the negative word for emphasis, and in this case there is no need for no.

Para saber más → página 190, 5.5

Escribir

2c **Escribe una página web para tu colegio ideal con muchas actividades.**

4 Planes para las vacaciones

Talking about holiday plans

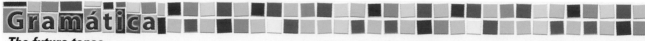

Gramática

The future tense

So far, to say what you are going to do (i.e. in the near future), you have used voy a + *infinitive ('I am going to' + infinitive). Another way of talking about the future is to use the future tense ('I will go'), which is both useful and easy to learn. There is just one set of endings and with most verbs they are added to the infinitive* (jugar + **é** = jugar**é**).

-ar *verbs*	**-er** *verbs*	**-ir** *verbs*	*some irregular verbs*
hablar**é**	beber**é**	escribir**é**	haré (hacer)
hablar**ás**	beber**ás**	escribir**ás**	podrás (poder)
hablar**á**	beber**á**	escribir**á**	saldrá (salir)
hablar**emos**	beber**emos**	escribir**emos**	pondremos (poner)
hablar**éis**	beber**éis**	escribir**éis**	tendréis (tener)
hablar**án**	beber**án**	escribir**án**	vendrán (venir)

Para saber más → página 195, 5.14

1a Lee las frases e identifica los verbos que se refieren al futuro.

Hoy estoy en la clase de matemáticas.
Hoy escribo en el cuaderno.
Hoy estudio mucho para los exámenes.
Hoy como en el comedor.
Hoy hace frío y llueve.

La semana que viene estaré en casa de mis primos en Tenerife.
La semana que viene escribiré postales a mis amigo
El martes que viene jugaré en la playa.
El 24 de diciembre (Nochebuena) cenaré con tod. la familia.
La semana que viene hará calor y sol en Tenerif

1b Now imagine that your holidays are coming to an end. You'll need to change all the future tenses to the present and vice versa.

Ejemplo: *Hoy estoy en casa de mis primos en Tenerife. La semana que viene estaré en la clase de matemáticas.*

1c Escucha a Santi, Inma y Juan Gabriel. Usando las expresiones de abajo, apunta lo que harán, dónde y cuándo.

en las montañas 23 de diciembre en casa se quedará aquí 2 de enero
en el campo irá a esquiar visitará a familiares todos los días

1d Con tu compañero/a pregunta y contesta. Hay unas sugerencias en el infinitivo: tienes que cambiar los verbos al futuro.

- ¿Qué harás durante las vacaciones?
- ¿Adónde irás?
- ¿Con quién?

practicar (deportes)
cenar en buenos restaurantes
ir a la costa
visitar a amigos/familiares
quedarse en un hotel
jugar
descansar
tomar el sol
trabajar
estudiar

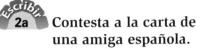

2a **Contesta a la carta de una amiga española.**

¡Hola!

Estamos en junio y las vacaciones empiezan a finales del mes. Tenemos tres meses de vacaciones. ¿Cuándo empiezan tus vacaciones? ¿Cuánto tiempo duran? ¿Adónde irás este verano? ¿Irás con tus padres o con amigos?

Este verano iremos a Santander a casa de mis tíos. En Santander iremos a la playa todos los días. ¿Qué harás tú? Mucho depende del tiempo. ¿Qué tiempo hará? En Santander hace sol y bastante calor en verano.

Un abrazo, *Alicia*

2b **Lee la información sobre el colegio del futuro. Lee las frases y decide si son verdad o mentira.**

El colegio del futuro será muy diferente. Los estudiantes irán al colegio una vez o dos veces a la semana. Tendrán ordenadores en casa y se comunicarán con sus profesores por correo electrónico. No habrá clases normales pero los estudiantes usarán la red. No llevarán uniforme. Hablarán con sus profesores sobre su trabajo y sus deberes. Se podrá hacer deporte y habrá clubs para todos. La cafetería estará abierta todo el día.

1 Los estudiantes irán a clase todos los días.
2 Se podrá comer y beber a todas horas.
3 Los profesores se comunicarán con sus estudiantes por teléfono.
4 Habrá uniforme.
5 El colegio del futuro no será como el colegio de hoy.
6 Habrá muchas posibilidades para participar en actividades extraescolares.

2c **Escucha la entrevista con el director de un instituto. Haz dos columnas bajo los títulos 'Hoy' y 'En el futuro' y apunta las diferencias.**

2d **Escribe sobre el colegio del futuro. Usa tu imaginación.**

El colegio empezará a …
Las clases durarán …
Se podrá … (durante las actividades extraescolares)
Habrá …
No habrá …
Los profes serán …
El uniforme consistirá en …
Los deberes durarán …
Habrá … meses de vacaciones.

Vocabulario

Asignaturas	Subjects
los idiomas	*languages*
el alemán	*German*
el español	*Spanish*
el inglés	*English*
la lengua	*language*
las ciencias	*sciences*
la biología	*biology*
la física	*physics*
la química	*chemistry*
el comercio	*business studies*
el deporte	*sport*
el dibujo	*art*
el diseño	*design*
el teatro	*drama*
la cocina	*domestic science*
la educación física	*physical education*
la geografía	*geography*
la gimnasia	*gym*
la historia	*history*
la informática	*ICT*
la música	*music*
la religión	*religion*
la tecnología	*technology*
los trabajos manuales	*CDT*
las matemáticas	*maths*

En la mochila	Contents of the schoolbag
Déjame ...	*Lend me ...*
el bolígrafo (el boli)	*biro*
el estuche	*pencil case*
el lápiz	*pencil*
el rotulador	*felt-tip pen*
el sacapuntas	*pencil sharpener*
la calculadora	*calculator*
la carpeta	*folder*
la goma	*eraser*
la regla	*ruler*

Rutina diaria	Daily routine
me despierto	*I wake up*
me levanto	*I get up*
me ducho	*I have a shower*
me visto	*I get dressed*
me pongo (el uniforme)	*I put on (my uniform)*
tomo el desayuno	*I have breakfast*
me arreglo	*I get ready*
salgo	*I go out*
me voy	*I go/leave*
charlo	*I chat*
estudio	*I study*
como	*I eat*
vuelvo	*I return*
ceno	*I have dinner*
me acuesto	*I go to bed*

Expresiones temporales	Time expressions
temprano	*early*
tarde	*late*
en seguida	*straight away*
después	*afterwards*
luego	*then*
finalmente	*finally*
una vez a la semana	*once a week*
dos veces a la semana	*twice a week*
todos los días	*every day*
el sábado/los sábados	*on Saturday/on Saturdays*
normalmente	*normally*
nunca	*never*
a veces	*sometimes*

Actividades extraescolares	Extra-curricular activities
el taller de arte/música	*art/music workshop*
Hay un club de ...	*There's a ... club.*
ajedrez	*chess*
fotografía	*photography*
idiomas	*languages*
informática	*computer*
periodismo	*journalism*
teatro	*drama*
el coro y la orquesta	*choir and orchestra*
los deportes	*sports*
baloncesto	*basketball*
balonmano	*handball*
fútbol	*football*
gimnasia	*gymnastics*
natación	*swimming*
tenis	*tennis*
voleibol	*volleyball*

Instrucciones	Classroom instructions
Cállate, silencio por favor.	*Be quiet, silence please.*
Escribid la fecha y el título.	*Write the date and the title.*
Escuchad y mirad la pizarra.	*Listen and look at the blackboard.*
Habla en español.	*Speak in Spanish.*
Lee en silencio.	*Read in silence.*
Pasad.	*Come in.*
Quítate la chaqueta.	*Take off your jacket/coat.*
Sacad el cuaderno y el bolígrafo, por favor.	*Take out your exercise books and pens, please.*
Sentaos.	*Sit down.*

Opiniones	Opinions
A mí me gustan las matemáticas.	*I like maths.*
Prefiero el diseño.	*I prefer design.*
Me encanta el comercio.	*I love business studies.*
Se me da bien el español.	*I get on well in Spanish.*
Me gusta bastante el inglés.	*I quite like English.*
Odio la física.	*I hate physics.*
No me gusta nada la educación física.	*I don't like PE at all.*
Me gusta la informática porque ...	*I like ICT because ...*
es fácil.	*it's easy.*
es útil.	*it's useful.*
es interesante.	*it's interesting.*
el profesor es simpático/ trabajador.	*the teacher is nice/ hardworking.*
No me gusta la geografía porque ...	*I don't like geography because ...*
es aburrida.	*it's boring.*
es difícil.	*it's difficult.*
la profesora es estricta/antipática.	*the teacher is strict/not very nice.*

Una descripción del colegio	A description of the school
El colegio se llama Highfields.	*The school is called Highfields.*
Es masculino/femenino/mixto.	*It's a boys'/girls'/mixed school.*
Es antiguo/moderno.	*It's old/modern.*
Hay sesenta profesores y mil alumnos.	*There are sixty teachers and a thousand pupils.*
Llevo uniforme.	*I wear a uniform.*
No hay uniforme.	*There's no uniform.*
Hay ...	*There is/are ...*
aulas	*classrooms*
una biblioteca	*a library*
campos de fútbol	*football pitches*
una cancha de baloncesto	*a basketball court*
un comedor	*a dining room*
un gimnasio	*a gym*
laboratorios	*laboratories*
un patio	*a playground*
una piscina	*a swimming pool*
una sala de profesores	*a staff room*
A la derecha/izquierda está el/la ...	*On the right/left is the ...*
Al lado están los/las ...	*Next door are the ...*
En el centro hay ...	*In the middle there is/are ...*
Las clases empiezan a las ocho.	*Lessons begin at 8.*
Las clases terminan a las seis.	*Lessons finish at 6.*
Las clases duran una hora.	*Lessons last one hour.*
Hay recreo a las once.	*There's break at 11.*
El recreo dura media hora.	*Break lasts half an hour.*

Hablar

Conversación At Higher Level you are unlikely to be asked simple questions like *¿Cómo te llamas?* and *¿Cuántas personas hay en tu familia?* Instead, you should expect more 'open-ended' prompts such as *Describe a tu familia* or *Dime algo sobre tu barrio.*

It's then up to you to answer fully, even if at first you think the question only requires a short answer. There are a number of reasons for this:

1. You'll earn more marks for a longer, fuller answer.
2. You'll be able to control the conversation better, by turning the question to what you want to talk about.
3. You won't have to answer so many questions.
4. You'll get the examiner on your side by making his or her job easier!

Take turns with your partner to ask the questions as the examiner and answer them as the exam candidate.

Juego de rol The unpredictable elements are the hardest aspect of Higher Level role-plays. When practising these role-plays with your partner, try to help one another prepare for the unpredictable by making life difficult wherever possible (none in stock, no buses running, disco closed, etc.).

When you see **!**, it means that you must make up an appropriate response to what has just been said. It's a good idea to try to anticipate what the question will be. This isn't easy in the role-plays that follow, but transactional role-plays (in shops, hotels, restaurants) are often more predictable.

The role plays in the first two modules use the *tú* form. If you are talking to a penfriend, you will use *tú*. If you are in a shop or hotel or dealing with someone official, you will use *usted*. You will also use *usted* when speaking to someone older, such as your penfriend's parents.

Presentación Always plan what you are going to say in a presentation. Make sure it is complete and try to avoid repetition (e.g. don't overuse verbs like *voy*). Prepare some visual or verbal cues to help you in case you forget what you were going to say in a test.

Me presento

Conversación 1

- Describe a tu familia.
- Di:
  - cuántas personas hay
  - cómo son
  - qué hacen
  - si viven en tu casa
  - si tienes animales.

Conversación 2

- Dime algo sobre tu barrio.
- Di:
  - dónde está situado
  - cómo es
  - qué se puede hacer
  - tu opinión.

Juego de rol 1

You are talking to your Spanish penfriend about your family.

● Dime algo sobre tu familia.	● *Say how many brothers and sisters you have.*
● Yo soy hijo/a único/a.	● *Say when your birthday is.*
● El mío es el quince de agosto. ¿Viven en tu casa tus abuelos?	● !
● ¿Vives en tu casa desde hace cuánto tiempo?	● *Say how long you have lived in your house.*

Juego de rol 2

You are talking to your Spanish penfriend about your house.

● Dime algo sobre tu casa. ¿Te gusta?	● *Say you live in a house/flat with X rooms and give your opinion of it.*
● ¿Es moderna tu casa?	● *Say whether your house/flat is old or modern and how many bedrooms it has.*
● Nuestro piso tiene tres dormitorios. ¿Compartes tu dormitorio con tu hermano/a?	● !
● Como soy hijo/a único/a tengo mi propio dormitorio. ¿Cómo es tu dormitorio?	● *Describe your bedroom (3 things).*

En el cole

Conversación 1

- ¿Cómo es el colegio?
- Di:
  - el tipo de colegio (mixto, 11 a 16, etc.)
  - cuántos alumnos y profesores hay
  - cómo es el uniforme o qué llevas en el colegio
  - qué hay en el colegio
  - tu opinión de los profesores.

Conversación 2

- Dime algo sobre lo que haces durante el recreo y en la hora de la comida.
- Di:
  - a qué hora hay recreo
  - adónde vas
  - qué haces
  - dónde comes
  - en qué consiste la comida
  - cómo es la comida
  - si hay actividades en la hora de comer.

Conversación 3

- Dime algo sobre las asignaturas que estudias.
- Di:
  - qué asignaturas te gustan y por qué
  - qué asignaturas no te gustan y por qué
  - tu opinión de los profesores
  - qué asignaturas estudiarás después de los exámenes.

Conversación 4

- ¿Participas en algunas actividades en el colegio?
- Di:
  - qué actividades hay
  - cuándo
  - si participas y por qué/por qué no
  - tu opinión.

Juego de rol

You are at school with your Spanish friend.

● Ahora tenemos matemáticas.	● *Say what you think of maths and give a reason.*
● Estoy de acuerdo.	● *Ask what time the lesson starts.*
● A las diez. ¿A qué hora empiezan las clases en tu instituto?	● *Say what time classes start at your school.*
● ¿Tienes muchos deberes?	● !

Presentación

Prepare a 2-minute presentation on one of the following topics:
- *your daily routine at school*
- *your family and where you live*
- *what you wear for school and what you think about having or not having a uniform.*

De vacaciones

Revising restaurant language and the weather

Escucha la conversación y haz una lista de lo que van a comer.

A

RESTAURANTE LOS CARACOLES

Menú del día A

Ensalada o Champiñones al ajillo
Tortilla española o Tortilla francesa
Piña, Yogur o Arroz con leche
Vino/agua, pan incluido €15

B

RESTAURANTE LOS CARACOLES

Menú del día B

Sopa de mariscos o Judías verdes con jamón
Bacalao o Atún
Tarta helada o Flan casero
Vino/agua, pan incluido €15

C

RESTAURANTE LOS CARACOLES

Menú del día C

Paella o Gazpacho
Filete de cerdo o Chuletas de cordero
Helados (vainilla, fresa, chocolate)
Vino/agua, pan incluido €15

(a) **Lee los menús del día. Busca las palabras que no conoces en un diccionario y haz una lista de ellas.**
(b) **Decide qué menú escoge cada persona.**

Ejemplo: 1 – menú C

1 Tengo hambre. Voy a tomar la paella.
2 Me encanta el pescado. No me gusta mucho la carne.
3 Prefiero la carne. No me gusta el cordero.
4 Me gustan los helados.
5 Soy vegetariano.
6 Me gusta la fruta pero no me gustan los helados.

Túrnate con tu compañero/a. Haz conversaciones (tres cada persona) usando el vocabulario de 1b.

Clienta ¡Camarero!
Camarero ¿Qué va a tomar?
Clienta De primero, quisiera el gazpacho, por favor.
Camarero ¿Y de segundo?
Clienta Filete de cerdo.
Camarero Y para beber: ¿vino tinto, blanco, cerveza o agua mineral?
Clienta Agua mineral con gas.
Camarero Gracias.
Camarero ¿Y para postre?
Clienta Un helado de fresa.
Camarero ¿Y después café?
Clienta Un café solo y la cuenta, por favor.
Camarero Vale, gracias.

2a Leer — Empareja los sitios con los dibujos.

A  B  C 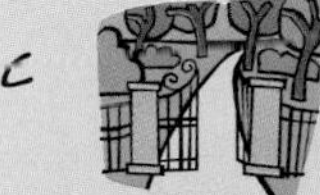 D  E  F 

G 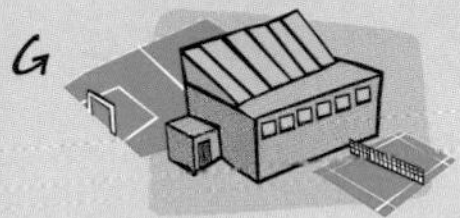 H 

I  J 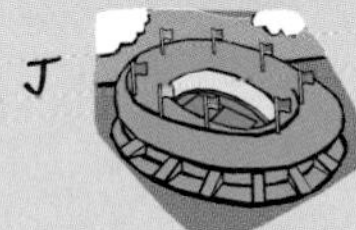 K L 

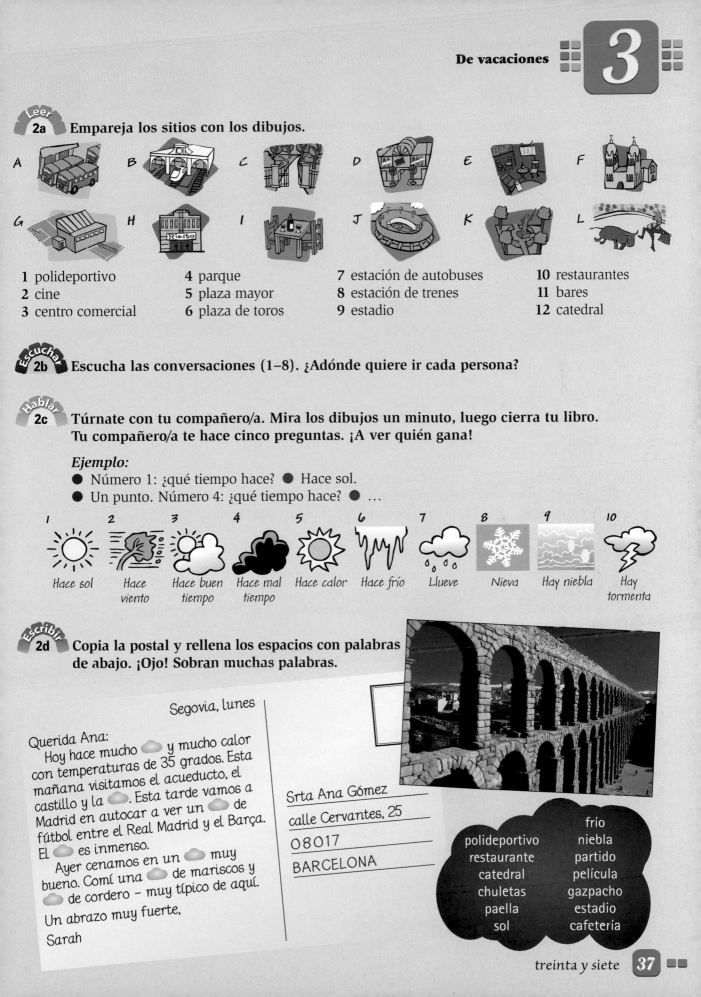

1 polideportivo
2 cine
3 centro comercial
4 parque
5 plaza mayor
6 plaza de toros
7 estación de autobuses
8 estación de trenes
9 estadio
10 restaurantes
11 bares
12 catedral

2b Escuchar — Escucha las conversaciones (1–8). ¿Adónde quiere ir cada persona?

2c Hablar — Túrnate con tu compañero/a. Mira los dibujos un minuto, luego cierra tu libro. Tu compañero/a te hace cinco preguntas. ¡A ver quién gana!

Ejemplo:

● Número 1: ¿qué tiempo hace? ● Hace sol.
● Un punto. Número 4: ¿qué tiempo hace? ● …

1  Hace sol

2  Hace viento

3   Hace buen tiempo

4  Hace mal tiempo

5  Hace calor

6  Hace frío

7  Llueve

8  Nieva

9 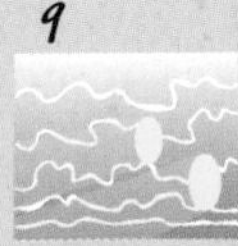 Hay niebla

10  Hay tormenta

2d Escribir — Copia la postal y rellena los espacios con palabras de abajo. ¡Ojo! Sobran muchas palabras.

Segovia, lunes

Querida Ana:
Hoy hace mucho ___ y mucho calor con temperaturas de 35 grados. Esta mañana visitamos el acueducto, el castillo y la ___. Esta tarde vamos a Madrid en autocar a ver un ___ de fútbol entre el Real Madrid y el Barça. El ___ es inmenso.
Ayer cenamos en un ___ muy bueno. Comí una ___ de mariscos y ___ de cordero – muy típico de aquí.
Un abrazo muy fuerte,
Sarah

Srta Ana Gómez
calle Cervantes, 25
08017
BARCELONA

polideportivo, restaurante, catedral, chuletas, paella, sol, frío, niebla, partido, película, gazpacho, estadio, cafetería

1 ¡Infórmate!

Asking for tourist information

1a Empareja las listas en español e inglés.

1 un mapa de la región
2 un plano del pueblo
3 un folleto de excursiones
4 un folleto de la ciudad
5 un horario de trenes
6 un horario de autocares
7 una lista de hoteles y hostales
8 un folleto de alquiler de coches
9 una lista de campings y albergues
10 una lista de restaurantes

A a list of restaurants
B a train timetable
C a list of hotels and guesthouses
D a car hire brochure
E a map of the area
F an excursions brochure
G a coach timetable
H a list of campsites and youth hostels
I a brochure on the town
J a town plan

1b Escucha a los clientes (1–6) en la oficina de turismo. Apunta lo que reciben.

Ejemplo: *1 – un horario de trenes y una lista de hoteles*

1c Haz una conversación con tu compañero/a. Luego, escucha y compara la conversación en la oficina de turismo. Finalmente, cambia los detalles para hacer más conversaciones.

- *Ask for a town plan and a map of the region.*
- *Give them to the customer and ask if there is anything else.*
- *Ask what there is of interest in the town.*
- *Mention three places of interest and give the customer a brochure on the town.*
- *Ask for a list of hotels and guesthouses.*
- *Give them to the customer and ask whether he/she also wants a list of restaurants.*
- *Say yes and thank the assistant.*
- *Say not at all and goodbye.*

1d Pon las frases de esta conversación en orden. Imagina otra conversación cambiando unos detalles.

Abre a las diez y cierra a las ocho.
¿Qué hay de interés para los jóvenes?
Aquí tiene un plano y un mapa de la provincia.
¿Tiene una lista de campings?
¿A qué hora abre y cierra?
Buenos días, ¿qué desea?
Quisiera información sobre lo que hay de interés en Santander.
Hay un zoo cerca de la playa.
Muy bien, gracias.
De nada, adiós.
Buenos días.
Sí, y hay dos campings cerca de las playas del Sardinero.
Están aquí.
¿Dónde están las playas?

Leer 2a **Mira la información turística y contesta a las preguntas.**

¡TurismoEco les invita a descubrir la Patagonia!

Venga a Chile para aventura y ecoturismo.

Si le gusta la pesca, ríos, lagos y paisajes, la Laguna San Rafael les ofrece un paraíso natural donde la naturaleza se mantiene en estado primitivo.

La zona con sus lagos y ríos, fiordos y canales se presta a la pesca deportiva con seguros resultados de pesca de alta calidad: salmón y trucha entre otros.

Alójese en campamentos con tiendas grandes con calefacción. Transporte en Jeep con aire acondicionado y botes neumáticos. Excursiones en catamaranes de alta velocidad.

Temporada de pesca: segundo viernes de octubre hasta el primer domingo de abril.

Tarifa de seis días y cinco noches US $2000 por persona. Incluye todas las comidas, un guía y salidas diarias.

Visítenos y aprenda.

se presta a	*lends itself to*
seguros	*certain*
alójese	*stay*
calefacción	*heating*
botes	*boats*

1 ¿Cómo se llama la compañía?
2 ¿Dónde está la Laguna San Rafael?
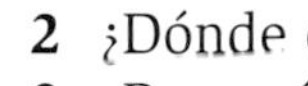
3 ¿Por qué es especial la zona?
4 ¿Qué se puede hacer en la zona?
5 ¿Dónde se alojan los turistas?
6 ¿Cómo van los turistas de un sitio a otro?
7 ¿Durante qué meses se puede ir?
8 ¿Cuánto cuesta por persona?

Escuchar 2b **Escucha a los clientes (1–4) que están en una agencia de viajes en España. Apunta sus preferencias: el país, el alojamiento y las actividades. ¡Ojo! Sobran palabras.**

ir a un concierto/al teatro · Estados Unidos/Canadá · alquilar una caravana/un coche · París/Los Angeles/Nueva York · visitar muchas ciudades/museos de arte · en casa de mi abuela/en un albergue

Hablar 2c **Con tu compañero/a haz cinco conversaciones usando las preguntas de abajo. ¡Ojo! No puedes repetir un detalle.**

- ¿Adónde vas a ir de vacaciones? ● Voy a ir a …
- ¿Cuándo vas a ir? ● Voy a ir en …
- ¿Cuánto tiempo vas a estar allí? ● Voy a estar …
- ¿Cómo vas a ir?
- ¿Con quién?
- ¿Dónde vas a quedarte?
- ¿Qué vas a hacer allí?
- ¿Qué hay de interés?

Escribir 2d **Escribe una carta a una oficina de turismo. Indica qué tipo de alojamiento quieres (hotel, camping, albergue), cuándo quieres ir y para cuánto tiempo.**

Quisiera información sobre …
Le ruego que me envíe …
Agradeciéndole de antemano,
Le saluda atentamente

Don't forget that an easy way of saying what you are going to do is to use voy a + *infinitive ('I'm going to …').*

2 Haciendo planes

Making plans based on weather and local activities

Estás en Santander y miras el pronóstico del tiempo en una página web. ¿Qué día es el mejor para las personas que hablan?

Ejemplo: 1 – martes

1 Me encanta el windsurf.
2 Quiero broncearme.
3 Me interesa la astronomía.
4 Me gusta ir en barco de vela.
5 Me gusta sacar fotos del tiempo. Me gustan las tormentas.
6 Voy a dar un paseo por la playa por la mañana. No me gusta tanto el calor.

previsión	*forecast*
cielo nublado	*cloudy sky*
cielo despejado	*clear sky*

Santander

Hoy			martes 24 de julio
Mín/Máx	17°/22°		
	Mañana	**Tarde**	**Noche**
Previsión			

La niebla reducirá la visibilidad la mañana del martes. El cielo estará nublado por la tarde y lloverá más tarde. Habrá vientos fuertes en la costa. Habrá ligero descenso de temperaturas.

Mañana			miércoles 25 de julio
Mín/Máx	18°/26°		
	Mañana	**Tarde**	**Noche**
Previsión			

El cielo estará azul durante todo el miércoles. El cielo estará despejado por la noche y hará buen tiempo. Ligera subida de temperaturas.

Pasado mañana			jueves 26 de julio
Mín/Máx	16°/21°		
	Mañana	**Tarde**	**Noche**
Previsión			

El cielo estará nublado la mañana del jueves.
Podría llover por la tarde y por la noche aparecerán tormentas.

When you're in a Spanish-speaking country, weather forecasts will help you decide whether what you plan to do will be possible. You don't need to know all the technical language, but you must be able to pick out the key words. In an exam, use your common sense when places are being described. Find out about the weather in Spain: if you know that Madrid in summer is like an oven, you'll expect the weather forecast for August to be hot!

Escucha las previsiones en la radio (1–4). Apunta la información.

	Fecha	Mañana	Tarde	Noche	Temperaturas máx/mín
1	22/6	cielo despejado	mucho sol	cielo despejado	32°/22°

Copia la tabla y pon un símbolo en cada espacio. Túrnate con tu compañero/a para preguntar y contestar.

- ¿Qué tiempo hace hoy?
- Hace sol.
- ¿Qué tiempo hará mañana?
- El cielo estará nublado.

	Hoy	Mañana	Pasado mañana	En tres días
A				
B				

Leer **2a** **Lee lo que escriben unos jóvenes sobre las fiestas que hay en su ciudad. Empareja las frases con las descripciones.**

***Ejemplo:** 1 – A*

A

La Feria de Málaga empieza la semana que viene y durará nueve días. Habrá música y baile en las calles del centro. Unos tres millones de personas visitarán la Feria. Como es agosto hará muchísimo calor con temperaturas de 35 a 40.

La Feria de noche tendrá lugar en una zona que se llama 'El Real' donde hay atracciones y casetas donde se puede comer, bailar y cantar. Yo iré con mis padres y tomaremos tapas y raciones en los bares. Volveremos a casa a las seis o siete de la mañana. ¡Es estupendo todo!

B

Dentro de unas semanas llegará la Feria de Abril. Toda la ciudad se vestirá con los tradicionales trajes de flamenco. La feria durará seis días y los sevillanos vienen cada día a caballo. Se pasará el día bailando y cantando flamenco, comiendo y bebiendo Fino de Jerez (*sherry* en inglés). Habrá casetas iluminadas con miles de luces. Por la tarde se irá a los toros y después a la feria otra vez hasta el desayuno típico de chocolate con churros antes de volver a casa. Será un espectáculo extraordinario.

C

Las Fallas me encantan. Vivo en Valencia y para mí las fiestas son buenísimas. Las fiestas van a tener lugar el mes que viene, entre el 15 y el 19 de marzo. Las Fallas son modelos gigantes construidos de madera y cartón y pintados. Habrá aproximadamente cuatrocientos modelos que se quemarán el día 19 de marzo. ¡Es fabuloso!

Se cultiva mucho arroz en Valencia y se come mucha paella valenciana en las fiestas. Se añade pollo o conejo y muchos ingredientes más.

1 Habrá tres millones de personas.
2 Se comerá mucho arroz en las paellas.
3 La gente llevará trajes típicos.
4 Las fiestas empezarán el quince de marzo.
5 En El Real la gente bailará y comerá mucho hasta altas horas de la madrugada.
6 Durará seis días.
7 Hará mucho calor.
8 Habrá procesiones de gigantes por las calles.
9 Se comerá un desayuno típico antes de ir a casa.

las casetas	*stands*
tener lugar	*to take place*
la madera	*wood*
quemar	*to burn*
la madrugada	*early hours*

2b **Si tienes acceso a Internet, busca información sobre otras fiestas: Moros y Cristianos, Carnaval de Tenerife, Semana Santa.**

3 En el restaurante

Booking a table and ordering your meal

1a Mira la información sobre los restaurantes y decide si las frases son verdad o mentira.

degustar	*to taste*
bodas	*weddings*
lo mejor	*the best*
calamares en su tinta	*squid cooked in their own ink*
a la plancha	*grilled*

A

Restaurante Los Pescadores

Plaza Marítima s/n *Tel 77 88 99*

El Restaurante Los Pescadores les ofrece lo mejor del mar. Deguste nuestras especialidades: merluza, bacalao, trucha y salmón del mar. Todos a la plancha.

Viernes y sábados se ofrece paella – nuestra paella especial.

Comidas, cenas y bodas

Menú del día €21

B

Restaurante TOROS BRAVOS
Cocina internacional y regional
Si le gusta la carne, pruebe nuestro bistec y cordero. Si le gustan los productos del mar, le sugerimos nuestras gambas al ajillo – una especialidad de la casa – y calamares en su tinta.
Menú del día €25

C

Restaurante Las Zanahorias

En el primer restaurante vegetariano de la ciudad les ofrecemos una aventura culinaria. Ensaladas especiales, auténtico gazpacho andaluz, lasañas y pizzas y una gran variedad de platos.

Visítenos 1–4, 8–12 todos los días.
Menú del día €15

1. El restaurante Toros Bravos está situado en la Plaza Marítima.
2. El restaurante Los Pescadores se especializa en productos del mar.
3. El restaurante Las Zanahorias es especialista en carne y pescado.
4. El restaurante más caro es Toros Bravos.
5. Se puede celebrar una boda en el restaurante Toros Bravos.
6. Se menciona un restaurante vegetariano.

1b Escucha la conversación telefónica. Pon las frases en orden: escribe las letras solamente.

- **A** Restaurante Los Picos, dígame.
- **B** Muy bien.
- **C** Lo siento, a las once, sí.
- **D** ¿Para qué fecha?
- **E** Lo siento, hay mesas en la terraza.
- **F** ¿De parte de quién?
- **G** ¿Para cuántas personas?
- **H** ¿A qué hora?

- **I** Para hoy.
- **J** En la terraza, entonces.
- **K** Para cinco personas.
- **L** A las diez.
- **M** De parte de Marisa Velázquez.
- **N** Vale. Quisiera una mesa cerca de la ventana, por favor.
- **O** Quisiera reservar una mesa.
- **P** Adiós.

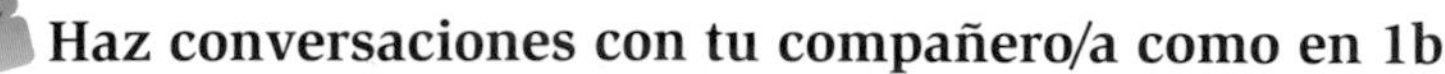

1c Haz conversaciones con tu compañero/a como en 1b.

Nombre	Fecha	Hora	Número de personas	Lugar
Sra Martínez	Sábado 18	21.30	4	cerca puerta
Sr Álvarez	Lunes 20	22.30	2	terraza
Sra Puente	Miércoles 15	22.00	6	cerca ventana
Sr Gutiérrez	Domingo 19	23.00	8	lejos puerta

Lee las conversaciones y estudia el menú. Practica estas conversaciones con tu compañero/a usando el menú y cambiando los detalles.

Cliente ¡Camarera! ¿Me trae el menú?
Camarera En seguida.
Cliente ¿Hay un menú del día?
Camarera Sí.

* * *

Camarera ¿Qué va a tomar?
Cliente De primer plato, sopa de cebolla.
Camarera ¿Y de segundo plato?
Cliente ¿Qué recomienda?
Camarera Recomiendo el bistec a la pimienta.
Cliente Vale, el bistec entonces.
Camarera ¿Y para beber?
Cliente Me trae la lista de vinos.
Camarera En seguida.

* * *

Camarera ¿Le gustó el bistec?
Cliente Sí, muy rico.
Camarera ¿Qué va a tomar de postre?
Cliente Flan.
Camarera Lo siento, no queda.
Cliente Entonces una tarta helada. Y después un café con leche.
Camarera Vale.

* * *

Cliente La cuenta, por favor.
Camarera En seguida.
Cliente ¿Está incluido el servicio?
Camarera Sí, señor.

Menú del día

€25
Pan, vino o agua incluido

Primer plato

Ensalada especial de la casa
Sopa de cebolla
Ensaladilla rusa
Guisantes con jamón
Cóctel de gambas

Segundo plato

Cordero asado
Bistec a la pimienta
Merluza a la vasca
Trucha con almendras
Salmón del Pacífico
Pollo al ajillo

Postre

Tarta helada ▪ Flan
Fruta (del tiempo) ▪ Sorbete
Quesos regionales

¡Camarero! Hay un problema. Mira los dibujos y empáréjalos con los problemas.

Ejemplo: *1 – H*

1 Hay un error.
2 La cuchara está sucia.
3 Falta un cuchillo.
4 El plato está sucio.
5 No hay ni aceite ni vinagre en la mesa.
6 El vino está malo.
7 El café está frío.
8 El bistec está poco hecho.

Escucha al camarero (1–5). ¿Cuál es el problema?

Ejemplo: *1 – H*

Reading about holidays

1a Haz este test en una revista. Luego lee los resultados de abajo.

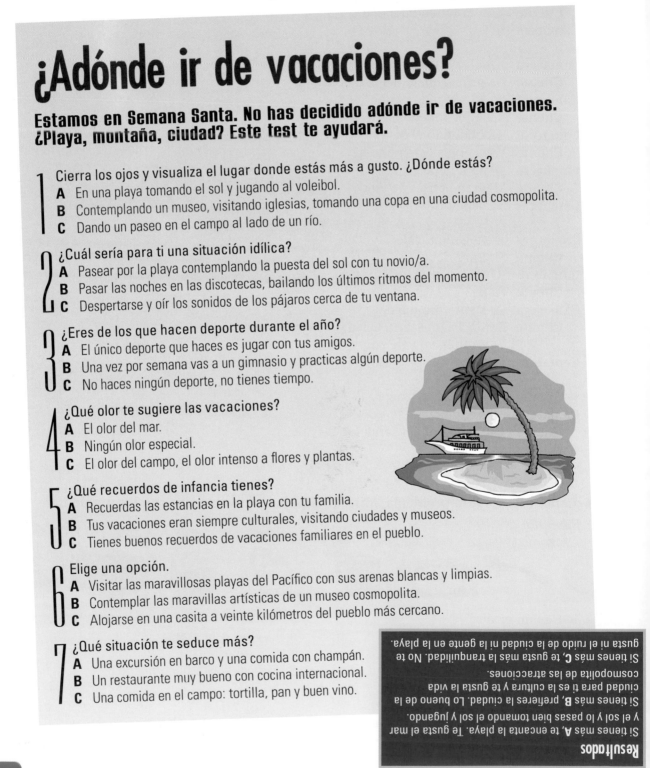

¿Adónde ir de vacaciones?

Estamos en Semana Santa. No has decidido adónde ir de vacaciones. ¿Playa, montaña, ciudad? Este test te ayudará.

1 Cierra los ojos y visualiza el lugar donde estás más a gusto. ¿Dónde estás?
- **A** En una playa tomando el sol y jugando al voleibol.
- **B** Contemplando un museo, visitando iglesias, tomando una copa en una ciudad cosmopolita.
- **C** Dando un paseo en el campo al lado de un río.

2 ¿Cuál sería para ti una situación idílica?
- **A** Pasear por la playa contemplando la puesta del sol con tu novio/a.
- **B** Pasar las noches en las discotecas, bailando los últimos ritmos del momento.
- **C** Despertarse y oír los sonidos de los pájaros cerca de tu ventana.

3 ¿Eres de los que hacen deporte durante el año?
- **A** El único deporte que haces es jugar con tus amigos.
- **B** Una vez por semana vas a un gimnasio y practicas algún deporte.
- **C** No haces ningún deporte, no tienes tiempo.

4 ¿Qué olor te sugiere las vacaciones?
- **A** El olor del mar.
- **B** Ningún olor especial.
- **C** El olor del campo, el olor intenso a flores y plantas.

5 ¿Qué recuerdos de infancia tienes?
- **A** Recuerdas las estancias en la playa con tu familia.
- **B** Tus vacaciones eran siempre culturales, visitando ciudades y museos.
- **C** Tienes buenos recuerdos de vacaciones familiares en el pueblo.

6 Elige una opción.
- **A** Visitar las maravillosas playas del Pacífico con sus arenas blancas y limpias.
- **B** Contemplar las maravillas artísticas de un museo cosmopolita.
- **C** Alojarse en una casita a veinte kilómetros del pueblo más cercano.

7 ¿Qué situación te seduce más?
- **A** Una excursión en barco y una comida con champán.
- **B** Un restaurante muy bueno con cocina internacional.
- **C** Una comida en el campo: tortilla, pan y buen vino.

Resultados

Si tienes más **A**, te encanta la playa. Te gusta el mar y el sol y lo pasas bien tomando el sol y jugando.
Si tienes más **B**, prefieres la ciudad. Lo bueno de la ciudad para ti es la cultura y te gusta la vida cosmopolita de las atracciones.
Si tienes más **C**, te gusta más la tranquilidad. No te gusta ni el ruido de la ciudad ni la gente en la playa.

1b **Lee las cartas de tres jóvenes y empaéjalas con las frases de abajo.**

A

Querido amigo:
El año pasado fui a La Habana, la capital de Cuba. Llegúe al Aeropuerto Internacional muy cansado después de un viaje de once horas. Descansé un rato y empecé a caminar por las calles con sus construcciones de estilo colonial. Saqué muchas fotos. Visité una fábrica de puros (los famosos habanos) y vi a los dobladores que hacen los puros. Por la noche salí a los bares donde se beben 'Mojitos', una bebida a base de ron. Pasé ocho días allí. Mi hermano se quedó una semana más con su novia.
Nos gustó muchísimo.
Un saludo,
Juan

B

Querida amiga:
De vacaciones yo me quedé en Costa Rica en América Central. Me gustó el clima que es muy estable durante todo el año. Viajamos en un jeep a ver un volcán. Pasamos mucho tiempo en la playa. Un día me dormí en una hamaca en la playa. Conocimos a muchos costarricenses que son muy simpáticos. Pasamos unos días en la capital San José y luego nos dirijimos hacia el Caribe donde nadamos en el mar y alquilamos un visor y un snorkel para examinar en mundo submarino. Para ver las tortugas gigantes cojimos un autobús a Tortuguero. Nos quedamos en una habitación cerca del mar.
Fueron unas vacaciones estupendas y me gustaría volver.
Un saludo,
Estrella

C

¡Hola!
Te voy a contar algo sobre mis vacaciones en México. Fui con mis padres a Ixtapa, donde las playas son preciosas. Nos relajamos mucho y dimos una vuelta en bicicleta por la jungla. Por la noche nos divertimos mucho en los bares y discos y cenamos platos típicos mexicanos. Luego fuimos a Acapulco y vimos a los 'clavadistas' que se lanzan hasta el mar desde una altura de 32 metros. Mis padres compraron artículos de plata y otros artículos artesanales. ¡Todo fue fantástico!
Un abrazo,
Nacho

los puros	*cigars*
los dobladores	*cigar makers*
los 'clavadistas'	*divers*
la plata	*silver*

1 Su hermano pasó quince días allí.
2 Visitó un volcán.
3 Pasó bastante tiempo en el agua.
4 Entró en la jungla.
5 Comió la comida local.
6 Visitó un sitio donde se fabrican puros.
7 Viajó en autobús.
8 Su familia compró recuerdos.
9 Sacó fotos de los edificios antiguos.

Gramática

The preterite

In ¡Listos! 2 *you were introduced to the preterite,* el pretérito, *the simple past tense that is the equivalent of 'I went', 'she bought', etc. These are the endings for regular verbs:*

-ar *verbs*	**-er** *and* **-ir** *verbs*	
habl**é**	beb**í**	sal**í**
habl**aste**	beb**iste**	sal**iste**
habl**ó**	beb**ió**	sal**ió**
habl**amos**	beb**imos**	sal**imos**
habl**asteis**	beb**isteis**	sal**isteis**
habl**aron**	beb**ieron**	sal**ieron**

Pick out examples of the preterite in the letters. Most are regular. Some have irregular spellings in the **yo** *form* (empecé, llegué) *which have to be learnt separately, but their endings are regular.*

Para saber más → página 193, 5.10

5 ¿Qué hiciste?

Describing what you did on holiday

Lee las frases claves de abajo. Si hay palabras o expresiones que no entiendes, pregunta a tu profesor(a).

Las vacaciones de verano
Las vacaciones de Semana Santa

1 ¿Adónde fuiste?
Fui al extranjero.
Me quedé en casa.
Fui a España.
Fui a la costa.
Fui a la montaña.
Fui a Lisboa.

2 ¿Cómo fuiste y con quién?
Fui en barco/avión/coche.
Fuimos en autocar/tren.
Fui con amigos/mis padres.

3 ¿Cuánto tiempo pasaste allí?
Pasé quince días.
Pasé un fin de semana.
Pasé una semana.
Pasé un mes.

4 ¿Dónde te alojaste?
Me alojé en casa de amigos.
Me alojé en un hotel/hostal.
Me alojé en un camping/albergue juvenil.

5 ¿Qué hiciste?
Tomé el sol.
Di una vuelta en bicicleta.
Nadé.
Saqué fotos.
Comí/Cené.
Jugué al tenis.
Visité castillos/museos.
Bailé.
Esquié.

Cuatro jóvenes hablan de sus vacaciones. Escucha y apunta información en inglés sobre las vacaciones de cada persona:

- **adónde fue**
- **con quién fue**
- **cómo fue**
- **cuánto tiempo se quedó**
- **dónde se alojó**
- **qué hizo**

Con tu compañero/a imagina conversaciones usando las preguntas de abajo. Intenta decir muchas cosas.

- ¿Adónde fuiste?
- ¿Cómo fuiste y con quién?
- ¿Cuánto tiempo pasaste allí?
- ¿Dónde te alojaste?
- ¿Qué hiciste?

Questions about your holidays often come up in the speaking test. They allow you to use a variety of tenses and to show off what you know. In a speaking test it's important to give full answers, as very short answers have four effects:

1 They don't allow you to show off what you can say.

2 They make life hard work for the examiner.

3 They mean you get asked a lot more questions.

4 They don't earn you many marks!

Compare these two answers (the first is taken from the last conversation in 1b):

- ¿Cuánto tiempo pasaste allí?
- Diez días.
- Diez días. Salimos de casa el viernes muy temprano y volvimos el domingo a medianoche.

Empareja las preguntas y las respuestas.

1 ¿Cómo fue la comida?
2 ¿Cómo fue el viaje a Amsterdam?
3 ¿Cómo fue el vuelo a Nueva York?
4 ¿Cómo fue el partido?
5 ¿Cómo fue el hotel?
6 ¿Cómo fue el tiempo?
7 ¿Cómo fue el paisaje?
8 ¿Cómo fue el pueblo?
9 ¿Cómo fue el museo?

A Fue muy lento. Treinta y seis horas en tren.
B Fue aburridísimo. No había nada.
C Fue riquísima. Me gustó muchísimo la merluza.
D Fue interesantísimo. Pasé muchas horas allí.
E Fue un desastre. Lo pasamos fatal. Perdimos cinco a cero.
F Fue rapidísimo. Unas cinco horas desde Londres.
G Fue muy bonito. Había lagos y ríos y muchos árboles.
H Fue estupendo. Había quinientas habitaciones y cinco restaurantes. Lo pasé bomba.
I Fue buenísimo. Hacía sol todos los días.

Lee la descripción. Con tu compañero/a prepara preguntas y respuestas.

Ejemplo: 1

- ¿Qué tal fue el viaje?
- Fue muy lento: veinticuatro horas en autocar. Me aburrí mucho.

1 Fuiste de Roma a Granada en autocar (24 horas).
2 Cenaste en un restaurante y la comida y el servicio no te gustaron.
3 Fuiste a un partido y tu equipo ganó.
4 Viajaste en avión desde París a Bruselas en primera clase.
5 Pasaste unas vacaciones en los Alpes.
6 Visitaste cinco museos en un día.
7 Hiciste camping cerca de una calle muy ruidosa.

-ísimo

Some of the adjectives above have the ending **-ísimo/a**. *This is a way of emphasising how good, bad, etc. something is* (guapísimo – *extremely good-looking;* baratísimo – *incredibly cheap). Note the irregular form* riquísimo *(from* rico*).*

Para saber más → página 183, 2.4

Escribe una carta describiendo tus vacaciones. Incluye una fiesta (mira la página 41 otra vez) y da información sobre:

- ✔ adónde fuiste
- ✔ cuándo fuiste
- ✔ cómo
- ✔ con quién
- ✔ cómo se llama la fiesta
- ✔ qué viste y qué hiciste
- ✔ qué comiste y bebiste
- ✔ qué tal fue

Vocabulario

Platos y tapas	Food and bar snacks
los calamares	*squid*
los champiñones	*mushrooms*
el cóctel de gambas	*prawn cocktail*
la ensalada	*salad*
la ensaladilla rusa	*Russian salad*
las gambas al ajillo	*prawns in garlic*
el gazpacho	*cold tomato and cucumber soup*
los guisantes	*peas*
el jamón serrano	*dry-cured ham*
las judías verdes	*green beans*
las patatas bravas	*spicy potatoes*
el queso	*cheese*
el salchichón	*salami sausage*
la sopa de cebolla/ mariscos	*onion/ seafood soup*
la tortilla (española/ francesa)	*(Spanish/French style) omelette*
el atún	*tuna*
el bacalao	*cod*
la merluza	*hake*
el salmón	*salmon*
la trucha	*trout*
el bistec a la pimienta	*pepper steak*
las chuletas de cordero	*lamb chops*
el filete de cerdo	*pork steak*
la paella	*paella*
el pollo al ajillo	*chicken with garlic*
el arroz con leche	*rice pudding*
el flan (casero)	*(home-made) caramel cream*
la fruta (del tiempo)	*fruit (in season)*
los helados (vainilla, fresa, chocolate)	*ice creams (vanilla, strawberry, chocolate)*
la piña	*pineapple*
el sorbete	*sorbet*
la tarta helada	*ice-cream gateau*
el yogur	*yogurt*

El tiempo	The weather
las previsiones/ el pronóstico	*the weather forecast*
El cielo estará despejado.	*The sky will be clear.*
El cielo estará nublado.	*The sky will be cloudy.*
Habrá vientos fuertes.	*There will be strong winds.*
Habrá una tormenta.	*There will be a storm.*
Habrá sol/niebla.	*It will be sunny/foggy.*
Habrá calor/frío.	*It will be hot/cold.*

Las fiestas	Fiestas
el baile	*dancing*
la caseta	*stand*
el gigante	*giant*
la música	*music*
la procesión (religiosa)	*(religious) procession*

¿Adónde fuiste?	Where did you go?
Fui a la costa.	*I went to the coast.*
a la montaña	*to the mountains*
al extranjero	*abroad*
a España	*to Spain*
Me quedé en casa.	*I stayed at home.*
Fui en barco/avión.	*I went by boat/plane.*
Fui con amigos/ mis padres.	*I went with friends/ my parents.*
Pasé un fin de semana.	*I spent a weekend.*
una semana	*a week*
quince días	*a fortnight*
un mes	*a month*
Me alojé en casa de amigos.	*I stayed with some friends.*
Me alojé en un albergue juvenil.	*I stayed in a youth hostel.*
un camping	*a campsite*
un hostal	*a guesthouse*
un hotel	*a hotel*
Tomé el sol.	*I sunbathed.*
Nadé.	*I swam.*
Di una vuelta en bicicleta.	*I went for a bike ride.*
Saqué fotos.	*I took photos.*
Visité castillos/museos.	*I visited castles/museums.*

Opiniones	Opinions
Fue muy lento/sucio/ bonito.	*It was very slow/dirty/ nice.*
Fue aburridísimo.	*It was extremely boring.*
interesantísimo	*really interesting*
rapidísimo	*incredibly quick*
Fue estupendo/fatal.	*It was great/terrible.*
Lo pasé bomba.	*I had a fantastic time.*

Quejas	**Complaints**
Falta/Faltaba un tenedor.	*There's/There was a fork missing.*
un cuchillo	*a knife*
una cuchara	*a spoon*
No hay/había vinagre.	*There's/There was no vinegar.*
aceite	*oil*
sal	*salt*
El plato está/estaba sucio.	*The plate is/was dirty.*
El salmón está/estaba poco hecho.	*The salmon is/was undercooked.*
El vino está/estaba malo.	*The wine is/was bad.*
En el restaurante	**In the restaurant**
Quisiera reservar una mesa.	*I'd like to reserve a table.*
¿De parte de quién?	*Your name, please?*
De parte de Salvador González.	*Salvador González.*
¿Para cuántas personas?	*For how many people?*
¿Para qué fecha/hora?	*For what date/time?*
¡Camarero/a!	*Waiter/Waitress!*
¿Me trae el menú del día?	*Could you bring me the set menu?*
la carta	*the menu*
la lista de vinos	*the wine list*
¿Qué va a tomar de primero/de segundo?	*What are you going to have for the first/main course?*
¿Y para beber?	*And to drink?*
La cuenta, por favor.	*The bill, please.*
¿Está incluido el servicio?	*Is service included?*
En la oficina de turismo	**In the tourist office**
Perdone, señor/señora.	*Excuse me.*
Quisiera información sobre lo que hay de interés.	*I'd like some information on what there is of interest.*
Quisiera un mapa de la región.	*I'd like a map of the area.*
un plano del pueblo/de la ciudad	*a town/city plan*
un folleto de excursiones	*an excursions brochure*
un horario de trenes/autocares	*a train/coach timetable*
un horario de autobuses	*a bus timetable*
una lista de hoteles/hostales	*a list of hotels/guesthouses*
una lista de campings	*a list of campsites*
una lista de albergues/ restaurantes	*a list of youth hostels/ restaurants*
¿A qué hora abre/cierra el parque?	*What time does the park open/close?*
Una carta a la oficina de turismo	**A letter to the tourist office**
Quisiera informacíon sobre ...	*I'd like information about ...*
Le ruego que me envíe ...	*Could you please send me ...?*
Agradeciéndole de antemano	*Thanking you in advance*
Le saluda atentamente	*Yours sincerely*
En la agencia de viajes	**In the travel agent's**
¿Adónde quiere ir?	*Where do you want to go?*
¿Cuánto tiempo quiere pasar?	*How long do you want to spend?*
¿Dónde quiere quedarse/alojarse?	*Where do you want to stay?*
¿Cómo va a viajar?	*How are you going to travel?*

En ruta

Repaso

Revising directions and places in town

1a Empareja los símbolos con las direcciones.

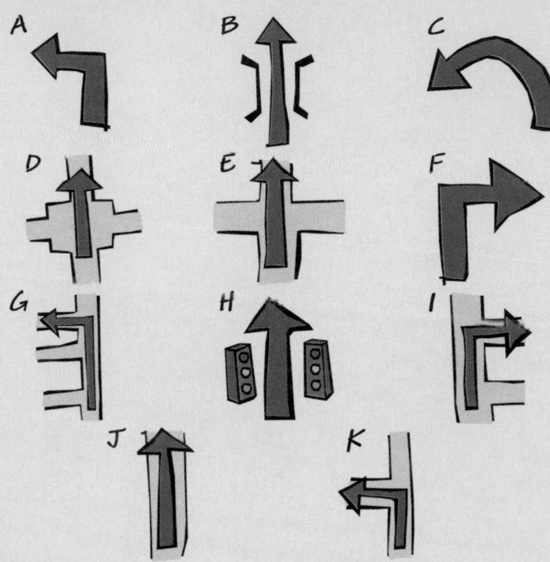

1 Siga todo recto.
2 Tuerza a la izquierda.
3 Tuerza a la derecha.
4 Cruce la plaza.
5 Tome la primera calle a la izquierda.
6 Tome la segunda a la derecha.
7 Tome la tercera a la izquierda.
8 Pase el puente.
9 Pase los semáforos.
10 Doble la esquina.
11 Todo recto en el cruce.

1b Mira el plano y escucha las direcciones (1–6). ¿Son verdad o mentira?

1c Túrnate con tu compañero/a. Haz preguntas y decide si la respuesta es verdad o mentira.

Ejemplo:
- ¿Por dónde se va a la estación de trenes, por favor?
- Tome la segunda a la izquierda.
- Gracias.
- De nada.

Es mentira.

1d Escribe direcciones a un amigo/a.

***Ejemplo:* 1** – *Para ir al cine, tuerza a la derecha, tome la segunda calle a la izquierda y siga todo recto.*

1

2

3
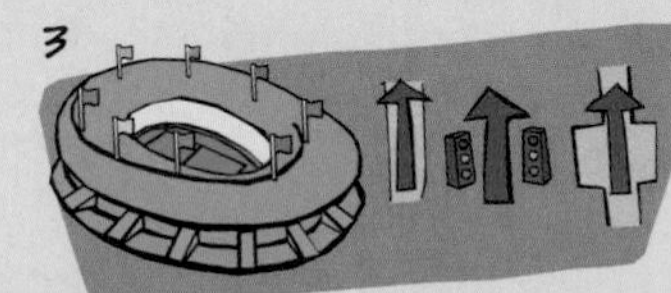

4

5

2a Mira el plano y la leyenda. Usted está aquí (X). ¿Qué es en cada caso?

Ejemplo: 1 – C (oficina de turismo)

Before you start the activity, look up any words you don't know in a dictionary.

Leyenda

A centro comercial
B agencia de viajes
C oficina de turismo
D peluquería
E mercado
F restaurante Los Picos
G teatro
H Correos
I hospital
J estación de trenes
K estación de servicio
L comisaría
M cine
N camping
O polideportivo
P piscina
Q estación de autocares
R colegio San Fernando

1 Está enfrente de la peluquería.
2 Está cerca. Tuerza a la izquierda y está a mano izquierda al lado de la estación de autocares.
3 Tuerza a la derecha, pase los semáforos y el puente y siga todo recto. Está enfrente.
4 Tuerza a la derecha, tuerza a la izquierda en los semáforos y siga todo recto. Está entre el camping y la piscina.
5 Siga todo recto, cruce la plaza y está enfrente.
6 Tuerza a la derecha, y tuerza a la izquierda en los semáforos. Está a mano derecha.

	delante		
	detrás		centro comercial.
	enfrente	del	teatro.
Está	al lado	de la	panadería.
	cerca		
	lejos		
	entre la carnicería y la frutería.		
	en la esquina.		
	a mano izquierda.		
	a mano derecha.		

2b Escucha las conversaciones (1–5) y mira el plano. ¿Adónde van?

2c Túrnate con tu compañero/a para dar direcciones (cinco cada persona). ¿Adónde vais? ¡Ojo! No puedes repetir un sitio.

1 En camino

Getting travel information

Escucha cuatro conversaciones entre turistas y gente en la calle. Rellena los espacios en cada caso.

Turista Perdón, señor. ¿Por dónde se va **[A]**, por favor?
Peatón Está **[B]** de aquí a unos **[C]** kilómetros.
Turista ¿Hay **[D]**?
Peatón No, hay que coger **[E]**.
Turista ¿Cuánto tiempo hace falta?
Peatón **[F]** minutos.
Turista Gracias, adiós.

Haz conversaciones usando las frases de 1a.

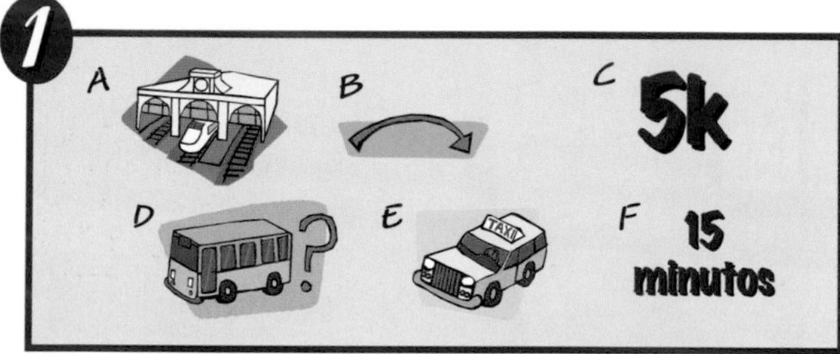

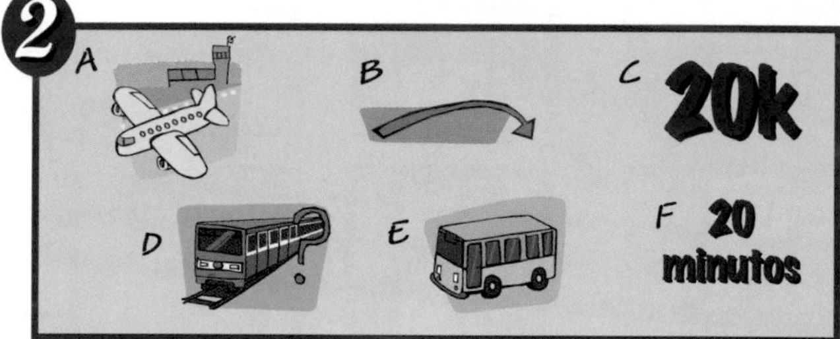

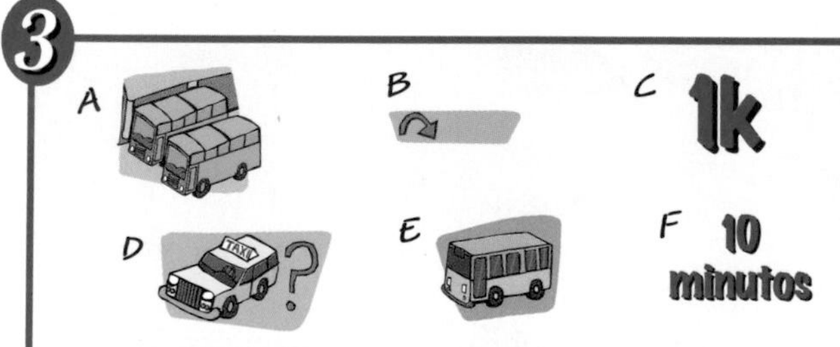

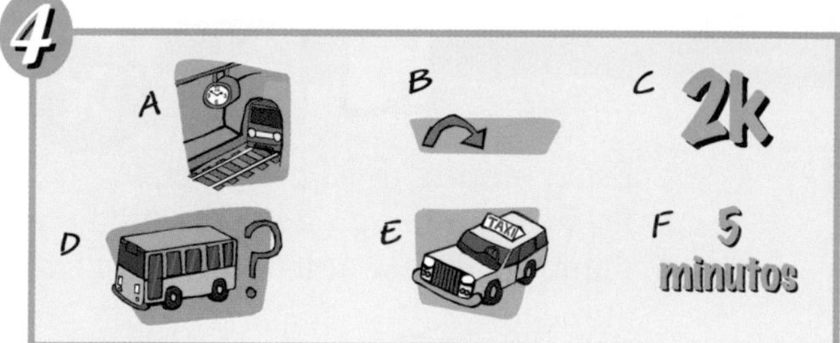

En la oficina de información quieres saber:
A cómo ir; B la hora; C cuánto cuesta; D problemas.
Mira las preguntas. ¿A qué categoría (A–D) corresponden?

Ejemplo: *1 – B*

1 ¿A qué hora sale el primer autobús?
2 ¿No hay trenes los domingos?
3 ¿Es más fácil ir en autocar o en tren?
4 ¿A qué hora llega el último tren?
5 ¿Cuánto cuesta ida y vuelta?
6 ¿No hay un tren que va desde el aeropuerto al centro durante la noche?
7 Ida y vuelta segunda clase, ¿cuánto es?
8 ¿Es más rápido el autobús o el metro? Yo prefiero el autobús.

Mira el horario y contesta a las preguntas.

Madrid–Zaragoza				
Tipo tren	**Salida**	**Llegada**	**Precios**	**Clases/Prestaciones**
Tren Hotel	00.46	04.16	P €33/20	P
TALGO	07.00	09.58	P €36/21 T €27/16	T P
INTERCITY	08.00	11.03	P €27/16 T €20/12	T P
TALGO	09.00	12.00	P €36/21 T €27/16	T P
TALGO	11.00	14.00	P €36/21 T €27/16	T P

1 Quieres estar en Zaragoza a las doce.
2 Quieres salir después de las siete y media.
3 Quieres coger el tren más barato.
4 Quieres comer y llegar antes de las diez.
5 Quieres coger el tren más rápido.
6 Quieres ver una película y llegar por la tarde.
7 Quieres coger el próximo tren (son las nueve menos cuarto).
8 Quieres dormir en el tren.

Leyenda
Precios adultos/niños
P = Preferente T = Turista
Camas
Servicio de cafetería
Restaurante
Prensa
Vídeo
Música
Teléfono

Información

Fares differ depending on the speed and standard of the trains. TALGOs are a type of long-distance train for which you would expect to pay more, but first-class travel doesn't cost much extra.

Escucha la información (1–5). Decide si las horas son correctas o no. Si no son correctas, corrígelas.

Ejemplo: *1 "El primer tren del día llega a Zaragoza a las cuatro diecisiete." – ✗ El primer tren llega a las cuatro dieciséis.*

Con tu compañero/a haz conversaciones siguiendo el ejemplo.

Ejemplo:
- Buenos días. ¿A qué hora sale el próximo tren a Madrid?
- Sale a las quince cincuenta.
- ¿A qué hora llega?
- A las diecisiete veinticinco.
- ¿Es directo?
- No. Hay que cambiar en Valencia.
- Gracias.

	Destino	Salida	Llegada	Correspondencia
1	Madrid	15.50	17.25	Valencia
2	Barcelona	07.16	11.41	–
3	Sevilla	12.36	21.59	–
4	Bilbao	09.05	10.18	Burgos

Escribe un mensaje electrónico dando información sobre tu viaje. Usa el futuro.

Ejemplo: *Saldré de casa a las cinco de la mañana y cogeré el tren a las seis cinco. El tren llegará a la estación de Bilbao a las nueve cincuenta.*

	05.00	06.05	Bilbao	09.50
1	06.30	13.20	Madrid	17.25
2	09.15	21.30	Santander	10.00

2 En la estación

Finding your way around the station and buying tickets

¿Adónde vas para …?

1. esperar en un sitio cómodo.
2. ir de un andén a otro sin cruzar la vía.
3. recuperar algo perdido.
4. aparcar el coche.
5. dejar las maletas y bolsos.
6. comer o beber algo.
7. coger el tren.
8. cambiar dinero.
9. pedir información.
10. sacar billetes.
11. entrar en la estación.
12. coger el metro.
13. ir al baño.
14. comprar un periódico o una revista.
15. salir de la estación en caso de urgencia.

A 
información

B 
sala de espera

C 
salida de emergencia

D 
taquilla

E 
objetos perdidos

F
parking

G 
cantina

H 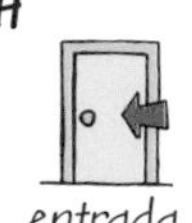
entrada

I 
señoras/caballeros

J 
cambio

K
estación de metro

L
quiosco

M 
paso subterráneo

N 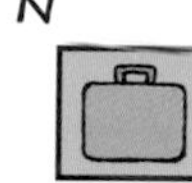
consigna automática

O 

andén

Escucha a los viajeros (1–8). Apunta la letra del sitio que necesitan.

Ejemplo: *1 "Tengo que coger el metro pero no sé adónde ir." – K*

Túrnate con tu compañero/a.

- *Attract the attention of a passer-by.*
- *Respond.*
- *Ask for: the left luggage office/the ticket office/the bureau de change/the car park.*
- *Say it's: near the exit, beside the station café/straight on, near the information office/near the newspaper kiosk/go through the exit and it's on the right.*
- *Thank the person and say goodbye.*
- *Say don't mention it and goodbye.*

En la taquilla compras el billete. Sigue el ejemplo y usa las palabras de abajo.

Empleado/a Buenos días. ¿Qué desea?
Viajero/a Quisiera un billete de ida y vuelta a Málaga.
Empleado/a ¿A qué hora?
Viajero/a A las diez veinte.
Empleado/a ¿Primera o segunda clase?
Viajero/a Segunda.
Empleado/a ¿Fumador o no fumador?
Viajero/a No fumador. ¿Cuánto es?
Empleado/a Treinta euros.
Viajero/a Vale. ¿De qué andén sale?
Empleado/a Del andén número diez.
Viajero/a Gracias, adiós.

Destino:
Barcelona
Santiago

Billetes:
Ida
Ida y vuelta

Precio:
€25
€45

Hora de salida:
15.40
19.21

Andén:
Andén 3
Andén 7

Asiento:
Primera clase
Segunda clase
Fumador
No fumador

Viajar en metro es un poco diferente. Lee la conversación y apunta las palabras y expresiones nuevas.

Viajera Quisiera un billete.
Empleado ¿Qué tipo de billete quiere? ¿Un bono-metro o un billete sencillo?
Viajera Un billete sencillo. ¿Ir a Atocha es directo?
Empleado No, coja la línea 6 y hay que cambiar en Pacífico.
Viajera ¿Luego cojo qué línea?
Empleado Línea 1 dirección Plaza de Castilla.
Viajera ¿Cuántas paradas hay?
Empleado Tres paradas.
Viajera Gracias.

Información

El metro de Madrid tiene once líneas. Es rápido y barato.

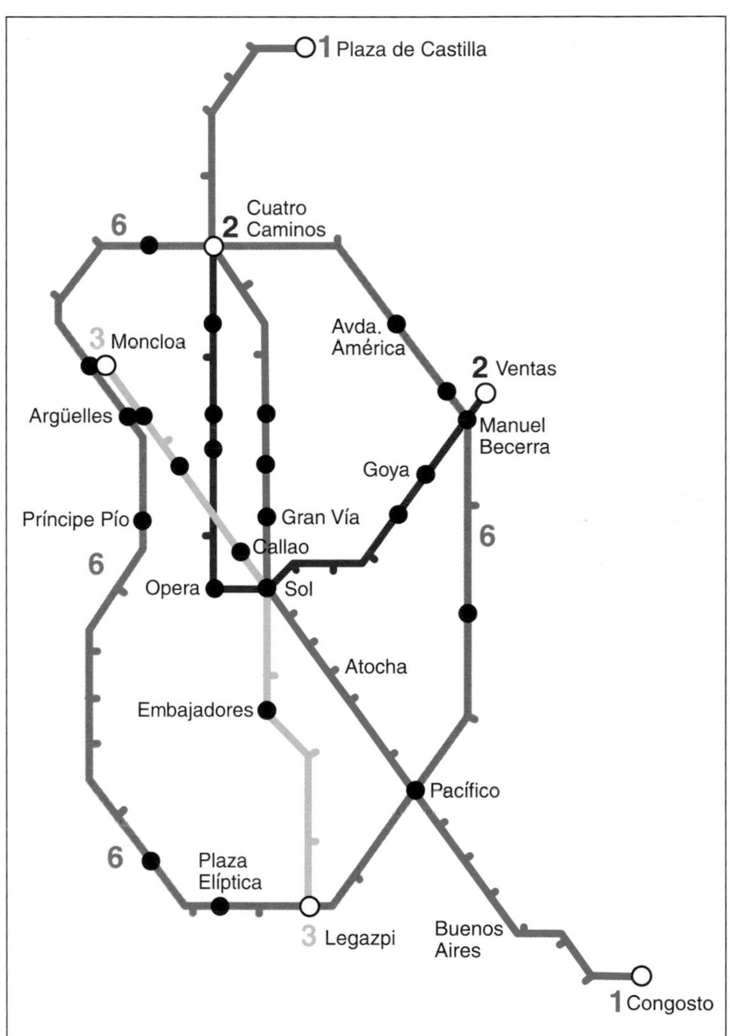

Escucha las conversaciones (1–4) y sigue las direcciones en el mapa del metro. Estás en Legazpi.

Con tu compañero/a haz conversaciones usando estas preguntas.

- ¿Por dónde se va a …?
- Coja la línea …
- ¿Hay que cambiar?
- Sí, hay que cambiar en …/ No, no hay que cambiar.
- ¿Qué línea es?
- Es la línea …
- ¿Cuántas paradas hay?
- Hay …

Información

El AVE es un tren de alta velocidad que va principalmente entre Madrid y Sevilla. El viaje dura dos horas y media y hay un tren casi todas las horas. Hay muchas facilidades en todas las clases: teléfono, vídeo, cuatro canales de música y pasatiempos para niños.

Escucha los anuncios (1–4). Apunta la información importante.

3 ¿Cómo prefieres viajar?

Expressing opinions about travel

Lee las opiniones de unos españoles. Haz dos listas (en español) de los argumentos a favor del transporte público y en contra.

A — Yo cojo siempre el metro. Es rápido y bastante barato.

B — Prefiero ir andando o en bicicleta. No hay contaminación y por eso es mejor para el medio ambiente.

C — Cojo un taxi normalmente. No me gusta esperar en la parada de autobús y estar de pie en el autobús.

D — Yo prefiero ir en coche. Me importa la independencia. Me molesta la gente en el metro, sobre todo por la noche. Tengo miedo a veces.

E — Me gusta viajar en tren. Puedo trabajar y no tengo que preocuparme del tráfico. Con mi ordenador portátil puedo escribir y trabajar normalmente.

F — Para mí los taxis son rápidos y limpios, y puedo leer tranquilamente.

G — Los autobuses son muy ruidosos y la gente me molesta. Prefiero los trenes.

H — Si voy a hacer un viaje largo, voy en avión. Es más rápido, claro, pero a veces no es tan cómodo. Y no me gusta esperar, sobre todo cuando hay un retraso.

Escucha las opiniones (1–4). De las personas en 1a, apunta quién habla (A–H).

Prepara una presentación sobre el transporte público. Describe los servicios que hay, sus ventajas y sus desventajas. Habla un minuto si es posible.

Ejemplo:

En mi pueblo hay autobuses pero no hay trenes. La estación de autobuses está en el centro, cerca del centro comercial. Hay autobuses cada quince minutos, pero el último autobús sale a las nueve de la noche. Es difícil si quieres ir al cine o salir con amigos. Hay que coger un taxi para volver a casa y los taxis son caros. Del centro a mi casa, una distancia de 8 kilómetros, cuesta €4 ida solamente.

Hay pistas para bicicletas. Las ventajas de la bicicleta son que es barata y bastante rápida en la ciudad. Lo malo es que hay mucha contaminación por los coches y puede ser peligroso a veces.

Contesta al mensaje de una joven que hace una encuesta sobre el transporte público.

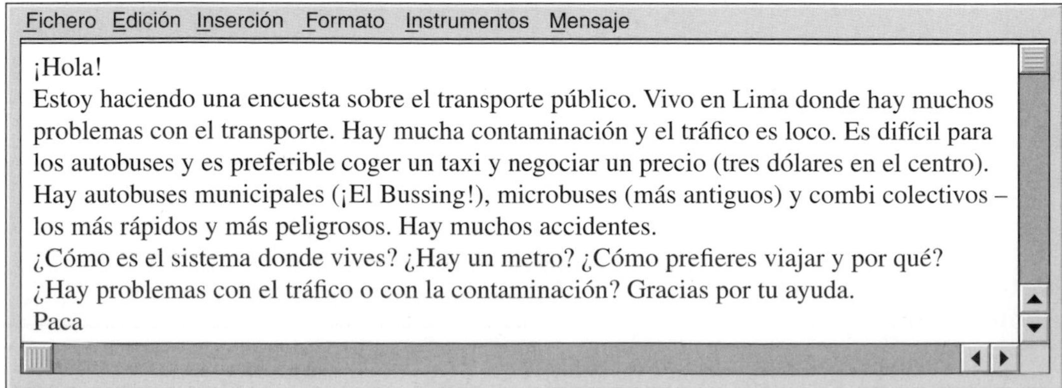

¡Hola!
Estoy haciendo una encuesta sobre el transporte público. Vivo en Lima donde hay muchos problemas con el transporte. Hay mucha contaminación y el tráfico es loco. Es difícil para los autobuses y es preferible coger un taxi y negociar un precio (tres dólares en el centro). Hay autobuses municipales (¡El Bussing!), microbuses (más antiguos) y combi colectivos – los más rápidos y más peligrosos. Hay muchos accidentes.
¿Cómo es el sistema donde vives? ¿Hay un metro? ¿Cómo prefieres viajar y por qué? ¿Hay problemas con el tráfico o con la contaminación? Gracias por tu ayuda.
Paca

2a **Lee la carta y escoge las frases correctas (a, b, c).**

Derby, 22 de enero

Querido amigo:

Te voy a contar una historia que le pasó a un amigo mío. Llegó al aeropuerto de Manchester para coger un vuelo a Madrid. El avión iba a salir a las nueve de la noche. Hubo un retraso de una hora porque había mucho hielo en el avión. Esperaron dos horas y subieron al avión otra vez. Hubo otro retraso de una hora y el avión no pudo despegar porque había más hielo. Por fin despegó a medianoche. Una hora más tarde el piloto anunció que, a causa de la niebla en Madrid, el avión iba a aterrizar en Barcelona. Llegaron a Barcelona a las tres de la madrugada y mi amigo tenía una reunión a las diez.

No había vuelos a Madrid – a causa de la niebla, claro. Tuvo que ir en taxi a Madrid, una distancia de unos 500 kilómetros. Mi amigo no hablaba español y el taxista no hablaba inglés. El taxista empezó a dormirse. Mi amigo decidió cantar para evitar un accidente. Al taxista le gustaba cantar también y los dos cantaron juntos hasta llegar a Madrid. Llegó al hotel a tiempo pero sin dinero español y tuvo que obtener dinero de un amigo en el hotel.

Un saludo,

Sanjeev

un retraso	*a delay*
hielo	*ice*
despegar	*to take off*
aterrizar	*to land*
la madrugada	*the early hours of the morning*
una reunión	*a meeting*
dormirse	*to drop off to sleep*

1 **a** El hombre iba a Manchester.
  b El hombre iba a Madrid.
  c El hombre iba a Barcelona.

2 **a** Salió por la mañana.
  b Salió por la tarde.
  c Salió por la madrugada.

3 **a** Hubo un retraso a causa de problemas mecánicos.
  b Hubo un retraso a causa de problemas de seguridad.
  c Hubo un retraso a causa del tiempo.

4 **a** El avión salió a mediodía.
  b El avión salió a las doce de la noche.
  c El avión no salió.

5 **a** El hombre cogió un avión de Barcelona a Madrid.
  b El hombre cogió un taxi de Barcelona a Madrid.
  c El hombre cogió un tren de Barcelona a Madrid.

2b **Haz una descripción de un viaje difícil. Estas frases pueden ser útiles.**

El tren no llegó.	Empezó a llover/nevar.	El viaje duró ...
Hubo un retraso.	No tuvimos bastante dinero para ...	Llegamos a casa muy cansados.

4 En la carretera

Dealing with accidents and breakdowns

1a Lee los problemas y emparéjalos con los dibujos.

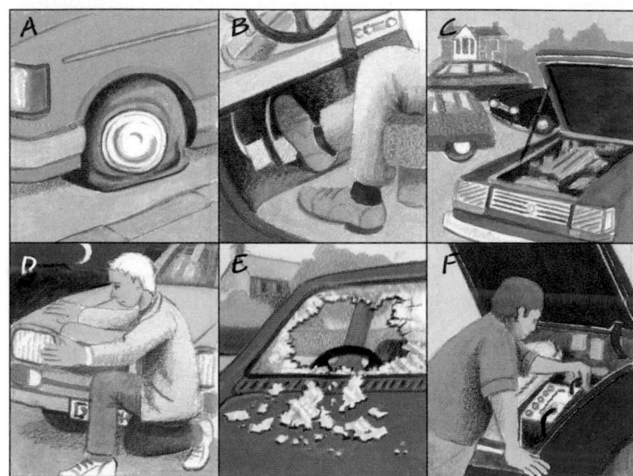

1 Mi coche tiene una avería.

2 Tengo un pinchazo.

3 Tengo un problema con la batería.

4 Las luces no funcionan.

5 Se ha roto el parabrisas.

6 Los frenos no funcionan.

¡OJO!

In the next activity you'll hear telephone conversations between a breakdown service and motorists in difficulty. Some of the language will be new to you. Try to anticipate what they are likely to say: what questions would you ask if you were the mechanic?

This technique of anticipating what might be said will help you in exams. It's a skill we use all the time in our own language, and in a foreign language it can help you tune in more quickly to what people are talking about.

Escuchar **1b Escucha las conversaciones (1–4) y apunta la letra del problema. Si entiendes más información, apúntala también.**

1c Túrnate con tu compañero/a. Haz conversaciones por teléfono indicando dónde estás y cómo es el coche.

Ejemplo:

- Tengo un problema con el coche.
- ¿Dónde está usted exactamente?
- Estoy en la autopista A2 cerca de la salida de Lérida.
- ¿De qué marca es su coche?
- Un Mercedes.
- ¿De qué color es su coche?
- Es negro.
- ¿Y la matrícula?
- 2195 BLK.
- Llegamos en seguida.

A2 cerca de la salida de Lérida	Mercedes	negro	2195 BLK
A7 cerca de la salida de Tortosa	Ford Focus	verde	3685 APF
N11 entre Tárrega y Cervera	Citroen Xantia	azul	S284576
C240 a 2 km de Reus	Peugeot 306	amarillo	9583 BEX

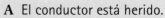

2a En caso de accidente es importante saber describir lo que pasa. Empareja estas frases útiles.

1 ¿Qué pasa?
2 ¿Está usted herido?
3 ¿Hay algún herido?
4 ¿Es grave?
5 ¿Dónde se puede llamar a una ambulancia/a la policía?

A El conductor está herido.
B Se puede llamar en el bar.
C No, no estoy herido.
D Ha habido un accidente.
E No es grave, pero necesita una ambulancia.

2b Túrnate con tu compañero/a.

- *Ask what the matter is.*
- *Say that there has been an accident.*
- *Ask where it is.*
- *Say where it is.*
- *Ask for a description of the car/the car and the lorry* (el camión) *involved.*
- *Describe the car/the car and the lorry* (el camión).
- *Ask if the driver is injured.*
- *Say that the driver isn't injured/the driver of the lorry is injured.*
- *Ask whether it is serious.*
- *Say that it isn't serious./Say that it is serious.*

2c Lee estas descripciones de una avería y un accidente. Escoge las palabras correctas.

Madrid, martes

Salimos de Sevilla muy temprano. Hacía sol y todo el mundo estaba contento. En la carretera/ambulancia/policía tuvimos un conductor/motor/pinchazo. Llamamos a un hospital/garaje/herido y tuvimos que esperar tres horas. Hacía muchísimo sol en la autopista. No teníamos agua. Cerca de Madrid tuvimos un problema con los pasajeros/conductores/frenos y tuvimos que ir a otro garaje. Llegamos a Madrid a las dos de la madrugada. ¡Qué desastre!

Santander, viernes

Salí de casa a las nueve. No había mucho tráfico/ruido/ambiente en la carretera. Llegué a un cruce y vi dos coches. El coche azul estaba en el centro de la carretera. Frené y fui a hablar con los conductores. La conductora del coche azul estaba contenta/triste/herida pero el otro policía/conductor/herido no. Llamé a una autopista/guía/ambulancia y esperé. Llegúe a la oficina muy tarde.

Gramática

Imperfect and preterite

You may have noticed that two past tenses are used in the descriptions above. The imperfect describes what was happening or what things were like at a certain time. The preterite describes a single, completed action in the past: what happened, or what happened next.

Note down all the preterites and all the imperfects and see whether you can understand why each is used. (Sometimes this is not at all easy to explain, even for Spanish people!)

Para saber más → página 193, 5.10–11

2d Describe una avería o un accidente en 50 palabras.

5 ¿Qué pasó?

Describing what happened

Gramática

The imperfect continuous tense

The Spanish tense that is used to describe what was going on is very like the English and is easy to form: it uses the imperfect tense of the verb 'to be' (estar) + *the gerund. This is formed by removing the infinitive ending and adding* **-ando** *(-ar verbs) or* **-iendo** *(-er and -ir verbs) to the verb. For example:*

*I was buy**ing** a newspaper (when the accident happened).*
Estaba compr**ando** un periódico (cuando pasó el accidente).

Note a common exception: le**y**endo *from* leer.

Para saber más → página 195, 5.12

Lee lo que estaban haciendo estas personas. ¿Quién habla en cada caso?

1 Yo estaba comprando un periódico.
2 Estaba escuchando música.
3 Estaba charlando con una amiga.
4 Estaba cruzando la calle.
5 Estaba saliendo de la estación de servicio.
6 Estaba leyendo un libro.
7 Estaba escribiendo una postal.

Un policía está hablando con unos testigos *(witnesses)* (1–7). Apunta lo que estaban haciendo.

Lee las tres descripciones. ¿Cuál es la descripción correcta del accidente?

1 Yo estaba esperando en la calle cerca del quiosco. Vi un camión y un coche detrás. Estaba lloviendo mucho. Un chico estaba jugando con su perro. El perro empezó a cruzar la calle en el paso de peatones. El conductor del camión frenó pero no pudo parar. El pobre animal murió.

2 Yo estaba esperando en la calle delante del quiosco. Vi dos coches. Estaba lloviendo. Un chico estaba jugando con su perro. El chico empezó a cruzar la calle en el paso de peatones. La conductora del primer coche frenó y afortunadamente no atropelló al chico.

3 Yo estaba esperando en la calle delante del quiosco. Vi un coche y un camión detrás. Estaba lloviendo. Un chico estaba jugando con su perro. El perro y el chico empezaron a cruzar la calle en el paso de peatones. La conductora del coche frenó pero el conductor del camión no pudo parar. Chocó con el coche. La conductora del coche fue herida pero el chico y su perro no.

Describe un accidente usando estas frases. Puedes imaginar más cosas – el color del coche, ¡el nombre del perro!

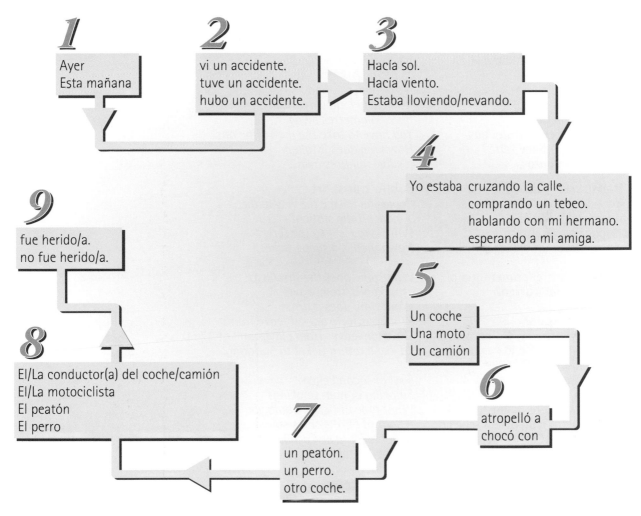

1
Ayer
Esta mañana

2
vi un accidente.
tuve un accidente.
hubo un accidente.

3
Hacía sol.
Hacía viento.
Estaba lloviendo/nevando.

4
Yo estaba cruzando la calle.
comprando un tebeo.
hablando con mi hermano.
esperando a mi amiga.

5
Un coche
Una moto
Un camión

6
atropelló a
chocó con

7
un peatón.
un perro.
otro coche.

8
El/La conductor(a) del coche/camión
El/La motociclista
El peatón
El perro

9
fue herido/a.
no fue herido/a.

Escucha los avisos en la radio (1–3). Empareja los avisos con los dibujos.

A

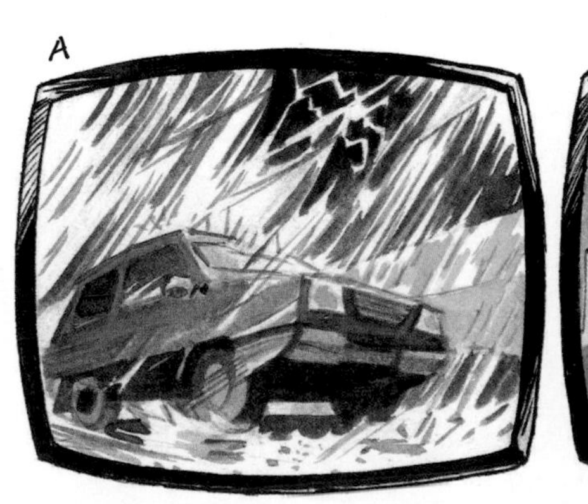

B

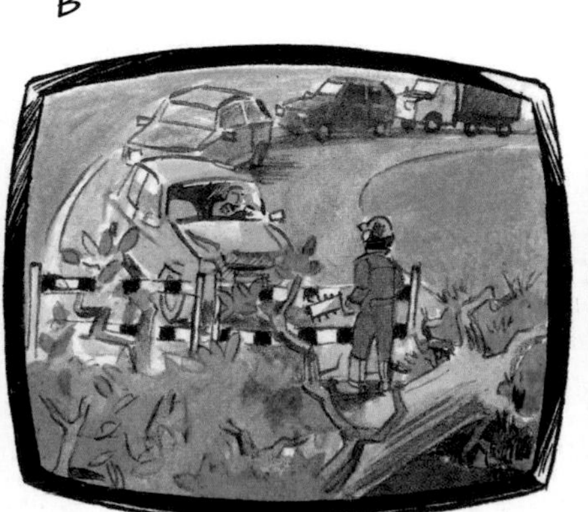

C

Vocabulario

Direcciones	Directions
¿Por dónde se va a ... ?	*How do I get to ... ?*
Siga todo recto en el cruce.	*Carry straight on at the crossroads.*
Tuerza a la izquierda/derecha.	*Turn left/right.*
Cruce la plaza.	*Cross the square.*
Tome la primera/segunda/tercera calle.	*Take the first/second/third street.*
Pase el puente/los semáforos.	*Go over the bridge/the lights.*
Doble la esquina.	*Turn the corner.*
Está delante/detrás/al lado/ enfrente de ...	*It's in front of/behind/beside/ facing ...*
Está entre ... y ...	*It's between ... and ...*
Está cerca/lejos (de ...)	*It's near/a long way (from ...)*
Está a ... kilómetros.	*It's ... kilometres away.*
Hay que coger el metro/el bus.	*You have to take the metro/the bus.*
¿Cuánto tiempo hace falta?	*How long does it take?*
Está a cinco minutos.	*It's five minutes away.*

El transporte público	Public transport
¿Por dónde se va a la estación de autocares/de RENFE?	*Could you tell me the way to the coach/train station?*
¿Por dónde se va al ferry?	*Which way is it to the ferry?*
¿Cuánto cuesta un billete sencillo/ de ida?	*How much is a single ticket?*
¿A qué hora sale el primer/último/ próximo autobús/tren?	*What time does the first/last/ next bus/train leave?*
¿A qué hora llega?	*What time does it arrive?*
¿De qué andén sale?	*What platform does it leave from?*
El tren sale del andén 4 a las 17.50.	*The train leaves from platform 4 at 17.50.*
Quisiera un billete de ida y vuelta a Santiago.	*I'd like a return ticket to Santiago.*
¿Primera o segunda clase?	*First or second class?*
¿Fumador o no fumador?	*Smoking or non-smoking?*
¿Qué tipo de billete quiere?	*What type of ticket would you like?*
¿Un bono-metro o un billete sencillo?	*A book of tickets or a single?*
Para ir a Plaza de Castilla, ¿cogo qué línea?	*To get to Plaza de Castilla, which line do I take?*
Coja la línea 1.	*Take line 1.*
Dirección Ventas.	*Towards Ventas.*
¿Cuántas paradas hay?	*How many stops are there?*
¿Es directo?	*Is it direct?*
Hay que cambiar en Pacífico.	*You have to change at Pacífico.*

Opiniones sobre el transporte	Opinions about transport
El tren es cómodo/ruidoso/limpio.	*The train is comfortable/noisy/clean.*
Prefiero los taxis porque son más rápidos.	*I prefer taxis because they are quicker.*
Voy en coche. Me gusta la independencia.	*I go by car. I like the independence.*
Voy andando o en bici.	*I go on foot or by bike.*
Hay demasiada contaminación.	*There's too much pollution.*
La gente me molesta.	*People bother me.*

Letreros	Signs
andén	*platform*
cambio	*bureau de change*
cantina	*snack bar*
consigna (automática)	*left luggage (lockers)*
entrada	*entrance*
estación de metro	*underground station*
información	*information*
objetos perdidos	*lost property*
parking	*car park*
paso subterráneo	*subway*
quiosco	*news stand*
sala de espera	*waiting room*
salida de emergencia	*emergency exit*
señoras/caballeros	*ladies/gents*
taquilla	*ticket office*

En la carretera	On the road
¿Qué le pasa?	*What's the matter?*
Mi coche tiene una avería.	*My car has broken down.*
Tengo un pinchazo.	*I've got a puncture.*
Los frenos/Las luces no funcionan.	*The brakes/lights don't work.*
Se ha roto el parabrisas.	*The windscreen has smashed.*
Tengo un problema con la batería.	*I have a problem with the battery.*
¿Dónde está usted?	*Where are you?*
Estoy/Estamos en la autopista A7.	*I'm/We're on the A7.*
en la carretera N240	*on the N240*
a dos kilómetros de Lérida	*two kilometres from Lérida*
¿De qué marca es el coche?	*What make is the car?*
¿De qué color es el coche?	*What colour is the car?*
¿Qué es la matrícula?	*What's the registration number?*
¿Está usted herido/a?	*Are you injured?*
¿Hay algún herido?	*Is anyone injured?*
El/La conductor(a) está herido/a.	*The driver is hurt.*
¿Es grave?	*Is it serious?*
Necesita una ambulancia.	*He/She needs an ambulance.*
¿Dónde se puede llamar a la policía?	*Where can I call the police?*
¿Qué estabas haciendo?	*What were you doing?*
Estaba cruzando la calle.	*I was crossing the street.*
Estaba charlando con amigos.	*I was talking with friends.*
El coche atropelló a	*The car knocked over*
un(a) motociclista/	*a motorcyclist/*
un peatón.	*a pedestrian.*
El camión chocó con una moto.	*The lorry crashed into a motorcycle.*
El coche frenó.	*The car braked.*
No pudo parar.	*It couldn't stop.*
El conductor del camión fue herido.	*The lorry driver was hurt.*
La conductora del coche no fue herida.	*The car driver wasn't hurt.*
Hacía sol/viento.	*It was sunny/windy.*
Estaba lloviendo/nevando.	*It was raining/snowing.*

Hablar

Conversación Make sure you use all the tenses. Think in terms of 'Normally I ..., but last year .... Next year I'm going to ...', and don't forget to express an opinion.

Remember to use all the prompts to produce full answers, but don't be surprised if the examiner interrupts you. That's normal: he or she doesn't want to hear a speech on the subject!

Juego de rol When you're preparing role-plays with your partner, take some responsibility for deciding when you have both perfected your roles. Only ask the teacher to come over and listen when you are both satisfied. It's sometimes useful to record your role-plays so that you and/or your teacher can listen to them later.

Note that you will use the *usted* form in the formal situations in these modules.

Presentación Record your presentation and ask yourself the following questions:

– Did I include references to the past and future?
– Did I include an opinion?
– What details could I have added?
– What phrases could I have added to earn extra marks?

Look back through the module and see what you could have added. Ask your teacher to check the tape, and then add it to your personal file for exam revision.

De vacaciones

Conversación 1

- ¿Adónde vas a ir de vacaciones este año?
- Di:
  - con quién vas a ir
  - adónde vas a ir
  - dónde vas a quedarte
  - qué se puede hacer.

Conversación 2

- ¿Adónde fuiste de vacaciones el año pasado?
- Di:
  - adónde fuiste
  - con quién
  - dónde te quedaste
  - qué hiciste y qué sitios visitaste.

Juego de rol 1

You are asking for information in a tourist office.

- ¿Qué desea?
- *Ask for a brochure on the town and a list of hotels.*
- Aquí tiene. ¿Algo más?
- *Ask what time the swimming pool opens.*
- Abre a las nueve de la mañana. ¿Cuánto tiempo va a pasar en la región?
- !
- ¿Qué le gusta hacer?
- !

Juego de rol 2

You are in a Spanish restaurant talking to the waiter/waitress.

- ¿Qué quiere usted?
- *Ask what he or she recommends.*
- Recomiendo la paella.
- *Say you don't like rice and order a fish dish.*
- ¿Quiere un primer plato?
- !
- ¿Algo más?
- *Say that you haven't got a glass and the plate is dirty.*
- Lo siento.

En ruta

Conversación 1

- Háblame un poco sobre el transporte público donde vives.
- Di:
  - qué medios de transporte hay
  - cómo vas al colegio y a las tiendas
  - tu opinión sobre el transporte público.

Conversación 2

- Cuando vas de vacaciones, ¿cómo prefieres ir?
- Di qué medio de transporte te gusta más.
  Da:
  - una lista de las ventajas (y las desventajas si hay)
  - un ejemplo de un viaje.

Juego de rol 1

You are lost on a Spanish street and stop a passer-by to ask for directions.

- Buenos días.
- ¿Va usted andando o en coche?
- Bueno, tome la segunda a la derecha y está todo recto.
- Quince minutos, más o menos. ¿A qué hora sale su tren?
- Entonces, tiene mucho tiempo.

- ¿estación?
- !
- ¿cuánto tiempo?
- !

Juego de rol 2

You are in the booking office in Madrid, reserving a train ticket.

- ¿En qué puedo servirle?
- ¿Cuándo quiere viajar?
- Hay dos trenes, el AVE que es más caro y otro que tarda una hora más.
- Muy bien.

- Sevilla ⟷
- fecha, hora
- !
- ¿andén, precio?

Juego de rol 3

Your car has broken down and you are talking to a mechanic on the phone.

- ¿Qué le pasa?
- ¿Dónde está usted exactamente?
- ¿Me da una descripción del coche?
- Estamos muy ocupados. Estaré con usted en dos horas.

- avería
- autopista, 10 km Tarragona
- descripción: color, marca, matrícula
- !

Presentación

Prepare a 2-minute description of a family holiday using the following headings:

- *el viaje*
- *el alojamiento*
- *las actividades*
- *unas opiniones.*

¿Qué te ha pasado?

Repaso

Revising health problems and advice

Contrarreloj. ¿Cuántas frases correctas puedes hacer en cinco minutos?

Me duele Me duelen	el la los las	brazo cabeza dedo espalda estómago garganta	mano muelas oídos ojos pierna pies
Tengo dolor de			

1b Leer **Empareja las frases con los dibujos. En algunos casos hay dos posibilidades.**

1 Tengo calor.
2 No tengo hambre.
3 Tengo tos.
4 Tengo frío.
5 Estoy enfermo/a.
6 Estoy mareado/a.
7 Tengo catarro.
8 Tengo gripe.
9 Tengo vómitos.
10 Tengo fiebre.
11 Tengo mucho sueño.
12 Tengo la pierna rota.
13 Tengo diarrea.
14 Tengo una insolación.
15 Estoy constipado/a.

Expressions with tener

A lot of the sentences in 1b use the verb tener. *In some cases,* tener *means 'to have' (*tengo gripe *– I have flu); in other cases,* tener + *noun is translated in English by 'to be' (*tengo calor *– I am hot). The most common expressions of this type are:*

Tengo hambre/sed/frío. *I'm hungry/thirsty/cold.*
Tengo miedo/prisa. *I'm afraid/in a hurry.*

Para saber más → página 200, 5.24

Escucha las conversaciones (1–5) en la farmacia. Apunta lo que les pasa a los enfermos y desde hace cuánto tiempo.

Ejemplo: *1 – tos, gripe; 3 días*

Gramática

Desde hace

You've already met desde hace. *It enables you to say for how long something has been going on:*

Tengo gripe **desde hace** una semana. *I've had the flu* ***for*** *a week.*

Notice that the verb (in this case Tengo*) is in the present tense.*

Desde *on its own means 'since':* desde ayer *– since yesterday.*

Para saber más → página 200, 5.25

2a Empareja las enfermedades con los consejos. En algunos casos hay varias posibilidades.

Tengo tos.
Tengo gripe.
Tengo una insolación.
Tengo diarrea.
Tengo vómitos.
Tengo catarro.
Me duelen las muelas.
Me duele la garganta.
Estoy mareado/a.
Estoy constipado/a.

Tome unas aspirinas después de comer.
Quédese en la cama/en casa.
Hay que tomar estas pastillas cuatro veces al día.
Beba mucha agua.
Tome este jarabe.
Vaya al médico/al dentista.
Póngase esta crema.
Tome dos cucharadas al día, por la mañana y por la noche.

2b Escucha las conversaciones en la consulta (1–5) y apunta la información.

	Enfermedad	Consejo
1	*mareada*	*Quédese en la cama. Tome este jarabe.*
2		

2c Túrnate con tu compañero/a para hacer conversaciones en la farmacia.

- Buenos días. ¿Qué desea?
- *Say you have (1) a cough/(2) a sore throat and a headache/ (3) sunstroke and feel dizzy/(4) toothache.*
- ¿Desde hace cuánto tiempo?
- *Say you've been ill for four days.*
- (1) Quédese en casa/(2) Quédese en la cama/(3) Tome esta crema y unas aspirinas/(4) Vaya al dentista.
- *Say what you are doing at the weekend (give a place and two details).*
- Lo siento, es imposible./Bueno, si usted está bien.

2d Tus amigos te invitan a varios sitios. Escribe un mensaje electrónico explicando lo que te pasa.

Ejemplo:

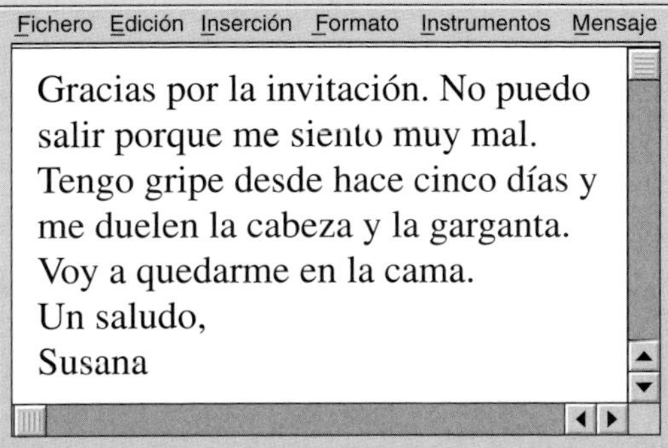

Fichero Edición Inserción Formato Instrumentos Mensaje

Gracias por la invitación. No puedo salir porque me siento muy mal. Tengo gripe desde hace cinco días y me duelen la cabeza y la garganta. Voy a quedarme en la cama.
Un saludo,
Susana

1

2

1 Me siento mal

Saying why you feel ill or how you've hurt yourself

1a Copia las frases y rellena los espacios con una palabra apropiada.

A He comido mucha fruta. ¡Ay! Me duele el __________.

B He trabajado en el jardín todo el día. Me duele mucho la __________.

C He comido muchos caramelos y ahora me duelen las __________.

D He andado diez kilómetros y me duelen las __________.

E ¡Ay! Me duele el __________. He jugado al tenis esta mañana.

F He cantado durante todo el partido. Me duele muchísimo la __________.

G Me duele el __________. He jugado al fútbol esta mañana y me he hecho daño.

H Dos horas de matemáticas. Me duele la __________ ahora.

Gramática

The perfect tense

The perfect tense is formed from two parts: the appropriate present tense form of haber + *the past participle of the verb. This is the same construction as in English. For example,* He comido *means 'I have eaten'.*

The past participle of regular verbs is formed by removing the infinitive ending (-ar/-er/-ir) and adding **-ado** *(-ar verbs) or* **-ido** *(-er and -ir verbs).*

	-ar *verbs*	**-er** *verbs*	**-ir** *verbs*
he	dejado	comido	vivido
has	jugado	perdido	salido
ha	esquiado	tenido	venido
hemos	cortado	torcido	ido
habéis	quemado	cogido	decidido
han	charlado	bebido	dormido

As always, irregular verbs (e.g. hacer – hecho, escribir – escrito*) have to be learnt separately.*

*With the perfect tense of a reflexive verb, you have to use a reflexive pronoun (*me, te, se, etc.*):*
Me he cortado el dedo. *I've cut my finger.*

Para saber más → página 196, 5.16

1b Escucha las conversaciones (1–5) y busca la frase correspondiente de 1a.

1c Empareja las frases y los dibujos.

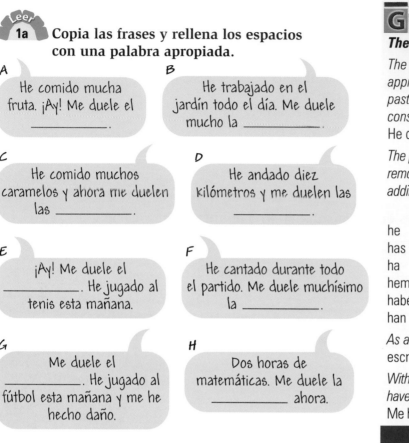

A 
B 
C  
D 
E 
F 

1 Me he cortado la rodilla.
2 Me he quemado la boca.
3 Me he torcido el tobillo jugando al fútbol.
4 Me he roto la pierna en un accidente.
5 Me he hecho daño en la nariz.
6 Me he hecho daño en los oídos en el concierto de rock.

1d Escucha las conversaciones (1–5) en la consulta. Apunta el problema y la causa.

	Problema	Causa
1	torcido tobillo	me caí de mi bicicleta

Contrarreloj. ¿Cuántas frases correctas puedes hacer en cinco minutos?

Se ha cortado	el brazo	la nariz
Nos hemos quemado	el tobillo	la boca
Te has torcido	el dedo	la rodilla
Os habéis roto	el ojo	
Se han hecho daño en		

Describe lo que te pasó cuando estabas (1) jugando al baloncesto o (2) cocinando. Usa este mensaje como modelo.

1

2

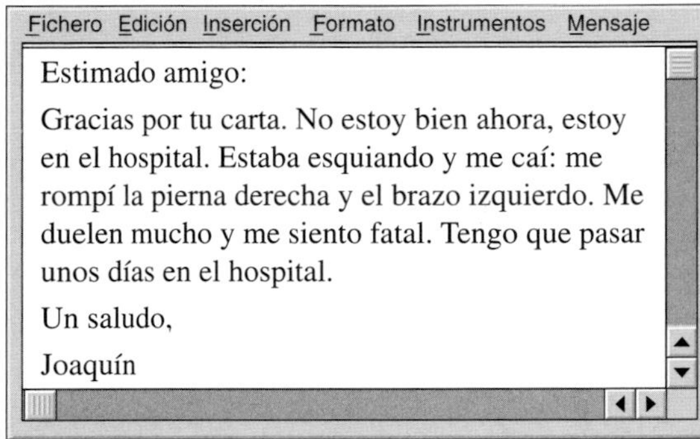

Fichero Edición Inserción Formato Instrumentos Mensaje

Estimado amigo:

Gracias por tu carta. No estoy bien ahora, estoy en el hospital. Estaba esquiando y me caí: me rompí la pierna derecha y el brazo izquierdo. Me duelen mucho y me siento fatal. Tengo que pasar unos días en el hospital.

Un saludo,

Joaquín

The imperfect continuous tense

The imperfect continuous tense describes what you were in the process of doing. As you saw in module 4 (page 60), it's formed from the imperfect tense of estar (estaba, estabas, estaba, estábamos, estabais, estaban) + *the gerund (the part of the verb ending in* -ando *or* -iendo*).*

Para saber más → página 195, 5.12

Apunta lo que recomienda la médica en cada conversación (1–5).

Túrnate con tu compañero/a para hacer conversaciones en la consulta médica.

- Buenos días. ¿Qué le pasa a usted?
- *Say you have cut your hand/hurt your eye/burnt your arm.*
- ¿Cómo lo ha hecho?
- *Say you were cooking/fishing/sunbathing.*
- Le recomiendo una visita al hospital. Puede ser grave.
- *Respond accordingly and say what you are going to do.*

¡OJO!

If you don't know a particular word, e.g. 'elbow' or 'ankle', you could:

(a) paraphrase, e.g. una parte del brazo *for 'elbow',*

(b) substitute a similar word, e.g. pierna *('leg') for 'ankle', or*

(c) point and mime!

2 Reservas y llegadas

Booking hotel accommodation and arriving at a campsite

Lee la carta y contesta a las preguntas.

1 ¿Cuántas habitaciones quiere reservar Alberto?
2 ¿Cuántas personas hay en la familia?
3 ¿Qué tipo de habitaciones quiere?
4 ¿Cuánto tiempo van a pasar en el hotel?
5 ¿Qué información quiere?
6 ¿A qué hora van a llegar?
7 ¿Qué quiere saber finalmente?

Hotel Miami
Avenida de España
Aldea

Torrelavega, 2 de junio

Estimado señor:

Quisiera reservar dos habitaciones: una habitación doble y una habitación individual con baño. Somos tres: dos adultos y una niña de 15 años. Quisiera, si es posible, habitaciones con balcón y con vistas al mar.

Queremos pasar quince días en su hotel, del 1 al 15 de agosto. Le ruego que me comunique los precios de media pensión y pensión completa. También le ruego que me mande un folleto sobre la región. ¿Hay un gimnasio en el hotel? ¿Hay un teléfono en cada habitación con acceso a Internet?

Vamos a llegar a eso de las diez de la noche. ¿Me puede decir hasta qué hora está abierto el restaurante?

Agradeciéndole de antemano,

Le saluda atentamente,

Alberto Álvarez

Alberto Álvarez

Cinco turistas están buscando alojamiento. ¿Qué quiere cada uno?

Túrnate con tu compañero/a para hacer conversaciones telefónicas con alguien en la oficina de turismo.

- Oficina de turismo, dígame.
- *Say you'd like to book two rooms in a guesthouse* (un hostal).
- ¿Para qué fechas?
- *Say you want to arrive on 23rd September and leave on the 27th.*
- ¿Quiere habitaciones con baño o sin baño?
- *Ask how much they cost and whether there is a sea view.*
- Las habitaciones con baño cuestan €50 y tienen vistas al mar. Las habitaciones sin baño cuestan €40.
- *Decide whether you are going to spend the extra money and ask about other facilities in the guesthouse.*

Escribe dos cartas al hotel Miami.

Hotel Miami
1 single
balcony if possible
a fortnight: 2–16 August
price of full board?
is there a swimming pool?

Hotel Miami
1 double
sea view if possible
8 nights: 3–11 July
price of half board and bed and breakfast?
map of town and brochure?

2a **Lee la conversación en el camping. Estudia las frases nuevas.**

Empleado Buenos días.
Turista Buenos días. ¿Tiene una parcela para una tienda y una caravana?
Empleado Sí, creo que sí.
Turista ¿Cuánto es por día y por persona?
Empleado ¿Cuántos son?
Turista Dos adultos y dos niños.
Empleado Son €9 al día los adultos y €6 los niños.
Turista Vale. ¿Hay una lavandería?
Empleado Sí, cerca del bloque sanitario. Sus pasaportes por favor, y ¿quiere firmar aquí?

Hablar **2b** **Con tu compañero/a haz conversaciones cambiando los detalles.**

2c **Escucha las conversaciones (1–5). ¿Cuál es el problema y la solución en cada caso? Toma apuntes en inglés.**

2d **Lee la información sobre el camping Fuente Fría. Decide si las frases son verdad (✔) o mentira (✘) o si no se sabe (?).**

1 Las habitaciones son más caras que las cabañas.
2 El camping dispone de una sala de televisión.
3 Hay mucho que hacer.
4 No hay piscina.
5 Las cabañas son para diez o doce personas.
6 Se organizan actividades.
7 Hay juegos como voleibol y ping-pong.
8 El camping está situado muy cerca de Cuenca.
9 No se admiten perros.

Camping Fuente Fría

¡Bienvenido a la naturaleza!

Situado a 100 kilómetros de Valencia y a 120 de Cuenca, el camping dispone de bloque sanitario con duchas y agua caliente, bar, restaurante, piscina climatizada, campos de deporte y lavandería.

Se puede escoger entre varias posibilidades de alojamiento: tiendas, alojamiento en cabañas de madera de 6 u 8 camas individuales, o habitaciones con baño y todos los servicios.

Tarifas

Precios por persona y por día

	Alojamiento	Pensión completa
Habitación	€15	€36
Cabaña	€11	€34
Tienda	€10 por tienda/día	

Actividades

- Arco y flecha
- Paseos a caballo
- Tiro con rifles de aire
- Natación
- Juegos de aventura
- Caminatas en el campo

3 En la recepción

Checking in to a hotel or campsite

1a Cuando llegas al hotel o al camping tienes muchas preguntas. ¿Estas preguntas se refieren normalmente al hotel (H) o al camping (C) o a los dos (HC)?

A ¿Dónde está el ascensor?

B ¿A qué hora se sirve el desayuno?

C ¿Se admiten perros?

D ¿Se puede cambiar dinero?

E ¿Se venden pasta de dientes y desodorante?

F ¿Tiene balcón?

G ¿Tiene la habitación vistas al mar?

H ¿Dónde está el bloque sanitario?

I ¿Hay una tienda?

J ¿Se pueden alquilar bicicletas?

K ¿Dónde está la lavandería?

L ¿Está climatizada la piscina?

1b Escucha la conversación. Copia el texto y rellena los espacios con las palabras de abajo.

Empleada Buenos días.
Cliente He reservado una habitación ________.
Empleada ¿Su nombre, por favor?
Cliente Puig.
Empleada ¿Cómo se deletrea?
Cliente P-U-I-G.
Empleada Muy bien, ________ 202.
Cliente ¿Dónde está?
Empleada Está en la segunda planta. Coja el ________ que está a mano derecha.
Cliente ¿A qué hora se ________ las comidas?
Empleada Se sirve el ________ entre las siete y las nueve, la comida entre la una y las tres y la cena entre las nueve y las once.
Cliente Gracias.
Empleada Su pasaporte por favor, y ¿quiere ________ aquí?
Cliente Vale.

ascensor firmar
doble restaurante
albergue sirven
habitación hostal
desayuno
carné de identidad

1c Con tu compañero/a haz conversaciones en un hostal, un camping y un albergue.

Say you've reserved a double room and give your name.
Ask if the room has a balcony.
Ask where the lift is.
Ask when breakfast is served.
Ask whether you can hire bikes.

Ask if there's a pitch for a tent and a caravan.
Ask where the restaurant is.
Ask if the swimming pool is open.
Ask when lunch is served.
Ask whether you can hire motorcycles.

Ask if they have any beds free.
Say there are two of you: a boy and a girl.
Ask if they serve meals.
Ask whether you can hire boats.

Leer
2a

Sigue las conversaciones posibles. Practícalas con tu compañero/a.

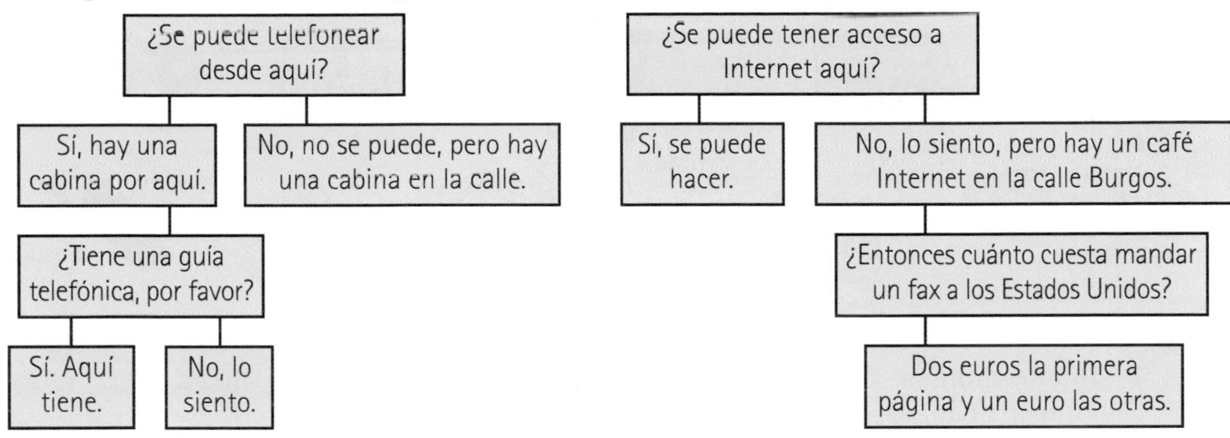
¿Se puede telefonear desde aquí?
Sí, hay una cabina por aquí.
No, no se puede, pero hay una cabina en la calle.
¿Tiene una guía telefónica, por favor?
Sí. Aquí tiene.
No, lo siento.
¿Se puede tener acceso a Internet aquí?
Sí, se puede hacer.
No, lo siento, pero hay un café Internet en la calle Burgos.
¿Entonces cuánto cuesta mandar un fax a los Estados Unidos?
Dos euros la primera página y un euro las otras.

Escuchar
2b

Escucha las conversaciones (1–4). Apunta el problema en cada caso.

Ejemplo: *1 – No hay teléfono.*

Leer 2c **Lee la conversación y pon las frases a la derecha en orden.**

Hablar 2d **Con tu compañero/a haz conversaciones usando las frases a la derecha y cambiando los detalles.**

- ¿Su pasaporte, por favor?
- ¿Quiere firmar aquí?
- ¿Dónde se puede cambiar dinero?
- Aquí tiene.
- Se puede cambiar dinero aquí. ¿Dinero efectivo o cheques de viaje?
- Quisiera cambiar un cheque de cien libras en euros.
- Muy bien.

Leer
2e

Explica las reglas del camping en inglés.

1 No se admiten animales.

2 Límite de velocidad 10km/h

3 Los perros deben estar atados.

4 Mantenga limpio el bloque sanitario.

5 No se debe lavar la ropa en los lavabos.

6 Respete a los otros. No haga ruido durante la noche.

Escribir
2f

Lee las reglas y escribe cinco más.

Reglas para el hotel Catástrofe

No entre en el ascensor – porque no funciona.

No se admiten perros – al cocinero le gusta incluirlos en el menú.

Apague las luces – así no se ve la decoración de la habitación.

Traiga su propia comida – así se evitan dolores de estómago.

4 He perdido . . .

Describing lost property

1a Mira los dibujos. Lee las descripciones y di qué artículo es.

1. Es marrón y de cuero. Contiene 60 euros y mis tarjetas de crédito.
2. Es de oro y la marca es Omega.
3. Es grande y azul. Contiene toda mi ropa y también mi máquina de fotos. Lleva mi nombre y mi dirección.
4. Es negro y bastante pequeño. Normalmente lo pongo en mi bolso.
5. Es negro y blanco. Contiene mis llaves, un bolígrafo y un libro.
6. Son negras. Son de Calvin Klein.
7. Es de piel. Contiene billetes y monedas.

Gramática

Object pronouns

It's important to be able to use object pronouns ('it' or 'them') instead of having to repeat the thing you were talking about. For example:

*Where have you left your umbrella? I've left **it** . . .*
¿Dónde has dejado tu paraguas? **Lo** he dejado . . .

Notice that the object pronoun normally goes in front of the verb (like the reflexive pronouns).

The forms you need are:

	Masculine	***Feminine***
it	lo	la
them	los	las

Para saber más → página 185, 4.2–3

1b Traduce al español.

1. Where's my wallet? I've lost it.
2. Where are Miguel's glasses? He has lost them.
3. Ana is looking for her purse. She has lost it.
4. I haven't got my passport. I left it at home.
5. Our suitcases aren't here. We've lost them.
6. They're looking for their keys. They've lost them.

I have lost	*he perdido*
I left	*dejé*

1c Túrnate con tu compañero/a para hacer conversaciones en la Oficina de Objetos Perdidos. Cambia los detalles subrayados y usa los artículos de 1a.

- ¿En qué puedo servirle?
- He perdido mis zapatillas deportivas.
- ¿Cuándo las ha perdido?
- Las he perdido esta mañana.
- ¿Dónde las ha perdido?
- Las he perdido en el autobús de las once, de Salobreña a mi hotel.
- ¿Cómo son?
- Son casi nuevas, de color blanco, de marca Nike.

Escucha las conversaciones (1–5) y apunta lo que se ha perdido, cuándo y dónde.

	¿Qué?	¿Cuándo?	¿Dónde?
1			

Lee la carta y escoge las frases correctas (a, b, c).

1 Marisol se quedó en el hotel
  a en el invierno.
  b en la primavera.
  c en el verano.
2 Salió del hotel
  a por la mañana.
  b por la noche.
  c por la tarde.
3 Tenía todo su equipaje por última vez
  a en la habitación.
  b en la recepción.
  c en el taxi.
4 En la maleta había
  a su pasaporte y sus billetes de viaje.
  b su cámara y sus gafas.
  c su ropa y su pasaporte.
5 No sabe si
  a le han robado la maleta.
  b la ha perdido en el taxi o en el aeropuerto.
  c la ha dejado en la habitación.

me di cuenta	*I realised*
los gastos de envío	*the postage costs*

El Director
Hotel Casablanca
06171 Badajoz

Madrid, 12 de julio

Estimado señor:

Le escribo para pedir su ayuda. Pasé tres noches en su hotel del 8 al 11 de julio. Dejé el hotel ayer por la mañana después del desayuno. Tenía un bolso de cuero, una maleta grande y otra maleta más pequeña. Todo mi equipaje estaba a mi lado cuando pagué la cuenta en la recepción. Cogí un taxi al aeropuerto y al llegar al aeropuerto me di cuenta de que no tenía la maleta pequeña. No sé si la había dejado en la recepción o si alguien la había robado. En mi maleta había ropa, mi cámara, mis gafas, un reloj de oro y otras joyas y unos cheques de viaje. Afortunadamente, mi pasaporte y mi billetero estaban en mi bolso.

¿Me puede decir si ha encontrado la maleta? Si la ha encontrado, ¿me la puede mandar por favor? Pagaré los gastos de envío. Si no, tendré que ir a la policía.

Agradeciéndole de antemano, le saluda atentamente

Marisol Rodríguez Alonso

Marisol Rodríguez Alonso

Escribe una carta similar a un hotel describiendo lo que has perdido, cuándo y dónde. Describe los artículos (tamaño: grande/pequeño; marca: Canon/Rolex; color: azul/blanco; material: de oro/cuero, etc.).

Making complaints in a hotel

1a Escuchar **Apunta la letra del dibujo que corresponde al problema en cada conversación (1–7).**

1b Hablar **Túrnate con tu compañero/a para hacer conversaciones en un hotel. El cliente/La clienta no está contento/a.**

- Buenos días, señor(a). ¿Qué le pasa?
- *Mention two things in your room that don't work.*
- ¡Ay! Lo siento.
- *Mention two problems or things that are missing (no soap, no towels, dirty sheets …)*
- ¡Ay!
- *Say you want another room.*
- Lo siento, el hotel está completo. Voy a ocuparme de sus problemas en seguida.
- *Respond to this offer. You could ask for a discount* (descuento), *threaten to leave the hotel, ask to speak to the manager* (el director) …

La llave/La luz/El aseo/El ascensor no funciona.
La cama/La mesa/La habitacíon está sucia.
Hay mucho ruido.
No hay jabón/toallas/papel higiénico.

1c Escuchar **Escucha las tres personas en el ejercicio 1b. ¿Cuál de las tres crees que lo lleva mejor?**

1d Escribir **Escribe una carta describiendo un hotel. Mira el ejemplo e imagina los detalles.**

El Director
Hotel Pesadilla
03700 Alicante

Madrid, 13 de marzo

Estimado señor:

Le escribo para quejarme. Pasé tres noches en el hotel Pesadilla. Había muchos problemas. Primero, el aseo no funcionaba y no había jabón en el baño. Segundo, la habitación estaba cerca de la calle y había mucho ruido de los bares de enfrente y del tráfico. No dormí en tres noches. ¡El hotel se encontraba a dos kilómetros de la playa!

Quiero que me devuelva una parte de mi dinero.

Le saluda atentamente,

Yolanda Vásquez

Yolanda Vásquez

2 **Apunta las diferencias entre la publicidad y el mensaje que escribió Jorge.**

Hostal Mayor

¡Tu hostal en pleno centro de Madrid! Si quieres un hostal limpio, de lujo y muy cerca de todo, este es tu hostal. Tenemos habitaciones sencillas, dobles y triples, con cuarto de baño completo y televisión. Ideal para todas las edades. Edificio histórico y muy tranquilo que ha sido rehabilitado recientemente. Se habla inglés y francés. Muy cerca del metro y de la estación de trenes.

Precios: sencilla €18, doble €30, triple €42.
Haz tus reservas en nuestra dirección de correo electrónico **hostalmayor@ole.com**
o en el teléfono 917 547243.

Fichero Edición Inserción Formato Instrumentos Mensaje

Querido amigo:

Gracias por tu mensaje. Quieres saber dónde quedarte en Madrid. ¡No vayas al hostal Mayor! Mis padres estuvieron allí la semana pasada. Habían reservado dos habitaciones dobles pero sólo había una habitación doble y dos sencillas. Mis padres aceptaron las habitaciones individuales pero no sabían que tenían que pagar €36 (2 x €18) al día en vez de €30.

El hostal era céntrico pero había muchísimo ruido. Había tráfico a todas horas. Las habitaciones estaban en el primer piso – muy cerca de la calle.

Las habitaciones no eran de lujo. Eran muy pequeñas con una cama, una mesita de noche y una televisión. El baño estaba sucio cuando llegaron y la cama no estaba hecha.

La televisión no funcionaba y el ascensor tampoco.

Mis padres salieron del hotel al día siguiente y fueron a un hotel cerca para pasar el resto de sus vacaciones. Han escrito al director del hostal pero no creen que va a funcionar.

Un saludo,

Jorge

Gramática

The imperfect tense

Earlier in this module you met the imperfect tense of estar *(see page 69). The imperfect tense is used to decribe what* ***was*** *happening. The endings for* -ar, -er *and* -ir *verbs are as follows:*

-ar *verbs*	**-er** *and* **-ir** *verbs*
-aba	-ía
-abas	-ías
-aba	-ía
-ábamos	-íamos
-abais	-íais
-aban	-ían

Only three verbs are irregular in the imperfect tense: ser (era), ver (veía) *and* ir (iba). *You need to learn these separately.*

Para saber más → página 194, 5.11

Vocabulario

Enfermedades	Illnesses
Me duele ...	*My ... is hurting.*
el brazo	*arm*
el dedo	*finger*
el estómago	*stomach*
el ojo	*eye*
el pie	*foot*
el tobillo	*ankle*
la boca	*mouth*
la cabeza	*head*
la espalda	*back*
la garganta	*throat*
la mano	*hand*
la nariz	*nose*
la pierna	*leg*
la rodilla	*knee*
Me duele desde hace dos días.	*It's been hurting for two days.*
Me duelen los oídos.	*My ears are hurting.*
Tengo dolor de muelas.	*I have toothache.*
Me siento mal/fatal.	*I feel bad/awful.*
Estoy constipado/a.	*I'm constipated/I have a cold.*
Estoy enfermo/a.	*I'm ill.*
Estoy mareado/a.	*I feel dizzy.*
Tengo calor.	*I'm hot.*
Tengo catarro.	*I have a cold.*
Tengo diarrea.	*I have diarrhea.*
Tengo fiebre.	*I have a temperature.*
Tengo frío.	*I'm cold.*
Tengo gripe.	*I have flu.*
Tengo una insolación.	*I have sunstroke.*
Tengo sueño.	*I'm feeling tired.*
Tengo tos.	*I have a cough.*
Tengo vómitos.	*I feel sick.*
No tengo hambre.	*I don't feel hungry.*
Me he cortado la rodilla.	*I've cut my knee.*
Me he hecho daño en la nariz.	*I've hurt my nose.*
Me he quemado la boca.	*I've burnt my mouth.*
Me he roto la pierna.	*I've broken my leg.*
Me he torcido el tobillo.	*I've twisted my ankle.*

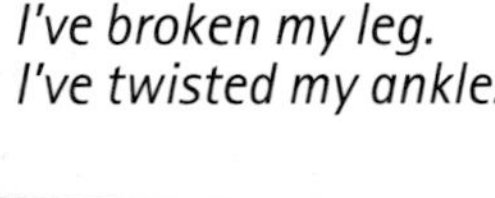

Remedios	Remedies
Tome unas aspirinas.	*Take some aspirin.*
Tome estas pastillas/este jarabe.	*Take these tablets/this cough medicine.*
Póngase esta crema.	*Apply this cream.*
Quédese en la cama.	*Stay in bed.*
Quédese en casa.	*Stay at home.*
Vaya al médico/al dentista.	*Go to the doctor's/dentist's.*
Tiene que ir a la farmacia/al hospital.	*Go to the chemist's/the hospital.*
Beba mucha agua.	*Drink a lot of water.*
Tome dos cucharadas al día, después de comer.	*Take two spoonfuls a day, after meals.*
Hay que tomar estas pastillas cuatro veces al día.	*You must take these tablets four times a day.*

Objetos perdidos	Lost property
He perdido/He dejado ...	*I've lost/I've left my ...*
Me han robado ...	*I've had my ... stolen.*
mi billetero	*wallet*
mi bolso	*handbag*
mi cámara fotográfica/máquina de fotos	*camera*
mi carné de identidad	*my identity card*
mis gafas de sol	*sunglasses*
mis llaves	*keys*
mi maleta	*suitcase*
mi monedero	*purse*
mi pasaporte	*passport*
mi paraguas	*umbrella*
mi reloj	*watch*
mis tarjetas de crédito	*credit cards*
¿Cómo es?	*What is it like?*
Es de piel/de cuero/de oro.	*It's made of hide/leather/gold.*
Contiene mi ropa.	*It has my clothes in it.*
¿De qué color es?	*What colour is it?*
Es blanco y azul.	*It's white and blue.*
Lleva mi nombre y mi dirección.	*It has my name and address on it.*
¿Dónde dejó el reloj?	*Where did you leave the watch?*
Lo dejé en el bar.	*I left it in the bar.*
¿Cuándo perdió la cámara?	*When did you lose the camera?*
La perdí ayer/hace cinco minutos.	*I lost it yesterday/five minutes ago.*

Reservando alojamiento	**Reserving accommodation**
Estimado señor:	*Dear Sirs,*
Quisiera reservar una habitación individual/sencilla con balcón.	*I'd like to book a single room with a balcony.*
Quisiera reservar una habitación doble con vistas al mar.	*I'd like to book a double room with a sea view.*
Quisiera una parcela para una tienda y una caravana.	*I'd like a pitch for a tent and caravan.*
Quisiera pasar tres noches en el albergue.	*I'd like to spend three nights in the youth hostel.*
Queremos pasar una semana/quince días en el hostal, del ... al ... de agosto.	*We want to spend a week/fortnight in the guesthouse, from ... to ... August.*
Le ruego que me mande la tarifa/los precios de pensión completa/media pensión.	*Please send me the price list/the prices for full/half board.*
Agradeciéndole de antemano, le saluda atentamente,	*Thanking you in advance, yours truly,*
El camping dispone de ...	*The campsite has ...*
agua caliente	*hot water*
un bloque sanitario	*a toilet block*
cabinas de madera	*wooden cabins*
campos de deporte	*sports pitches*
duchas	*showers*
lavandería	*laundry*
piscina climatizada	*heated swimming pool*
tiendas	*tents*

En la recepción	**At reception**
He reservado una habitación.	*I've reserved a room.*
¿Se admiten perros?	*Are dogs allowed?*
¿Dónde está el ascensor?	*Where is the lift?*
¿A qué hora se sirve el desayuno?	*What time is breakfast served?*
¿Se puede cambiar dinero?	*Can I/you change money?*
¿Está climatizada la piscina?	*Is the pool heated?*
¿Se venden pasta de dientes y desodorante?	*Are toothpaste and deodorant sold here?*
¿Se pueden alquilar bicicletas?	*Can I/you hire bikes?*
¿Quiere firmar aquí?	*Will you sign here?*
¿Se puede telefonear desde aquí?	*Can you telephone from here?*
Hay una cabina por aquí.	*There's a phone booth over here.*
¿Tiene una guía telefónica?	*Have you got a telephone directory?*
¿Cuánto cuesta mandar un fax (a ...)?	*How much is it to send a fax (to ...)?*
¿Se puede tener acceso a Internet?	*Can I/you get internet access?*
Sí, se puede hacer.	*Yes, you can do that.*
¿Tiene una parcela para una tienda/una caravana?	*Have you got a pitch for a tent/caravan?*
¿Cuánto es por día y por persona?	*How much is it per day and per person?*
Somos dos adultos y dos niños.	*We are two adults and two children.*
¿Hay una sala de televisión?	*Is there a television room?*

Quejas en el hotel	**Complaints in the hotel**
No hay jabón.	*There's no soap.*
No había papel higiénico.	*There was no toilet paper.*
No hay/había toallas.	*There are/were no towels.*
La luz/La llave no funciona.	*The light/key isn't working.*
El ascensor no funciona.	*The lift isn't working.*
El aseo no funcionaba.	*The toilet wasn't working.*
La cama está sucia.	*The bed is dirty.*
La habitación estaba sucia.	*The room was dirty.*
Hay/Había mucho ruido.	*There is/was a lot of noise.*
Quiero cambiar de habitación.	*I want to change rooms.*
Quiero un descuento.	*I want a discount.*
Lo siento, el hotel está completo.	*I'm sorry, the hotel is full.*
Quiero hablar con el director.	*I want to speak to the manager.*

En casa y en el trabajo

Repasa

Revising food, meals and numbers

1a Leer **Lee lo que comen los miembros de la familia. ¿Quién escribe? Empareja las frases con las personas.**

Yo Ana
cereales
zumo de naranja
agua o leche fría

Mi hermanastra Pili
zumo de piña
café solo

Mi madre
tostadas con
mantequilla y mermelada
café con leche o té

Mi hermano Felipe
tostadas, cereales
o galletas
zumo de fruta
té

1 No como nada. No tengo hambre por la mañana.
2 No tomo zumo. Prefiero una bebida caliente.
3 Me gustan los cereales y una taza de té.
4 Tomo tostadas y café.
5 Me gusta el zumo de fruta pero piña y naranja no.
6 Me gusta una bebida caliente pero el té y el café con leche no me gustan.

Lee la rutina de Ángel y escucha su descripción de su desayuno, comida y cena. Apunta la información suplementaria.

Un día de colegio	**Un fin de semana**
Desayuno 7.15: tostadas, queso, café solo	Desayuno 11.00: pan y mantequilla, café con leche
Comida 13.30: sopa, carne, arroz con leche o helado o flan, agua	Comida 15.00: ensalada, pollo o pescado, queso o fruta, vino o cerveza
Merienda 18.00: un bocadillo de jamón	Merienda: –
Cena 21.00: verduras (judías o guisantes), tortilla francesa, yogur, agua	Cena 22.00: mariscos, chuletas o filete, flan o fruta (uvas, melocotones), vino y agua

Con tu compañero/a pregunta y contesta sobre lo que comes y bebes durante la semana y los fines de semana.

- ¿Qué tomas para el desayuno/la comida/la cena durante la semana?
- ¿Qué tomas para el desayuno/la comida/la cena los fines de semana?
- ¿A qué hora desayunas/comes/cenas?

Haz una descripción de lo que comiste y bebiste en las comidas el fin de semana pasado. ¿Qué te gustó y por qué/por qué no? ¿A qué hora comiste y con quién?

Un poco de gimnasia mental. Túrnate con tu compañero/a para leer estos números en voz alta.

12, 23, 34, 45, 56, 67, 78, 89, 90
123, 234, 345, 456, 567, 678, 789, 890
1234, 2345, 3456, 4567, 5678, 6789, 7890

¡OJO!

A reminder about how important numbers are both in exams and in real life. Think how often they come up: times, ages, telephone numbers, addresses, etc. The activities on this page are designed to help you revise them.

Escucha las conversaciones (1–4) y apunta las horas mencionadas.

Escribe diez horas (9.20, 17.55, etc.) en un papel. Di las horas a tu compañero/a. Tu compañero/a apunta las horas y luego compara su versión con la tuya.

Escucha la información sobre miembros de la familia. Apunta la edad de cada uno.

Persona	Marisol	José	Conchita	Javier	Pablo	Jaime	Miguel	Alonso	Rafa	Nuria
Edad										

2e Escribir

Las telenovelas (*'soaps'*) tienen muchas veces familias complicadas. Escoge una familia de tu telenovela favorita. Escribe una lista de los miembros de la familia y cuántos años tienen (puedes imaginarlo).

1 Ayudando en casa

Saying what you do to help at home and why

1a Empareja los dibujos con las tareas.

1 Lavo el coche.
2 Pongo la mesa.
3 Plancho la ropa.
4 Lavo la ropa.
5 Hago las camas.
6 Corto el césped.
7 Quito la mesa.
8 Ayudo en el jardín.
9 Preparo las comidas.
10 Limpio mi habitación.
11 Paso la aspiradora.
12 Quito el polvo.
13 Friego los platos.
14 Hago la compra.

1b Haz un sondeo en la clase. Anota las respuestas y escribe los resultados como en el ejemplo.

Ejemplo:

- ¿Pones la mesa: siempre, a menudo o nunca?
- Siempre.

Los resultados: El treinta por ciento de la clase pone la mesa siempre y el sesenta por ciento la pone a menudo.

	Siempre (todos los días)	A menudo (2 o 3 veces a la semana)	Nunca
Pongo la mesa	30%	60%	10%
Plancho la ropa	2%	29%	69%
Lavo la ropa	5%	35%	60%

1c Escucha las entrevistas con seis jóvenes. Apunta lo que hacen y por qué.

	¿Qué?	¿Por qué?
1	Hago las camas, pongo la mesa y paso la aspiradora.	Mis padres me dan €15 a la semana.

Gramática

Personal object pronouns

In module 5 (page 74) you saw that the object ('it' or 'them') normally goes before the verb:

¿Mi pasaporte? **Lo** he dejado en casa. *My passport? I've left **it** at home.*

The same applies to personal object pronouns like 'me', 'you', 'him/her', 'us', 'them'. For example:

Mis padres **me/nos** pagan. *My parents pay **me/us**.*

Here is the full list of object pronouns:

	Masculine	**Feminine**		**Masculine**	**Feminine**
me	me	me	*us*	nos	nos
you (tú)	te	te	*you* (vosotros)	os	os
him/her/you (usted)	le/lo	la	*them/you* (ustedes)	les/los	las

Para saber más → página 185, 4.2–3

Lee las cartas y decide si las soluciones de abajo se refieren a la carta de Mercedes o de Ángel.

1 Tienes que hablar con tu padre y decirle que te parece injusto.
2 Tienes que aceptar que no es fácil para tu madre.
3 Tu hermano tiene que hacer algo y tus padres deben insistir.
4 ¿Tienes abuelos que podrían ayudar a tu madre?
5 Tienes que insistir sobre tus estudios.

Tía Dolores

Querida Dolores:
Yo tengo quince años y tengo que hacer todo el trabajo en casa. Tengo que preparar las comidas, poner la mesa, lavar la ropa y hacer la compra. El sábado, por ejemplo, me levanté a las siete y pasé todo el día haciendo las camas y limpiando la casa.

Mi padre no hace nada – solamente lee el periódico y ve la televisión. Mi hermano Paco, que tiene 18 años, no hace nada. Es estudiante y, por eso, no tiene que trabajar en casa. Yo también estudio. Voy a tener mis exámenes en dos semanas pero nadie se preocupa.
¿Qué puedo hacer?
Mercedes

Querida Dolores:
Mi madre no trabaja en casa. Se sienta en el sofá y yo tengo que hacer todo el trabajo con mi hermana, Nuria. Nuria hace las camas y limpia las habitaciones y yo preparo las comidas. Es como un hotel pero no nos pagan.

Mi hermana lo acepta pero yo no estoy contento. Ya sé que mi madre está sola y ha estado enferma, pero es imposible continuar así.
¿Qué puedo hacer?
Ángel

Haz conversaciones con tu compañero/a. Estás en casa de una familia española después de la comida.

- *Ask whether you can help.*
- Sí, eres muy amable.
- *Offer to do the washing up.*
- Gracias. ¿Qué haces en casa para ayudar?
- *Mention three things you do and how often.*
- ¿Quién hace la compra?
- *Explain who does it and when.*
- ¿Qué hacen tus hermanos?
- *Say three different things that your brothers and sisters do.*

Escribe una carta a un(a) amigo/a español(a). Di lo que haces en casa y lo que te dan tus padres.

Soy mejor que tú. Túrnate con tu compañero/a para decir lo que hiciste el sábado pasado y añade una cosa cada vez.

Ejemplo:
- Yo fregué los platos.
- Yo fregué los platos y preparé la comida.
- Yo fregué …

¡OJO!

Make sure you use different tenses in your written work. Look at this example:

Preparo la comida y también pongo y quito la mesa todos los días. Es aburrido pero no es difícil. Ayer preparé una paella. ¡Estaba riquísima! El domingo voy a ayudar a mi madre porque van a venir mis abuelos.

2 Un trabajo a tiempo parcial

Describing part-time jobs and how you spend your money

Empareja los trabajos con las definiciones. ¡Ojo! Sobran definiciones.

1 Me ocupo de niños pequeños. Les doy de comer. Juego con ellos.
2 Traigo comida y bebida para los clientes.
3 Cuido animales. Paseo a los perros.
4 Reparto leche por la mañana.
5 Vendo cosas en una tienda o en unos grandes almacenes.
6 Trabajo en la caja en un supermercado.
7 Lavo el pelo de los clientes.
8 Reparto periódicos.
9 Trabajo en el mercado.
10 Trabajo en una hamburguesería.

dependiente/a

canguro

peluquero/a

camarero/a

Lee lo que han escrito estos jóvenes.
Pon las fichas en orden bajo cada categoría:

- **¿quién trabaja más horas?**
- **¿quién gana más dinero?**
- **¿a quién le gusta más el trabajo?**
- **en tu opinión ¿quién tiene el mejor puesto de trabajo?**

Nombre: Miguel Ángel Galdos
Trabajo: Dependiente en una estación de servicio.
Observaciones: Trabajo duro los sábados: de ocho a cuatro. Vendo gasolina y aceite y limpio los coches. Gano €42. Quiero ser mecánico cuando termine mis estudios y por eso es útil para mí. Me gusta bastante.

Nombre: Luisa Torroja
Trabajo: Canguro
Observaciones: Trabajo en casa de una señora que tiene dos niños pequeños. Trabajo de seis a ocho cinco días a la semana. Me gustan los niños pero es mucho después de clase. Gano €40.

Nombre: Ignacio Márquez
Trabajo: Camarero
Observaciones: Suelo trabajar los viernes y los sábados de ocho a dos. Hay muchos jóvenes y me encanta. Gano bastante: €60. Estoy cansado después pero me quedo en la cama al día siguiente.

Nombre: Susana Vega
Trabajo: No tengo trabajo de momento.
Observaciones: Ayudo a mis padres en casa: cocinando, poniendo la mesa. Mis padres me dan €35 al mes. Me gustaría trabajar en unos grandes almacenes como dependienta.

Escucha las entrevistas con cinco jóvenes. Apunta la información.

	¿Qué?	¿Dónde?	¿Cuándo?	¿Cuánto gana?	¿Cómo va al trabajo?
1					

Imagina que tienes estos puestos de trabajo o habla de tu trabajo. Contesta a las preguntas y da tu propia opinión.

- ¿Dónde trabajas?
- ¿Cuándo?
- ¿Cuánto ganas?
- ¿Qué opinas tú de tu trabajo?
- ¿Por qué?
- ¿Cómo vas al trabajo?

1 12-8 LMMJVSS €68

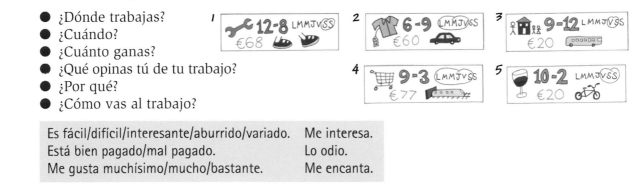

2 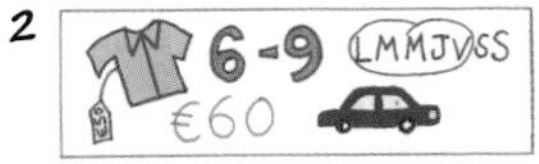

3 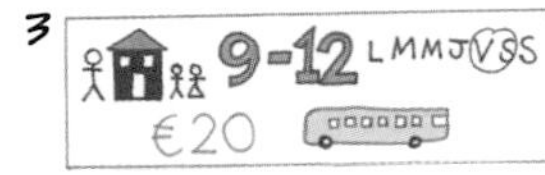

4 

5 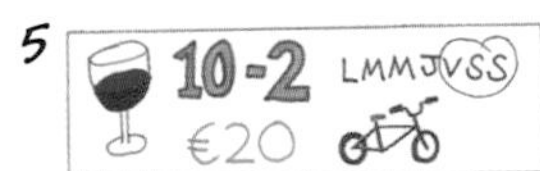

Es fácil/difícil/interesante/aburrido/variado.	Me interesa.
Está bien pagado/mal pagado.	Lo odio.
Me gusta muchísimo/mucho/bastante.	Me encanta.

Escribe 80 palabras sobre tu trabajo a tiempo parcial diciendo lo que haces, cuánto ganas y si te gusta. Puedes incluir trabajos que has tenido antes.

Ejemplo: *El verano pasado vendí helados en la playa …*

¿En qué gastas el dinero? Lee el artículo y decide si las frases son verdad o mentira.

1 Los jóvenes gastan más dinero en ropa que en juegos de ordenador.
2 Gastan más en música.
3 Los jóvenes gastan el 20% de su dinero en ropa.
4 Los jóvenes ahorran el 20% de su dinero.
5 Gastan más dinero en salir que en ropa.
6 La ropa es más popular que los CDs et cétera.
7 Los jóvenes ahorran poco relativamente.

¿En qué gastas el dinero?

Los jóvenes de hoy tienen más dinero que los de antes. Hicimos una encuesta de dos mil jóvenes de 14 a 16 años para descubrir en qué gastan su dinero. Aquí los resultados (en tantos por ciento de su dinero).

CDs/minidiscos/vídeos	22
Cine/bares/partidos de fútbol	21
Ropa	20
Juegos de ordenador	15
Tebeos/revistas/libros	8
Otros pasatiempos	7
Caramelos/chocolate	5
Ahorros (banco)	2

Escucha las entrevistas con cinco jóvenes. Apunta en qué gastan su dinero.

Habla un minuto sobre:

1 min

- **el trabajo: dónde, cuándo, cuánto ganas, tu opinión**
- **el dinero: quién te lo da, cuánto, cómo lo gastas y cuánto ahorras.**

Escribe la información de 2c para incluirlo en tu fichero personal. 

3 Prácticas laborales

Talking about work experience

1a Lee las descripciones de las prácticas que hicieron estos jóvenes. Empareja cada frase de abajo con una persona.

¡Hola! Soy Nacho. Hice mis prácticas en un supermercado. Todos los días me levantaba a las cinco – ¡fíjate, a las cinco! – y cogía el primer autobús al supermercado que está a diez kilómetros de mi casa a las afueras. Hice muchas tareas diferentes: trabajando en la caja, rellenando los estantes, ayudando a los clientes, limpiando. Me trataron bien los dependientes, pero a veces los clientes estaban impacientes. Terminaba a las cuatro y estaba tan cansado que no podía salir.

Soy Manolo. Fui a trabajar en una escuela primaria. Empezaba a las ocho todos los días durante dos semanas. Trabajaba con clases diferentes de seis a once. Los pequeños eran los más difíciles. Necesitaban mucha ayuda con todo. Había una pausa a las diez y media y la comida, pero no había nunca tiempo libre. Siempre había alguien que te necesitaba. ¡Y el ruido de 400 personas en el patio! Cuando volvía a casa ponía música tranquila para calmarme.

Me llamo Beatriz. Yo encontré un trabajo en un polideportivo. Soy bastante deportista y me lo llevaba bien. Trabajaba de ocho a cuatro o de dos a diez. Pasaba unas horas en la piscina y otras horas en el gimnasio. Me trataron bastante bien, pero era un poco monótono después de un rato.

Me llamo Carmen. Trabajaba en una oficina de una compañía de seguros. Había muchísima gente allí, muchos directores y secretarias que no conocía. Trabajaba como secretaria y pasaba mi tiempo escribiendo en el ordenador y contestando llamadas telefónicas. Empezaba a las nueve y terminaba a las cinco. Tenía una hora libre a mediodía y solía ir de compras con otras secretarias y comer algo en la plaza mayor. Después de unos días me sentía muy contenta allí. Me gustaría trabajar en una oficina cuando termine mis estudios.

1 La rutina de la oficina me conviene.
2 Hacer lo mismo todos los días fue un poco aburrido.
3 ¡Levantarse tan temprano es un crimen!
4 Trabajar con niños pequeños es una pesadilla.

1b Escucha a las mismas personas. Cada persona comete tres errores. Apúntalos.

1c Túrnate con tu compañero/a para hacer conversaciones. Tu amigo/a español(a) te está haciendo preguntas sobre tus prácticas.

- ¿Dónde trabajabas?
- *Say where you worked.*
- ¿Cómo era tu rutina?
- *Describe your working day: getting up, getting to work, etc.*
- ¿Qué hacías?
- *Describe what you did.*
- ¿Te gustó?
- *Say whether you liked it and why/why not.*

The imperfect tense

In module 5 (page 77) you met the imperfect tense, used to mean 'was' or 'were -ing'. The imperfect tense is also used to describe a repeated action in the past, and is sometimes translated as 'used to'. For example:

Todos los días **salía** de casa a las cinco.
Every day I left/used to leave the house at five.
Trabajaba de ocho y cuarto hasta las diez.
I worked/used to work from quarter past eight until ten.

Para saber más → página 194, 5.11

Gramática

The gerund

In 1a, Nacho and Carmen use several examples of the gerund:

Hice muchas tareas diferentes: **trabajando** en la caja, **rellenando** los estantes, **ayudando** a los clientes, **limpiando**.
*I did a lot of different jobs: **working** on the till, **filling** the shelves, **helping** customers, **cleaning**.*
Trabajaba como secretaria y pasaba mi tiempo **escribiendo** en el ordenador y **contestando** llamadas telefónicas.
*I worked as a secretary and I spent my time **writing** on the computer and **answering** phone calls.*

As you can see, the gerund is used when you have used a main verb (in Nacho's case hice*) and want to use another verb to describe **how** something is or was being done.*

In Spanish the gerund is formed, as you have seen in the present and imperfect continuous tenses (module 4, page 60), by removing the infinitive ending (-ar/-er/-ir) *and adding* **-ando** *(-ar verbs) or* **-iendo** *(-er and -ir verbs).*

Para saber más → página 192, 5.8

2a Lee las opiniones de estos jóvenes. ¿Están a favor o en contra de las prácticas laborales?

1

Yo creo que es una buena idea. Te da la oportunidad de aprender cómo es un trabajo y de tener experiencia de la vida adulta. Hay siempre la posibilidad de encontrar trabajo en el mismo sitio después.

2

Para mí fue una pérdida de tiempo. Me trataron como un esclavo. Tenía que hacerles tazas de café e ir a las tiendas para ellos pero no aprendí nada. Todos los días hacía las mismas cosas y no ganaba ni un euro.

3

A mí me gustó muchísimo. No me gusta tanto el colegio y pasar dos semanas fuera me entusiasmó. Quiero ser arquitecto y ahora sé que tengo que estudiar más para hacerlo. Después de dos semanas sé que quiero mucho hacerlo.

2b Lee la carta y escribe una respuesta (100 palabras).

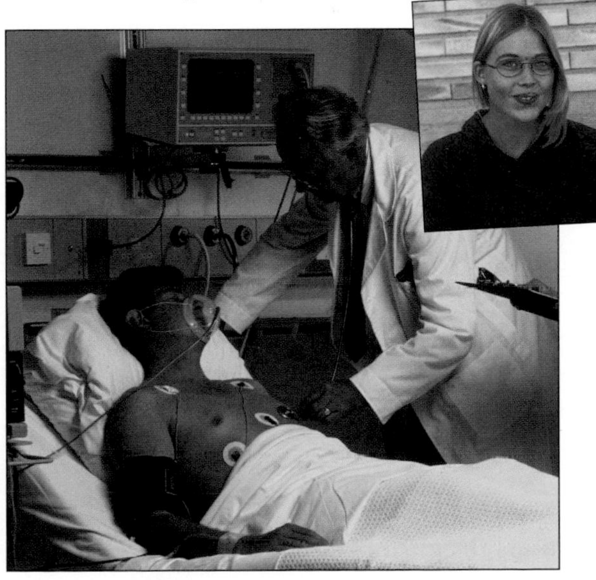

Querida amiga:

¡Buenas noticias! Voy a ir a Inglaterra a hacer unas prácticas. Todos los años los estudiantes de inglés que quieren, van a un sitio cerca de Londres para hacer prácticas. Vamos a pasar quince días en casa de una familia inglesa y trabajaremos durante el día. Voy a trabajar en un hospital porque quiero ser médica. Va a ser muy interesante. El año pasado mi hermana hizo lo mismo en Francia. Iba todos los días a una farmacia. Le gustó mucho.

Dime si haces prácticas en tu país. ¿Cuánto tiempo duran? ¿Has hecho prácticas tú? ¿Qué hiciste y dónde? ¿Cómo fue? Descríbeme tus experiencias allí.

Nada más por hoy.

Un saludo,

Belén

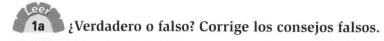

4 La vida sana

Describing your lifestyle and giving health advice

¿Verdadero o falso? Corrige los consejos falsos.

CONSEJOS PARA UNA VIDA SANA

1. Se debe dormir ocho horas.
2. Se debe beber más alcohol y menos agua.
3. Se debe evitar beber demasiado café.
4. Se debe comer más comida basura.
5. No se debe tomar el ascensor – se debe tomar la escalera.
6. Se debe hacer ejercicio tres veces al año.
7. Se debe controlar el estrés: sea positivo en todo.
8. No se debe fumar cigarillos ni tomar drogas.
9. Se debe acostarse tarde.
10. Se debe comer más fruta, verdura y cereales y menos grasa.

Gramática

Impersonal verbs

You've already met se puede, *meaning 'you can' in the sense of 'one can'. This is called an impersonal verb, because it is general and doesn't refer to any one person in particular.* Se debe *is used in the same way, meaning 'you ought to ...'.*

Para saber más → página 191, 5.6

Lee tres mensajes mandados a una revista española. ¿Qué consejos serían útiles para cada persona? Puedes usar los consejos de 1a y otras.

***Ejemplo:* Bea** *– Se debe ir al polideportivo o a la piscina una vez a la semana.*

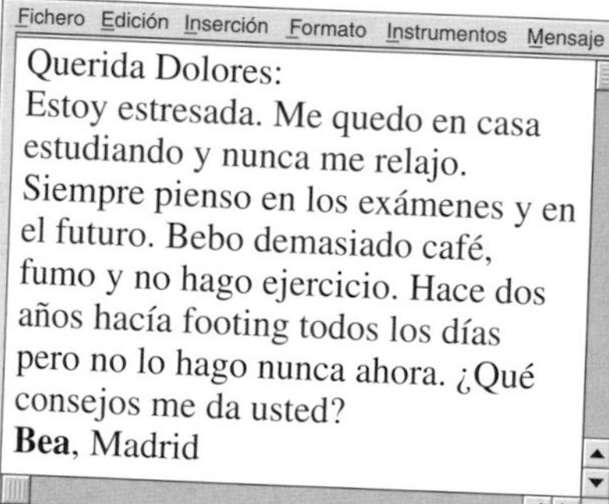

Fichero Edición Inserción Formato Instrumentos Mensaje

Querida Dolores:
Estoy estresada. Me quedo en casa estudiando y nunca me relajo. Siempre pienso en los exámenes y en el futuro. Bebo demasiado café, fumo y no hago ejercicio. Hace dos años hacía footing todos los días pero no lo hago nunca ahora. ¿Qué consejos me da usted?
Bea, Madrid

Fichero Edición Inserción Formato Instrumentos Mensaje

Querida Dolores:
Mi problema es que soy muy gordo. No estoy en forma, no hago ejercicio y trabajo en una hamburguesería. Como comida basura todo el tiempo y trabajo muchas horas – duermo poco y mal. Los fines de semana salgo con mis amigos y vuelvo a casa a las cinco o a las seis de la madrugada. Los domingos duermo prácticamente todo el tiempo. ¿Qué puedo hacer?
Teo, Barcelona

Fichero Edición Inserción Formato Instrumentos Mensaje

Querida Dolores:
Estoy preocupada. Salgo en pandilla con los amigos pero beben demasiado y toman drogas. Yo no tomo drogas pero intentan convencerme para hacerlo. El viernes pasado me ofrecieron unas píldoras en una discoteca pero no acepté. No tengo novio y no quiero perder a mis amigos. Estoy muy estresada. ¿Qué puedo hacer?
Inma, Toledo

Escucha las entrevistas con cinco jóvenes y apunta sus respuestas a estas preguntas.

	¿Llevas una vida sana?	¿Comes bien?	¿Haces bastante ejercicio?	¿Tienes algún vicio?	¿Te sientes estresado/a?
1	bastante	mucha fruta, vitaminas	natación una vez a la semana	el vino	no, contenta

Con tu compañero/a haz conversaciones usando las preguntas de 1c.

2a **Lee el artículo sobre el alcohol y busca las palabras que faltan en los consejos. ¡Ojo! Sobran palabras.**

Seis consejos prácticos para beber menos

Los adolescentes consumen alcohol con mayor frecuencia y en mayores cantidades que todas las drogas ilícitas combinadas. Pero se debe entender que el alcohol es una droga potente que afecta a la mente y al cuerpo y que algunas personas no tienen la capacidad para controlar su consumo de manera inteligente.

Le ofrecemos estos seis consejos para reducir su consumo:

1 Fíjese un ____ apropiado (dos o tres vasos de vino, por ejemplo).
2 Beba despacio y sustituya el alcohol por bebidas sin alcohol (gaseosa, agua, ____).
3 No beba con el ____ vacío. Coma alimentos mientras está bebiendo.
4 Aprenda como ____ "no".
5 Manténgase activo. Use el tiempo y el dinero en otras cosas. Salga a comer, vea una ____.
6 Sea positivo. No se dé por vencido. No es ____ cambiar de hábitos.

tomar año límite película botellas
posible fácil estómago zumo decir

Formal imperatives

To form the formal singular imperative (usted), *take the first person singular of the present tense, remove the* -o *and add the following endings:*

-ar *verbs*	**-er** *verbs*	**-ir** *verbs*
(tomar)	(beber)	(escribir)
tom**e**	beb**a**	escrib**a**

The same rule applies to irregular verbs. For example:

tener → tengo → tenga
salir → salgo → salga
reducir → reduzco → reduzca

Para saber más → página 199, 5.22

2b **¿Cuánto tiempo hace falta para eliminar las comidas en la tabla? Túrnate con tu compañero/a para preguntar y contestar.**

Ejemplo:

- Si duermo la siesta, ¿cuánto tiempo hace falta para eliminar las calorías de una hamburguesa?
- Tres horas y veinticinco minutos.

	correr	**limpiar la casa**	**caminar**	**dormir la siesta**
Hamburguesa 150g*	23 minutos	51 minutos	1 hora 51 minutos	3 horas 25 minutos
Torta de chocolate 250g*	52 minutos	1 hora 55 minutos	4 horas 8 minutos	7 horas 39 minutos
Ensalada de frutas 250g*	4 minutos	9 minutos	20 minutos	38 minutos

* *Tamaño de una porción media*

2c **Escribe una carta a un(a) amigo/a describiendo tu vida y el estado de salud: comida, ejercicio, estrés … No olvides los tiempos (pasado y futuro) y las opiniones.**

Ejemplo: *Querido/a amigo/a:*
Gracias por tu carta en que me hablas de mi estilo de vida. Ahora estoy bien. Pero hace un año estaba muy estresado. No iba al gimnasio …

5 Los medios de comunicación

Discussing TV programmes and films

Lee y haz una lista de los tipos de programa mencionados. Apunta también las opiniones. Busca un ejemplo de cada tipo de programa en la televisión de tu país.

Concurso	Es muy divertido	Who wants to be a millionaire?

Esta tarde voy a ver 'El Precio Justo'. Es un concurso muy divertido. También veo 'Gran Hermano'. Es buenísimo. Después hay un programa de música que se llama 'Música, Sí' con Jennifer López y Azúcar Moreno. A mis padres les gustan las películas románticas. No me gustan nada las películas de ciencia ficción pero a mi hermano, sí. Dice que son divertidas. **Amelia**

Me gustan los documentales y las noticias. Son muy interesantes. No me gustan ni las comedias ni los dibujos animados. Son tontos y aburridísimos. **Abdula**

Me gusta el deporte. Por eso, me gustan las emisiones deportivas como Estadio-2 los domingos. El domingo pasado vi atletismo y una carrera de Fórmula 1. Me encantan las películas de acción. Son emocionantes. **Pablo**

A mí me encantan las telenovelas. Prefiero las telenovelas españolas. ¡Son estupendas! Las telenovelas mexicanas no son buenas. Lo que no me gusta en la televisión son las corridas de toros. Son crueles. **Conchi**

Escucha las conversaciones (1–4). ¿Van a ver TVE1, La2 o TELE5?

TVE1		La2		TELE5	
17.00	S Club 7 en Miami *Serie*	17.00	Estadio 2: atletismo y ciclismo	17.00	Los 40 Principales *Musical*
18.00	Cine Disney *Dibujos animados*	19.00	L.A. Heat *Serie*	18.00	Pokémon de agua *Dibujos animados*
20.00	El Precio Justo *Concurso*	20.00	España en Comunidades *Documental*	20.00	Lois y Clark: Las nuevas aventuras de Superman *Serie*
21.00 21.30	Telediario Tiempo	21.00	Cine: Sacrificio mortal	21.00	¿Quiere ser millonario? *Concurso*
22.00	Ecoturismo *Documental*	23.00	Cine: Tres hombres y un bebé	22.00	Historias de hoy *Magazine*

Con tu compañero/a haz cuatro conversaciones usando la información de 1b. ¿Qué programas vais a ver?

Ejemplo:

- ¿Qué vamos a ver esta tarde?
- *Ask your partner whether he/she likes films.*
- Sí. ¿Qué ponen?
- *"Tres hombres y un bebé." Say it's a comedy and it's very amusing.*
- ¿A qué hora la ponen?
- *Say it's on at 11 o'clock.*

2a Con tu compañero/a pregunta y contesta. 

- ¿Ves mucho la televisión?
- ¿Qué tipo de programa te gusta más en la televisión? Da un ejemplo.
- ¿Qué tipo de programa no te gusta? ¿Por qué?
- ¿Cuántas horas de televisión ves a la semana?
- ¿Qué viste en la televisión anoche? ¿Cómo fue?
- ¿Qué vas a ver hoy en la tele?
- ¿Y cuántas horas de radio escuchas?
- ¿Prefieres la televisión, la radio o los vídeos? ¿Por qué?
- ¿Vas a menudo al cine? ¿Por qué?/¿Por qué no?

2b Lee las opiniones. ¿Estás de acuerdo o no con ellas o no tienes una opinión?

1 Creo que la televisión es una pérdida de tiempo. La gente ve la televisión y no se habla.

2 La tele ofrece muchas cosas interesantes. Es educativa. Hay que seleccionar bien los programas.

3 La televisión es peligrosa. Hay demasiada violencia y otras cosas. Es más peligrosa para los jóvenes.

4 Prefiero escuchar la radio porque se pueden hacer otras cosas al mismo tiempo.

5 La televisión ofrece un servicio importante para los enfermos y las personas que no pueden salir mucho.

3a En grupos. Lee las descripciones de tres películas. Apunta información sobre ellas en inglés y compara tus apuntes con los de tus compañeros.

Chocolat ****
Vianne Rocher y su hija llegan a un pequeño pueblo francés en el invierno de 1959. Vianne abre una tienda de chocolates. La tienda es muy popular pero le causa enormes confrontaciones con las facciones tradicionales. El chocolate no es sólo una tentación irresistible sino también un pecado.

Operación Swordfish ***
Gabriel Shear es un carismático y peligroso espía. Quiere entrar en el mundo secreto donde le esperan miles de millones de dólares. Sin embargo, para robar el dinero necesitará a un "superhacker". Stanley Jobson es uno de los dos mejores piratas informáticos del planeta. Vive solo, sin dinero y sin su hija Holly, perdida en un divorcio. Gabriel le ofrece lo único que no puede tener: la posibilidad de reunirse con Holly y empezar una nueva vida.

Parque Jurásico III ****
El famoso paleontólogo Alan Grant necesita dinero. Se deja persuadir por un aventurero rico y su mujer y les acompaña en avión por la isla de Sorna. Allí, viven unas colosales criaturas nuevas. Un trágico accidente obliga a aterrizar al avión y Grant descubre el secreto de las criaturas y aprecia la inteligencia de los raptores.

3b ¿De qué se trata? Cuenta la historia de un libro que has leído o de una película que has visto. Busca más frases útiles en 3a.

Es una película romántica/de acción/policíaca/de ciencia ficción.
Es una comedia.
Cuenta la historia de .../Se trata de ...
Es una historia de amor/amistad/guerra.
El héroe/La heroína tiene que ayudar a un amigo/enemigo.
Hay un robo/un secuestro/una misión secreta.
Al principio, ...
X se enamora de Y que ama a Z.
Al final, el héroe/la heroína muere/gana/pierde.

Vocabulario

Comidas	**Meals**
el desayuno	*breakfast*
la comida	*lunch*
la merienda	*snack*
la cena	*dinner*
el pan	*bread*
la mantequilla	*butter*
la mermelada	*marmalade/jam*
los cereales	*cereal*
las galletas	*biscuits*
las tostadas	*toast*
el agua *(f)*	*water*
el café (solo)	*(black) coffee*
el chocolate	*chocolate*
el té	*tea*
el vino	*wine*
el zumo de piña/naranja/ manzana/fruta	*pineapple/orange/ apple/fruit juice*
la cerveza	*beer*
la leche	*milk*
la carne	*meat*
el pescado	*fish*
los mariscos	*seafood*
los calamares	*squid*
las gambas	*prawns*
las patatas	*potatoes*
las verduras	*vegetables*
el bocadillo (de jamón)	*(ham) sandwich*
los melocotones	*peaches*
los plátanos	*bananas*
las uvas	*grapes*
Tomo el desayuno a las siete.	*I have breakfast at seven.*
No tomo desayuno.	*I don't have breakfast.*
Como en el colegio.	*I eat (lunch) at school.*
Los fines de semana ceno muy tarde.	*At weekends I have dinner very late.*

Ayudar en casa	**Helping at home**
Ayudo/Ayudé en el jardín.	*I help/helped in the garden.*
Corto/Corté el césped.	*I cut/cut the grass.*
Friego/Fregué los platos.	*I wash/washed the dishes.*
Hago/Hice la compra.	*I do/did the shopping.*
Hago/Hice las camas.	*I make/made the beds.*
Lavo/Lavé el coche.	*I wash/washed the car.*
Lavo/Lavé la ropa.	*I wash/washed the clothes.*
Limpio/Limpié mi habitación.	*I clean/cleaned my room.*
Paso/Pasé la aspiradora.	*I do/did the hoovering.*
Plancho/Planché la ropa.	*I iron/ironed the clothes.*
Pongo/Puse la mesa.	*I set/set the table.*
Preparo/Preparé las comidas.	*I prepare/prepared the meals.*
Quito/Quité el polvo.	*I do/did the dusting.*
Quito/Quité la mesa.	*I clear/cleared the table.*

siempre	*always*
a menudo	*often*
nunca	*never*

Los programas	**Programmes**
el concurso	*game show*
el documental	*documentary*
el musical	*musical*
la comedia	*comedy*
la emisión deportiva	*sports programme*
la película de acción/ ciencia ficción	*action/science fiction film*
la película policíaca/ romántica	*detective/romantic film*
la serie	*series*
la telenovela	*soap opera*
las noticias	*news*
los dibujos animados	*cartoon*

Un trabajo a tiempo parcial	**Part-time jobs**
el camarero/la camarera	*waiter/waitress*
el/la canguro	*childminder*
el dependiente/ la dependienta	*shop assistant*
el peluquero/la peluquera	*hairdresser*
el/la recepcionista	*receptionist*
Trabajo en ...	*I work in a ...*
un garaje.	*garage.*
un hotel.	*hotel.*
un mercado.	*market.*
un supermercado.	*supermarket.*
una cafetería.	*café.*
una estación de servicio.	*service station.*
una hamburguesería.	*hamburger place.*
una peluquería.	*hairdresser's.*
una tienda.	*shop.*
unos grandes almacenes.	*department store.*
Trabajo en casa.	*I work at home.*
Es fácil/interesante/ variado.	*It's easy/interesting/ varied.*
Es aburrido/difícil.	*It's boring/difficult.*
Es bien/mal pagado.	*It's well/bady paid.*
Me encanta.	*I love it.*
Me interesa.	*I find it interesting.*
Me gusta muchísimo/ mucho/bastante.	*I like it very much indeed/ very much/quite a lot.*
Lo odio.	*I hate it.*
Lavo y corto el pelo.	*I wash and cut hair.*
Me ocupo de niños pequeños.	*I look after little children.*
Reparo coches.	*I repair cars.*
Reparto periódicos/leche.	*I deliver newspapers/milk.*
Traigo comida y bebida para los clientes.	*I bring food and drink for the customers.*
Vendo cosas.	*I sell things.*

Trabajo duro/muchas horas.
Trabajo los sábados y domingos de 9 a 2.
Gano €70/bastante.
Mis padres me dan €35 a la semana/al mes.
(No) Me gusta el trabajo porque está bien/mal pagado.

I work hard/long hours.
I work Saturdays and Sundays from 9 to 2.
I earn €70/quite a bit.
My parents give me €35 a week/month.
I (don't) like the job because it's well/badly paid.

Prácticas laborales
Hice mis prácticas en una oficina.
Me trataron bien/mal.
Pasaba mi tiempo trabajando/escribiendo.
Para mí fue una pérdida de tiempo.
A mí me gustó muchísimo.

Work experience
I did my work experience in an office.
They treated me well/badly.
I spent my time working/writing.
For me, it was a waste of time.
I enjoyed it very much indeed.

Dinero de bolsillo
Gasto el dinero en CDs, minidiscos y vídeos.
Compro ropa, juegos de ordenador, tebeos, revistas y caramelos.
Gasto el dinero en salir: al cine, a los partidos y a los bares.
Ahorro el dinero para comprar un ordenador.

Pocket money
I spend my money on CDs, minidiscs and videos.
I buy clothes, computer games, comics, magazines and sweets.
I spend my money on going out: to the cinema, to matches and to bars.
I'm saving my money to buy a computer.

La vida sana
No se debe acostarse tarde.
No se debe comer mucha comida basura.
No se debe fumar cigarillos ni tomar drogas.
Se debe beber menos alcohol y más agua.
Se debe comer más fruta, verdura y cereales y menos grasa.
Se debe controlar el estrés.
Se debe dormir ocho horas.
Se debe evitar beber demasiado café.
Se debe hacer ejercicio tres veces a la semana.

(No) Estoy en forma.
Nunca me relajo.
Estoy estresado/a.
Estoy preocupado/a.
Llevo una vida bastante sana.
Soy vegetariano/a.
Tengo un vicio: me encanta el chocolate.

Healthy living
You shouldn't go to bed late.
You shouldn't eat a lot of junk food.
You shouldn't smoke cigarettes or take drugs.
You should drink less alcohol and more water.
You should eat more fruit, vegetables and cereals and less fat.
You should control your stress levels.
You should get 8 hours' sleep.
You should avoid drinking too much coffee.
You should take exercise three times a week.

I'm (not) in good shape.
I never relax.
I'm stressed.
I'm worried.
I lead quite a healthy life.
I'm a vegetarian.
I have a weakness: I love chocolate.

En la tele
¿Qué ponen esta tarde?
¿A qué hora lo ponen?
Creo que la televisión es educativa/peligrosa.
Creo que es una pérdida de tiempo.
Hay demasiada violencia.
Prefiero escuchar la radio/leer.

¿De qué se trata?
Se trata de ...
Es una historia de amor/amistad/guerra.
Cuenta la historia de un espía que ...
Hay un robo/un secuestro/una misión secreta.
Al principio el chico se enamora de la chica.
Al final el héroe/la heroína muere/gana/pierde.

On TV
What's on tonight?
What time is it on?
I think TV is educational/dangerous.
I think it's a waste of time.
There's too much violence.
I prefer to listen to the radio/read.

What is it about?
It's about ...
It's a story about love/friendship/war.
It's the story of a spy who ...
There's a robbery/a kidnap/a secret mission.
At the beginning the boy falls in love with the girl.
At the end the hero/heroine dies/wins/loses.

Hablar

Conversación You'll need to plan carefully what you are going to say. Think of some opinions that you can use in most situations, and be creative about your description of the accommodation in module 5.

When you are talking about household routines in module 6, it's useful to have some expressions of time ready to slip in:

siempre	*normalmente*
todos los días	*a menudo*
por la mañana/tarde/noche	*a veces*
dos veces a la semana	*nunca*

Juego de rol The role-plays in module 5 are transactional and there's plenty of scope for the unexpected. When you are playing the role of the Spanish speaker, take every opportunity to be difficult and to put pressure on your partner to react.

¿Qué te ha pasado?

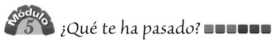

Conversación

- Describe unas vacaciones que has hecho.
- Di:
  - dónde te alojaste
  - cómo fue
  - qué había en el hotel/camping/albergue
  - tu opinión.

Juego de rol 1

You are talking to a doctor in Spain.

- ¿Qué le pasa?
- pierna ¡ay!
- ¿Desde hace cuánto tiempo?
- !
- ¿Cómo ocurrió?
- descripción del accidente
- Le recomiendo una visita al hospital.
- ¿rota?
- Creo que no.

Juego de rol 2

You are talking to the hotel receptionist.

- Buenos días.
- *Ask whether they have one double and one single room free.*
- Sí, señor(a).
- *Ask whether the rooms have a balcony and a sea view.*
- Sí, pero las habitaciones están en el segundo y el quinto piso.
- *Ask for different rooms.*
- Lo siento. El hotel está casi completo.
- !

Juego de rol 3

You are talking to the hotel receptionist.

- ¿Qué le pasa?
- *Say that the key to your room doesn't work and there are no towels.*
- ¿Y el número de su habitación?
- **!** *Respond and say there was a lot of noise the night before.*
- ¿A qué hora?
- **!** *Respond and ask for another room.*
- Hay otra habitación pero es más cara.
- !

Juego de rol 4

You are in a lost property office in Spain.

- ¿Buenos días. ¿En qué puedo servirle?
- ¿Puede describirla, por favor?
- ¿Cuándo la perdió usted?
- ¿Me da la dirección de su hotel?

- ¡maleta!
- descripción (4 detalles)
- cuándo y dónde
- !

En casa y en el trabajo

Conversación 1

- Describe tu rutina durante la semana.
- Di:
  - qué comes y bebes
  - cuándo tomas las comidas y con quién
  - quién prepara las comidas
  - si es sana tu comida
  - qué más haces para mantenerte en forma.

Conversación 2

- ¿Qué haces en casa para ayudar?
- Di:
  - qué tareas haces
  - con qué frecuencia
  - quién ayuda en casa
  - tu opinión sobre las tareas que haces
  - si te dan dinero tus padres.

Conversación 3

- Habla de tu trabajo a tiempo parcial.
- Di:
  - dónde trabajas
  - cuándo trabajas
  - cuánto ganas
  - qué opinas de tu trabajo.

Conversación 4

- ¿Ves mucho la televisión en casa?
- Di:
  - si ves mucho la televisión
  - qué tipo de programa te gusta
  - si te gustan las telenovelas y cuál es tu favorita
  - si prefieres escuchar la radio o ver la televisión y por qué
  - qué tipos de película te gustan y da un ejemplo.

Juego de rol

You are talking to your Spanish penfriend about your viewing habits.

- ¿Cuál es tu programa favorito?
- ¿Cuándo lo ponen?
- ¿Te gusta el deporte en la tele?
- ¿Te gustaría ver una película romántica esta tarde?

- *Give the name and say what sort of programme it is.*
- *Say what day and time it's on.*
- !
- *Say no and make an alternative suggestion.*

Presentación

Prepare a 1-minute presentation on a TV programme or film. Tell the story, describe the main characters and say why you like it.

Alternatively, prepare a presentation about your part-time job or your work experience. If you haven't got a job, you could describe what would be an ideal job for you.

De compras

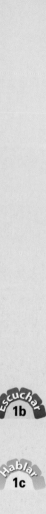

Repaso

Revising shopping transactions

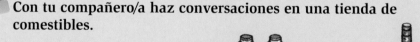

Información

Se puede hacer la compra por Internet con un servicio como El Corte Inglés On-line. Hay más de 20.000 productos disponibles. Llevan los productos a su domicilio en 24 horas.

Leer **1a** **Mira los precios en el supermercado virtual de El Corte Inglés. Busca la palabra apropiada de abajo para rellenar los espacios.**

barra
bolsa
botellas
caja
docena
lata
litro
paquete
tableta

Algunas de nuestras ofertas de hoy
A
Kellogg's
Miel Pops
375g.
€2,37
B
Perrier
Pack
4
€2,57
C
Huevos
medianos
€1,20
D
Vino tinto
Cumbre de
Gredos
€1,02
E
Queso
la Vaca que Ríe
€1,14
F
Schweppes
Naranja
33cl.
€0,25
G
Crecs
Patatas Light
150g.
€0,75
H
Pan
400g.
€0,60
I
Suchard
Nougat
300g.
€2,09

Carlos y sus amigos van a hacer una fiesta en casa. Apunta lo que van a comprar y la cantidad.

Hablar **1c** **Con tu compañero/a haz conversaciones en una tienda de comestibles.**

- ¿Qué desea?
- Deme …
- ¿Cuánto(s)/a(s) quiere?
- Un kilo/litro/…
- ¿Algo más?
- Sí, quiero … y …
- ¿Es todo?
- Sí.
- Gracias.

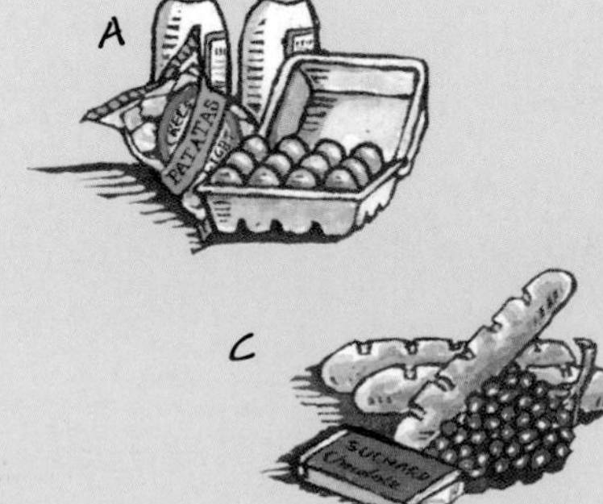

Haz una lista de compras (8–10 artículos) para una merienda en el campo. Es para cuatro personas.

Ejemplo:

4 latas de Schweppes Naranja
250 g de jamón serrano
una barra de pan

Mira la publicidad y haz una lista de ropa en español y en inglés. Busca las palabras que no conoces en un diccionario.

¡Grandes ofertas en nuestra sección de moda joven!

Todo para la vuelta al colegio. ¿Tiene usted todo lo que necesita?

Para las chicas tenemos:
blusas
camisetas
faldas
vestidos
gorros
guantes
pantys
zapatos
zapatillas deportivas
botas
sandalias

Para los chicos tenemos:
pantalones
vaqueros
zapatos
jerseys
camisas
corbatas
calcetines

Los mejores precios con la mejor calidad. ¡Prepárese para la vuelta!

Escucha dos conversaciones en la sección de ropa. Pon las frases en orden.

A Negro.
B Vale.
C ¿De qué tamaño?
D ¿De qué color?
E Sí, los probadores están al fondo.
F Quiero comprar un jersey.
G Mediano, talla 42.
H ¿Qué desea?
I ¿Me lo puedo probar?
J Buenos días.

***

K ¿Qué tal el jersey?
L Sí, me lo llevo.
M Bueno, pague en caja.
N ¿Le va bien?
O Es un poco ajustado. ¿Tiene una talla 44?
P Sí.

Túrnate con tu compañero/a para hacer conversaciones.

1. Quieres comprar unos vaqueros azules. Te van bien pero son muy caros.
2. Quieres comprar una camisa blanca. No te va bien porque es demasiado grande.
3. Quieres comprar una falda amarilla. Es un poco oscura – la quieres más clara.
4. Quieres comprar unos pantalones negros, pero son demasiado pequeños.

Direct object pronouns

Don't forget that the pronoun changes, depending on whether the item(s) you are referring to is/are masculine or feminine (see page 74). For example:

Quiero comprar una camisa blanca. ¿Me **la** puedo probar?
Me van bien los pantalones negros. Me **los** llevo.

Para saber más → página 185, 4.2

1 En los grandes almacenes

Shopping in a department store

Lee la información publicitaria. Haz una lista (en inglés) de los artículos que se ofrecen.

Unos grandes almacenes en tu pueblo quieren traducir sus letreros al español. ¿Puedes traducir lo siguiente?

A 6 months interest-free credit

B MORE DISCOUNTS, BETTER PRICES

C On the ground floor: trainers with more than 50% off

D Everything you need!

E July sales!

F Remaining stock at unbeatable prices

G Open 9–8 Mondays to Saturdays, 10–4 Sundays

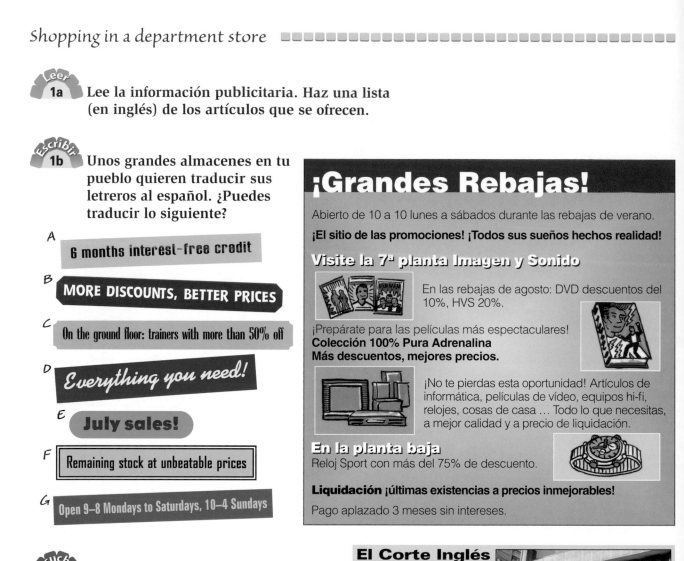

¡Grandes Rebajas!

Abierto de 10 a 10 lunes a sábados durante las rebajas de verano.

¡El sitio de las promociones! ¡Todos sus sueños hechos realidad!

Visite la 7ª planta Imagen y Sonido

En las rebajas de agosto: DVD descuentos del 10%, HVS 20%.

¡Prepárate para las películas más espectaculares!
Colección 100% Pura Adrenalina
Más descuentos, mejores precios.

¡No te pierdas esta oportunidad! Artículos de informática, películas de vídeo, equipos hi-fi, relojes, cosas de casa … Todo lo que necesitas, a mejor calidad y a precio de liquidación.

En la planta baja
Reloj Sport con más del 75% de descuento.

Liquidación ¡últimas existencias a precios inmejorables!

Pago aplazado 3 meses sin intereses.

Escucha las conversaciones (1–8). ¿A qué planta tienen que ir los clientes para comprar lo que quieren?

¡OJO!

When you're doing a listening test, write down (in English or Spanish) information that will help you answer the questions later. For 1c, you could just jot down the items while listening and then look for the correct floor afterwards.

El Corte Inglés
Plaça de Catalunya Barcelona

Directorio

6	Cafetería, Restaurante. Terraza.
5	Juguetes. Videojuegos.
4	Imagen y Sonido. Informática. Muebles y Decoración.
3	Moda Joven. Territorio Vaqueros. Deporte.
2	Moda Hombre. Artículos de cuero. Agencia de Viajes. Peluquería.
1	Moda Mujer. Boutiques Internacionales. Joyería.
B	Planta Baja: Perfumería. Relojería. Libros. Discos. Películas de Vídeo. Fotografía. Estanco. Cajeros Automáticos. Venta de Entradas. Cambio de Moneda Extranjera.
S	Sótano: Supermercado. Papelería. Óptica.
P	Aparcamiento. Taller del Automóvil.

2a **Escucha las conversaciones (1–5). ¿Las direcciones son correctas o no?**

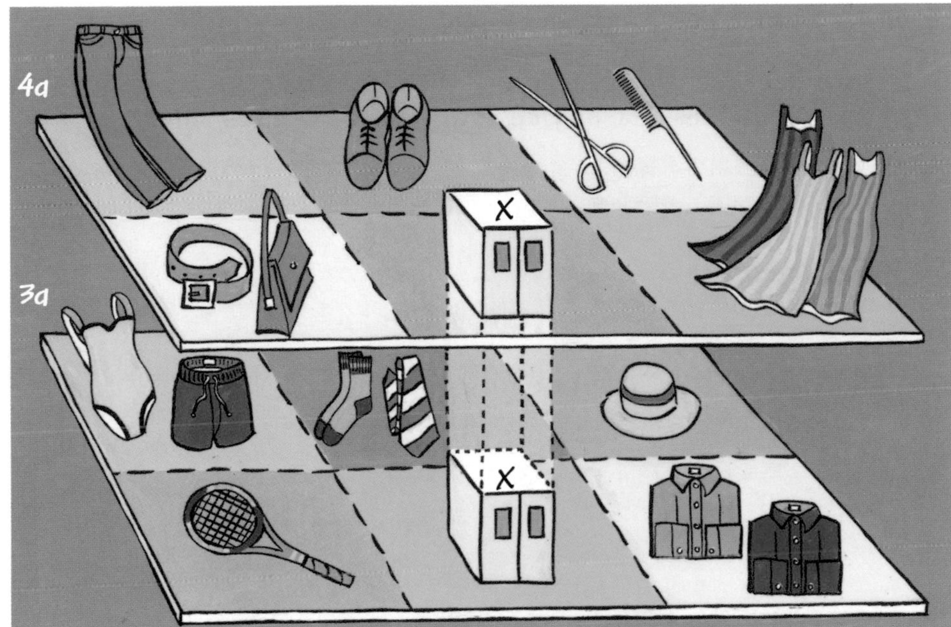

X=ascensor

2b **Túrnate con tu compañero/a para hacer preguntas y dar respuestas. Mira el directorio de 1c e inventa las direcciones.**

Ejemplo:

- Perdone, ¿se venden vaqueros aquí?
- Sí.
- ¿En qué planta?
- Entonces, tiene que ir a la tercera planta. Tome el ascensor y al bajar tuerza a la izquierda.
- Gracias.
- De nada.

Quieres comprar:

- unos vaqueros
- una sudadera
- un reloj
- galletas y chocolate
- un billete de avión
- un bolígrafo

2c **Haz una lista de los miembros de tu familia y otra lista de recuerdos para ellos. Da una descripción completa de cada recuerdo. Puedes usar los artículos de abajo.**

Ejemplo: *Voy a comprar un bolso de cuero para mi hermana. El bolso tiene que ser negro y bastante pequeño.*

2 ¿Qué opinas tú?

Expressing opinions and preferences about shopping

1a Han hecho un sondeo en un centro comercial. Lee lo que dicen las personas y haz una lista de las opiniones a favor y en contra de los centros comerciales.

1 Estoy a favor de los centros comerciales. Hay muchas tiendas en un solo sitio y se puede aparcar fácilmente.

2 Odio los centros comerciales. Hay siempre demasiada gente.

3 Prefiero los centros comerciales porque abren a las nueve y cierran muy tarde. No cierran a mediodía. Es muy útil cuando trabajas.

4 Yo prefiero las tiendas pequeñas en el centro. Los dependientes son muy siampáticos.

5 A mí me gustan porque los precios son bastante bajos y hay mucha variedad.

6 Los centros comerciales son más prácticos si tienes niños pequeños. Y si llueve no te mojas.

7 Todos son idénticos. Vas a uno y ves las mismas tiendas que en otros pueblos.

8 Los centros son modernos pero no tienen carácter. Todos venden lo mismo.

9 Los centros están fuera del centro. Tienes que usar el coche y gastar gasolina.

10 Hay de todo: ropa, comida, regalos ...

1b Escucha la entrevista y rellena los espacios con las palabras y frases de abajo.

Entrevistadora ¿Adónde vas de compras?
Compradora Voy normalmente a las tiendas cerca de mi casa y a veces al centro comercial.
Entrevistadora ¿Cuántas veces al mes vas de compras?
Compradora Voy de compras ______ pero al centro comercial, una vez al mes.
Entrevistadora ¿Con quién prefieres ir?
Compradora Al centro comercial con mis hermanas.
Entrevistadora ¿Por qué?
Compradora Porque ______. Compramos ropa, perfume y cosmética y lo pasamos bien.
Entrevistadora ¿Te gustan más las tiendas de tu barrio o prefieres las tiendas en un centro comercial?
Compradora Prefiero los centros comerciales.
Entrevistadora ¿Por qué?
Compradora Hay muchas tiendas en un sitio. Es más práctico y ______.
Entrevistadora ¿Hay un centro comercial cerca de donde vives?
Compradora No, está bastante lejos ______.
Entrevistadora ¿Cómo es y qué tiendas tiene?
Compradora Es bastante grande y ______. Hay unas veinte tiendas y un supermercado.

a las afueras
dos o tres veces a la semana
muy moderno
es más divertido
las tiendas cierran muy tarde

1c Con tu compañero/a prepara una entrevista usando las preguntas de 1b y las siguientes.

- ¿Qué compraste cuando fuiste de compras la última vez?
- ¿Con quién fuiste?

Contrarreloj. Da tus opiniones de las tiendas y de los centros comerciales y describe una visita a un centro comercial. ¿Puedes hablar dos minutos?

¡OJO!

If you're asked in a speaking or written test which you prefer or why you like/dislike something, always be prepared to give a number of reasons. You could say: Bueno, primero, …; segundo, …; y finalmente, …

- ¿Te gustan los centros comerciales?
- Me encantan.
- ¿Por qué?
- Bueno, porque primero, hay muchas tiendas y mucha variedad; segundo, es fácil ir en coche o en autobús; y finalmente, las tiendas cierran a las diez.

To present two points of view, you can say: Lo bueno es que … y lo malo es que …

Vamos a ver … Lo bueno es que todo es nuevo y limpio. Lo malo es que siempre hay demasiada gente.

Notice that in each case the speaker used a 'filler' expression to give him/herself time to think (Bueno, … Vamos a ver …).

Usando la carta de Sarah como modelo, escribe una carta a un(a) amigo/a sobre ir de compras.

Oviedo, 14 de marzo

Querida amiga:

Gracias por tu carta en la que me haces preguntas sobre las tiendas. A mí me gusta ir de compras. Voy con mis amigas todos los sábados. El centro comercial se llama 'Salesas' y está cerca de la estación de autobuses. Es de cuatro plantas. Me gusta porque hay muchas tiendas de todo tipo. Hay un supermercado y tiendas de ropa, música, libros, de todo.

Vamos a la cafetería a tomar algo y a charlar. Fui allí el sábado pasado a comprarme un vestido para una fiesta. Me compré un vestido corto y negro. También compré un regalo para mi hermano. Le compré una camiseta de su equipo favorito, el Atlético Bilbao. Iremos a Bilbao el mes que viene y allí hay unos centros gigantescos que nos gustan mucho.

Cuéntame algo sobre las tiendas cerca de tu casa. ¿Hay un centro comercial o un hipermercado? ¿Cuál prefieres, las tiendas pequeñas o los centros grandes? Dime cómo vas de compras y si te gusta.

Un saludo, Sarah

Ir a + *infinitive*

You've often used ir a + *infinitive to describe what you are going to do:*

Voy a preparar la cena esta noche.
I'm going to prepare dinner tonight.

In this case, there is no suggestion of going anywhere.
You'll also come across expressions like the one in the letter:

Vamos a la cafetería **a** tomar algo.
We go to the café (in order) to have something (to drink).

Normally, 'in order to' is translated by para, *but after the verb* ir *you use* **a**.

Para saber más → página 202, 8.2

Traduce al español.

1 They went to the shop to buy some shoes.
2 We went to the café to have breakfast.
3 I go to the music section to listen to CDs.
4 He went to the bookshop to buy a magazine.
5 I went to the shopping centre to buy a present for my mother.

3 En el mercado

Pongame - Deme
Quisiera

Buying food in the market

1a Lee las frases y escribe la letra del artículo. Pide las otras cosas en los dibujos.

***Ejemplo:** 1 – K*

1 Deme uno de **aquellos** plátanos.

7 Quisiera un kilo de **aquellas** cebollas.

6 **Aquellos** pimientos, ¿cuánto cuestan?

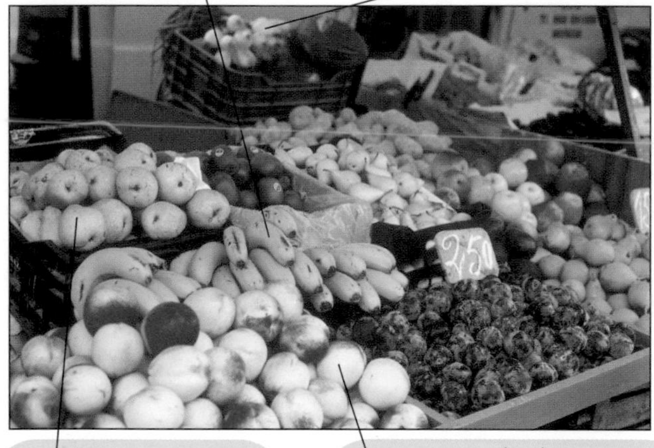

2 Quisiera tres kilos de **esas** peras.

3 Deme un kilo de **estos** melocotones, por favor.

4 Quiero dos kilos de **esos** tomates.

5 Deme medio kilo de **estas** uvas.

A 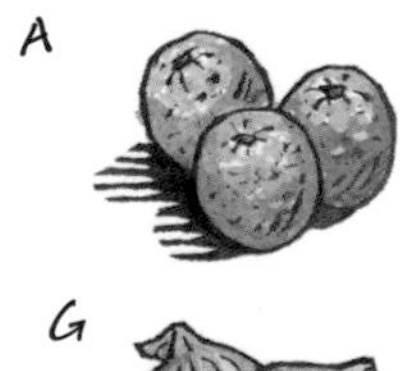
B 
C 
D 
E  
F 
G 
H 
I 
J 
K 
L 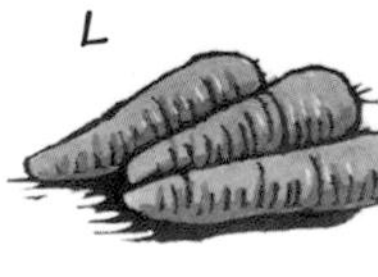

1b Haz conversaciones con tu compañero/a usando los dibujos de 1a.

Ejemplo:

- ¿Qué desea?
- Quiero un kilo de plátanos.
- ¿Estos o aquellos?
- Aquellos.
- Vale. ¿Algo más?
- Sí, deme medio kilo de esas fresas, por favor.

prefiero

Gramática

Demonstrative adjectives

The words for 'this', 'that', 'these' and 'those' are called demonstrative adjectives. They have to agree with the noun:

	Masc. sing.	**Fem. sing.**	**Masc. pl.**	**Fem. pl.**
this	este	esta	estos	estas
that	ese	esa	esos	esas
that (over there)	aquel	aquella	aquellos	aquellas

*The difference between the two words for 'that' (*ese *and* aquel*) is how far away the object is from you:* ese *means 'that one there' but* aquel *means 'that one **over** there', i.e. further away.*

Para saber más → página 184, 2.5

A veces hay problemas. Escucha las conversaciones (1–6) y apunta lo que compran los clientes, lo que no compran y por qué.

¡Es mucho/demasiado!
Es/Son demasiado caro/a(s).
Es/Son demasiado pequeño/a(s).
Está(n) muy verde(s).
No está(n) fresco/a(s).
Lo siento, no queda(n).

	Lo que compra	Lo que no compra	Por qué
1	1 kg uvas blancas	piña	No está muy fresca

Mira la lista de Isabel. Escucha lo que dice al tendero en el mercado. Compara lo que compra con lo que hay en la lista y apunta las diferencias.

½ kg jamón serrano
300 g jamón de York
250 g chorizo
1 kg queso
4 botellas agua mineral sin gas
1 paquete de galletas
6 huevos
1 lata de sardinas
2 barras de pan

Haz una lista como la de 2b y haz conversaciones con tu compañero/a. Tu compañero/a puede decir si hay o no hay lo que quieres. Si no hay, piensa en otra cosa similar. ¿Hay algún problema?

Ejemplo:

- Un litro de zumo de naranja.
- Lo siento, no queda.
- Entonces, deme un litro de zumo de manzana.
- …

4 ¡Grandes rebajas!

Buying clothes and making comparisons

Lee las frases y emparéjalas con los dibujos.

1 Quisiera una chaqueta más grande.
2 ¿Tiene una falda más corta?
3 Quiero un impermeable más barato.
4 Quiero una sudadera menos cara.
5 ¿La tiene más oscura?
6 ¿Tiene unos guantes más pequeños?
7 Quiero un gorro más de moda.

Túrnate con tu compañero/a para hacer preguntas.

Ejemplos: 1 – ¿Lo tiene más grande?
2 – ¿La tiene más larga?

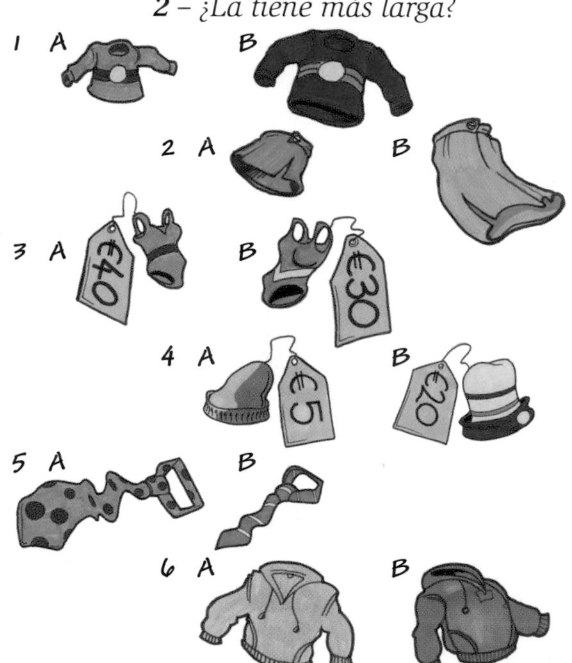

Gramática

Comparatives

In English we make comparisons by adding '-er' to the adjective or using 'more'. In Spanish, most comparatives are made by putting **más** *in front of the adjective:*

más grande	*bigg**er***
más barata	*cheap**er***
más cara	***more** expensive*

To say 'not as ... as'/'less ... than' you put **menos** *in front of the adjective:*

Es **menos** caro que este.
*It's **less** expensive than this one.*

To say that something is 'as ... as' you use **tan ... como***:*

Es **tan** cara **como** esa.
*It's **as** expensive **as** that one.*

Para saber más → página 183, 2.4

Haz conversaciones con tu compañero/a comprando las cosas de 1b. Tienes que imaginar algunos detalles (el color, por ejemplo).

Ejemplo:

- Buenos días. Quisiera comprar un jersey.
- ¿De qué color?
- Negro.
- ¿Qué talla?
- Mediana.
- Aquí tiene.
- ¿Lo tiene más/menos grande?
- Sí.
- Vale. ¿Me lo puedo probar?
- Claro, los probadores están por allí.

***

- ¿Le va bien?
- Sí, me lo llevo.

2a Mira la publicidad. Apunta en inglés lo que se ofrece en las rebajas.

de oro	*gold*	de seda	*silk*
de plata	*silver*	de algodón	*cotton*
de piel	*hide*	de lana	*wool*
de cuero	*leather*		

¡Liquidación Total! ¡Grandes rebajas en todos los departamentos!

En la sección de joyería, compre collares y anillos de oro y de plata que son tan atractivos como los de la reina de España.

Las zapatillas deportivas de cuero más ultramodernas.

Las chaquetas más sofisticadas de pura seda.
Las mejores camisas de algodón.
Jerseys de pura lana – mejor calidad.

Artículos de piel – ¡los más baratos de toda España y América Latina!

Abierto de 10 a 22 de lunes a sábado. Metro Sol.

Superlatives

To say something is 'the most …' (e.g. 'the cheapest' or 'the most expensive') in Spanish, you generally put **el/la/los/las más** *in front of the adjective. For example:*

Este jersey es **el más** barato.
This pullover is the cheapest.
Nuestros precios son **los más** bajos.
Our prices are the lowest.

Para saber más → página 183, 2.4

2b En el escaparate hay varios artículos de ropa. Escucha las conversaciones (1–4). Mira los dibujos. ¿Qué quiere comprar cada persona?

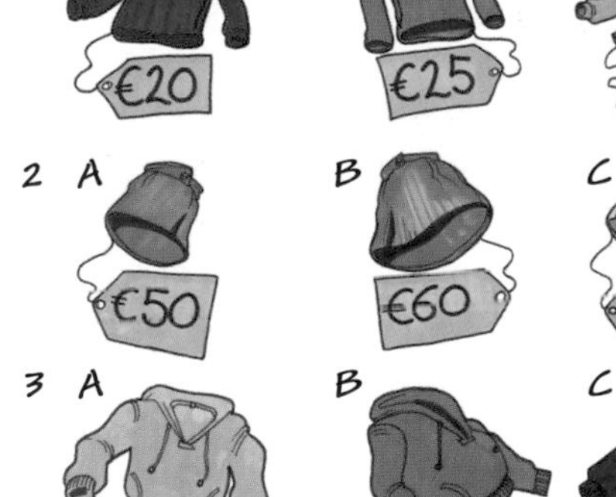

2c Con tu compañero/a haz conversaciones en una tienda comprando ropa.

- Buenos días. ¿En qué puedo servirle?
- *Choose an item of clothing that you want to buy.*
- ¿Cómo lo/la/los/las quiere?
- *Give details of the material, colour and size.*
- Lo siento, no tenemos en este tamaño/color. ¿Quiere ver otro/a?
- *Give an alternative and ask the price.*
- Vale.
- *Ask to try it on and ask where the changing rooms are.*
- Los probadores están al fondo.
- *Decide whether to buy it or not and give a reason.*
- Muy bien.

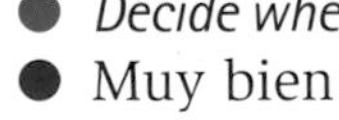

2d Recibes este mensaje de un amigo. Contesta a sus preguntas.

Fichero Edición Inserción Formato Instrumentos Mensaje

¡Hola! ¿Qué tal? Acabo de volver de las tiendas y me he comprado mucha ropa para ir de vacaciones. Me compré unos vaqueros nuevos y unas zapatillas. ¿Me puedes describir lo que está de moda en tu país? Me gustan las botas y prefiero ropa oscura. ¿Qué llevas tú cuando sales por la noche? Aquí los jóvenes salen sin chaqueta porque hace más calor aquí.
Ángel

5 Hay un problema

Complaining about problems with purchases

Si no estás satisfecho/a, normalmente puedes cambiar el artículo. Con tu compañero/a haz conversaciones usando las frases de abajo.

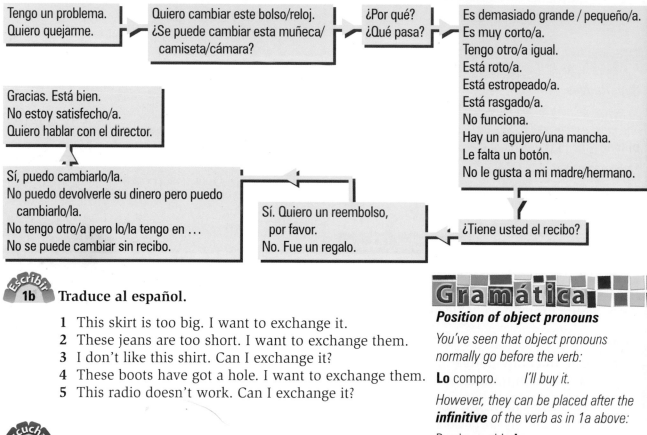

Tengo un problema.
Quiero quejarme.

Quiero cambiar este bolso/reloj.
¿Se puede cambiar esta muñeca/camiseta/cámara?

¿Por qué?
¿Qué pasa?

Es demasiado grande / pequeño/a.
Es muy corto/a.
Tengo otro/a igual.
Está roto/a.
Está estropeado/a.
Está rasgado/a.
No funciona.
Hay un agujero/una mancha.
Le falta un botón.
No le gusta a mi madre/hermano.

¿Tiene usted el recibo?

Sí. Quiero un reembolso, por favor.
No. Fue un regalo.

Sí, puedo cambiarlo/la.
No puedo devolverle su dinero pero puedo cambiarlo/la.
No tengo otro/a pero lo/la tengo en ...
No se puede cambiar sin recibo.

Gracias. Está bien.
No estoy satisfecho/a.
Quiero hablar con el director.

Traduce al español.

1 This skirt is too big. I want to exchange it.
2 These jeans are too short. I want to exchange them.
3 I don't like this shirt. Can I exchange it?
4 These boots have got a hole. I want to exchange them.
5 This radio doesn't work. Can I exchange it?

Escucha las conversaciones (1–7) y apunta el artículo que se quiere cambiar, el problema y el resultado.

	Artículo	Problema	Resultado
1	paraguas	tiene un agujero	cambio

Gramática

Position of object pronouns

You've seen that object pronouns normally go before the verb:

Lo compro. *I'll buy it.*

However, they can be placed after the ***infinitive*** *of the verb as in 1a above:*

Puedo cambiar**lo**.
I can exchange it.
No puedo devolver**le** su dinero.
I can't refund you your money.

Para saber más → página 186, 4.3

Con tu compañero/a haz conversaciones en unos grandes almacenes.

- *Say you want to exchange an item of clothing.*
- ¿Por qué?
- *Give two reasons why you want to make the exchange.*
- No lo/la tengo en este color. ¿Quiere otro color?
- *Decide whether you are going to accept another colour or insist on a refund.*
- ¿Tiene el recibo?
- *Say you haven't because it was a present.*
- Entonces, lo siento. No se puede cambiar/devolver el dinero sin recibo.
- *Say you want to speak to the manager and insist on a refund.*

2a **Dos personas van de compras a los mismos grandes almacenes. Lee sus reportajes y apunta las diferencias (en inglés).**

A	B
Easy parking	Lots of traffic

A

Ayer fui de compras con mi amiga. Fuimos en su coche y fue tan fácil. El aparcamiento está debajo de los grandes almacenes. Se aparca y se toma el ascensor y ya está. Si llueve, no te mojas.

Fuimos a tomar algo en el restaurante. Está en la novena planta. Hay una vista preciosa de Barcelona y de la Plaza de Cataluña. Comimos el menú del día y fue riquísimo. Afortunadamente teníamos mucho tiempo y pasamos una hora allí charlando.

Después de comer, compramos mucha ropa para los niños que vuelven al colegio la semana que viene. Había mucha variedad y los precios no eran demasiado altos. En las rebajas compré zapatos para el chico y unas camisas y un jersey para mi hija.

Voy a volver el mes que viene para empezar la compra para Navidad. Venden unos regalos muy buenos y no son tan caros.

B

El sábado pasado fui de compras a unos grandes almacenes. El viaje en coche duró una hora y había tanto tráfico. El aparcamiento estaba lleno y no había sitio para aparcar. La próxima vez tomaré el autobús. Al llegar fuimos a tomar algo en la cafetería. Hay que subir hasta la última planta y el ascensor no funcionaba. Llegamos muy cansados. Tomamos un café y un pastel. No me gustaron mucho. El café estaba frío y el pastel sin sabor.

Compramos ropa y unos regalos y luego fuimos al supermercado en el sótano. Hay muchas cosas, pero la fruta es más fresca en el mercado. Antes de salir fuimos a hablar con el director pero fue una pérdida de tiempo.

Lo pasé fatal y no pienso volver.

2b **Escribe dos cartas, una mucho más positiva que la otra. Puedes añadir más detalles.**

Went shopping in centre of town
Like the little shops
Plenty of room for parking
Nice assistants
Delicious food
Bought most expensive suit
Bought clothes in sales: trousers, shirts, skirt, coat

Went to hypermarket
Too big
Car park full
Too many people
Lower prices but assistants not as nice
Bought dress – too small
Shop wouldn't exchange it without a receipt
Bought watch – doesn't work

¡OJO!

Always plan what you are going to say:

- *Check you are using past, present and future.*
- *Always add an opinion* (¡Qué desastre! ¡Qué bien!).
- *Look for ways of joining sentences.*

One way of linking ideas is with expressions such as antes de, después de *and* al + *infinitive. For example:*

Antes de ir a la sección de vídeo, fuimos a la librería.
Before going *to the video department, we went to the bookshop.*
Después de ir a la sección de moda, fui a la papelería.
After going *to the fashion department, I went to the stationer's.*
Al llegar, fui directamente a la sección de recuerdos.
On arriving*, I went straight to the souvenir department.*

Vocabulario

Comprando comida	Buying food
¿Qué desea?	*What would you like?*
¿Cuánto(s)/a(s) quiere?	*How much/many would you like?*
¿Algo más?	*Is that all?*
Quisiera ...	*I'd like ...*
Deme ...	*Give me...*
medio kilo de estos/esos/ aquellos melocotones.	*half a kilo of these/those/ those (over there) peaches.*
un kilo de estas/ esas/aquellas uvas.	*a kilo of these/those/ those (over there) grapes.*
100 gramos de jamón.	*100 grams of ham.*
una barra de pan.	*a loaf of bread.*
una bolsa de patatas fritas.	*a bag of crisps.*
una botella de agua mineral.	*a bottle of mineral water.*
una caja de queso.	*a box of cheese.*
una docena de huevos.	*a dozen eggs.*
una lata de naranjada.	*a can of orangeade.*
un paquete de cereales.	*a packet of cereal.*
una tableta de chocolate.	*a bar of chocolate.*
Están muy verdes.	*They're very unripe.*
No están frescos/as.	*They're not fresh.*
¡Es mucho/demasiado!	*That's a lot/too much!*
Son demasiado pequeños/as.	*They're too small.*
Lo siento, no queda(n).	*I'm sorry, there's/there are none left.*

Ropa	Clothes
el gorro	*hat, cap*
el impermeable	*raincoat*
el jersey	*pullover*
el panty	*(pair of) tights*
el vestido	*dress*
la blusa	*blouse*
la camisa	*shirt*
la camiseta	*tee shirt*
la chaqueta	*jacket*
la corbata	*tie*
la falda	*skirt*
la sudadera	*sweatshirt*
los calcetines	*socks*
los guantes	*gloves*
los pantalones	*trousers*
los vaqueros	*jeans*
los zapatos	*shoes*
las botas	*boots*
las sandalias	*sandals*
las zapatillas deportivas	*trainers*

¿De qué está hecho/a?	What is it made of?
de seda/algodón/lana	*silk/cotton/wool*
de oro/plata	*gold/silver*
de piel/cuero	*hide/leather*

En los grandes almacenes	In the department store
Rebajas	*Sale*
Promoción	*Special offer*
¡Liquidación total!	*Everything must go!*
Descuentos del 10%	*10% off*
Abierto todo el día de 9 a 22 horas.	*Open all day from 9 till 10.*
Directorio	*Store guide*
Agencia de viajes	*Travel agency*
Cajeros automáticos	*Cash dispensers*
Deporte	*Sportswear*
Estanco	*Tobacco and stamps*
Informática	*Computers*
Joyería	*Jewellery*
Juguetes	*Toys*
Moda hombre/mujer	*Men's/Women's fashion*
Moda joven	*Young fashion*
Muebles y decoración	*Furniture and furnishings*
Óptica	*Optician's*
Papelería	*Stationery*
Peluquería	*Hairdresser's*
Perfumería	*Perfume counter*
Relojería	*Watches*
Venta de entradas	*Box office*
Videojuegos	*Video games*
¿Dónde está la sección de fotografía?	*Where's the photographic department?*
¿En qué planta?	*On what floor?*
En la planta baja.	*On the ground floor.*
Tiene que ir al sótano.	*You have to go to the basement.*
Tome el ascensor.	*Take the lift.*
Tuerza a la izquierda/ derecha.	*Turn left/right.*
el sótano	*basement*
la planta baja	*ground floor*
la primera planta	*first floor*
segunda	*second*
tercera	*third*
cuarta	*fourth*
quinta	*fifth*
sexta	*sixth*

Comprando ropa

Quiero comprar un jersey.
¿De qué color?
¿De qué tamaño?
Talla mediana.
Me lo quiero probar.
Los probadores están al fondo.
¿Le va bien?
Es un poco oscura/clara/ajustada.
¿Lo tiene más grande/largo/corto/barato?
Lo/La quiero más de moda.
Es demasiado caro/a.
Me lo llevo.
Lo dejo.
Pague en caja.

Buying clothes

I'd like to buy a pullover.
What colour?
What size?
Size medium.
I'd like to try it on.
The fitting rooms are at the back.
Is it all right for you?
It's a bit dark/bright/tight.
Have you got a bigger/longer/shorter/cheaper one?
I want a more fashionable one.
It's too expensive.
I'll take it.
I'll leave it.
Pay at the till.

Opiniones

Estoy a favor de los centros comerciales.
Odio los hipermercados.
Prefiero las tiendas pequeñas.
Hay mucha variedad.
Hay demasiada gente.
Son más prácticos.
Los dependientes son muy simpáticos.
Los precios son más bajos.
Todos son idénticos.
Venden lo mismo.
Los centros no tienen carácter.
Los centros comerciales están a las afueras.
Hay que usar el coche.
Es más divertido.
Las tiendas cierran muy tarde.
Lo bueno es que ...
Lo malo es que ...

Opinions

I'm in favour of shopping centres.
I hate hypermarkets.
I prefer small shops.
There's a lot of variety.
There are too many people.
They're more practical.
The shop assistants are very nice.
The prices are lower.
They're all the same.
They sell the same things.
Shopping centres lack character.
The shopping centres are on the outskirts.
You have to use the car.
It's more fun.
The shops close very late.
The good thing is ...
The bad thing is ...

Hay un problema

Quiero cambiar este reloj/esta cámara.
¿Qué pasa?
Está roto/a.
Está estropeado/a.
Está rasgado/a.
Hay una mancha/un agujero.
Le falta un botón.
Es demasiado grande / pequeño/a.
Tengo otro/a igual.
No funciona.
No le gusta a mi padre/madre.
Sí, puedo cambiarlo/la.
¿Tiene el recibo?
No tengo el recibo. Fue un regalo.
No puedo devolverle su dinero.
No se puede cambiar sin recibo.
No estoy satisfecho/a.
Quiero hablar con el director.
Quiero un reembolso.
Quiero quejarme.

There's a problem

I'd like to exchange this watch/this camera.
What's the matter?
It's broken.
It's damaged.
It's torn.
There's a stain/a hole.
It's got a button missing.
It's too big/small.
I've got another one the same.
It doesn't work.
My father/mother doesn't like it.
Yes, I can exchange it.
Have you got the receipt?
I haven't got the receipt. It was a present.
I can't refund (you) your money.
It can't be exchanged without a receipt.
I'm not satisfied.
I want to speak to the manager.
I want a refund.
I want to complain.

De juerga

Repaso

Revising arranging to go out

A

B

C

D

1a **Escucha las conversaciones (1–4) y empaéjalas con las fotos A–D.**

el circo	*circus*

1b **¿Qué tipos de película son? Busca la categoría apropiada para cada título.**

La Guerra de las Estrellas

La Mandolina del capitán Corelli

Toy Story 2

Chicken Run

Misión Imposible 2

007 El mundo nunca es suficiente

Hora punta 2

Drácula

Shrek

película de ciencia ficción	película policíaca
película de terror	película de guerra
película de animación	película de amor
película de acción	

1c **Con tu compañero/a haz conversaciones.**

Ejemplo:

- ¿Quieres ir al cine?
- Sí. ¿Qué ponen?
- Ponen Pearl Harbor.
- Vale. ¿Cuándo quieres ir?
- El sábado.
- ¿A qué hora empieza la película?
- A las nueve.
- Vale. ¿Dónde quedamos?
- En la estación.
- ¿A qué hora?
- A las ocho y media.
- De acuerdo.
- Hasta luego.

Película	Día	Hora	¿Dónde quedamos?	¿Cuándo?
Pearl Harbor	sábado	21.00	en la estación	20.30
Stuart Little	domingo	18.35	delante de Correos	18.15
Evolución	martes	20.45	en la estación de autobuses	20.25
Parque Jurásico III	viernes	23.15	en la taquilla	22.50
Traffic	miércoles	21.20	detrás del ayuntamiento	20.55

El sábado/Los sábados

Remember that in Spanish 'on Saturday' is **el** sábado. *If you want to say 'on Saturdays' you use* **los** sábados.

Para saber más → página 181, 1.3

2a **Lee la información y contesta a las preguntas.**

Cine Albatros

Las películas se proyectan a las 17.30, 20.00 y las 23.00.
Los viernes y sábados la sesión de madrugada es a la 1.00.

Días laborables €4,50 y €3,50 con carné de estudiante
Vísperas y festivos €5,00
Lunes, día del espectador €3,50

Precio de la entrada	lunes	martes	miércoles	jueves	viernes	sábado	domingo
Ordinario	€3,50	€4,50	€4,50	€4,50	€4,50	€5,00	€5,00
Carné de estudiante	€3,50	€3,50	€3,50	€3,50	€3,50	€5,00	€5,00

1 ¿Cuándo empieza la primera sesión los viernes y sábados?
2 ¿Cuántas sesiones hay los viernes y sábados?
3 ¿A qué hora empieza la última sesión los sábados?
4 ¿Cuándo es el día del espectador?
5 ¿Cuánto cuesta una entrada con carné de estudiante los viernes?
6 Sois tres personas y sólo una tiene carné de estudiante. ¿Cuánto cuesta para todos si vais el viernes?
7 Hay descuentos para estudiantes los fines de semana?
8 ¿Cuánto cuesta una entrada los sábados?

2b **Escucha la conversación en la taquilla y pon las frases en orden.**

A Buenas tardes.
B Sí, si tiene su carné de estudiante son €7,00.
C €9,00.
D A las diez y media.
E Vale.
F ¿Cuánto es?
G Para la sesión de las ocho.
H ¿Hay descuento para estudiantes?
I ¿Para qué sesión?
J Aquí tiene. ¿A qué hora termina la película?
K Dos entradas para Parque Jurásico III, por favor.

2c **Con tu compañero/a haz conversaciones como en 2b.**

1
Lunes 17.30
102 Dálmatas
(no hay descuentos porque es el día del espectador)

2
Viernes 1.00
Operación Swordfish

3
Domingo 20.00
Traffic (no hay descuentos los sábados y domingos)

2d **Busca información publicitaria sobre una película en la red y escribe unas opiniones.**

Ejemplos: *¡Una película estupenda! ¡Un desastre! ¡Una película llena de emoción! ¡Más emocionante que un partido de fútbol! ¡Más dulce que el azúcar!*

1 La cartelera

Reading about what's on and buying tickets

Estudia la publicidad para una piscina, un polideportivo, una plaza de toros, un festival y un estadio. Lee las frases y decide a qué sitio corresponden.

Piscina municipal climatizada
Abierta todos los días (excepto lunes) de 8 a 22.30
Entrada adultos €1,70
Niños (5–15) €1,30

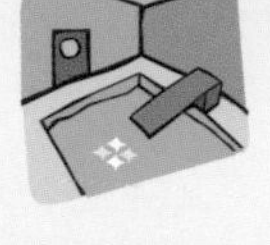

Polideportivo Nuñoz
- 8 canchas de tenis (4 cubiertas)
- Gimnasio
- Pista de esquí artificial
- Piscina al aire libre
- Cursos de aerobic, artes marciales

Abierto de 6 a 22 lunes a sábado y de 8 a 20 domingos y festivos

Plaza de toros Monumental
Corrida de toros domingo 22 de agosto: 17.00
Entradas €10–€100

Festival Internacional Espárrago Rock
Circuito de velocidad de Jerez de la Frontera
13–15 julio
Festival de todos los estilos: heavy, hip-hop y tecno
Beck, Placebo, Neil Young, Los Famosos Cadillacs
Precio de abono (anticipado) €50
Precio de abono (taquilla) €60

Partido Racing – Deportivo Alavés
Domingo 29 de marzo: 20.00
Entradas de €20 a €50

1 Es más barato si se compran las entradas antes.
2 La entrada más barata cuesta veinte euros.
3 El fútbol empieza a las ocho.
4 Dura tres días.
5 Hay una piscina y un gimnasio.
6 Abre a las ocho de la mañana.
7 Cierra a las ocho los domingos.
8 Empieza a las cinco el domingo.
9 Se puede esquiar.
10 Está cerrado el lunes.

Santirock. Escucha la conversación y apunta los detalles que faltan.

Santirock

Santiago de Compostela 13–▮▮ julio

Taquilla:	€▮ al día
Venta anticipada:	€▮
Puntos de venta:	Centros de El Corte Inglés en toda España

Alojamiento
Precios albergue

	Hasta 26 años	Mayor de 26 años
Pensión completa	€12	€16
Media pensión	€9	€11
Alojamiento desayuno	€▮	€8
Alojamiento	€5	€7

Habitaciones con capacidad para ▮ personas.
Duchas y baños comunes.
No incluye sábanas ni ▮▮▮▮▮.

Haz conversaciones con tu compañero/a. Un(a) turista llama a la oficina de turismo para saber información sobre los espectáculos y las facilidades.

Ejemplo:
- Dígame.
- ¿Me puede dar la fecha del partido Racing – Deportivo Alavés?
- Domingo, 29 de marzo.
- ¿A qué hora empieza?
- Empieza a las ocho.
- ¿Cuánto cuestan las entradas?
- De €20 a €50.
- Quisiera dos entradas a €20.
- Lo siento, no quedan. Sólo hay entradas a €30 y €40.
- Vale, deme dos a €30./Entonces lo dejo.

2a **Lee las opiniones de los jóvenes y empareja las frases de abajo con las personas.**

Mercedes, Lima
✓✓✓ A mí me encanta ir al fútbol. No es lo mismo verlo en la televisión. Es muy emocionante en el estadio: el ruido y la emoción. Cuando gana tu equipo, lo pasas fenomenal, y si pierde, lo pasas fatal. No es muy cómodo en invierno pero cuando hace sol ...
✗✗✗ Lo que no me gusta son los toros. Es muy cruel y no lo entiendo. Hay los que dicen que es arte pero yo no.

Simón, Buenos Aires
✓✓✓ En mi tiempo libre voy al cine con amigos. Prefiero las películas de acción y aventuras. El cine no es caro y es muy cómodo.
✗✗✗ No me gusta nada ir a partidos de fútbol o rugby. Cuesta mucho sacar una entrada y a veces es difícil obtener una entrada buena en la taquilla.

Patricia, Bogotá
✓✓✓ Para mí, los festivales son increíbles. Estar al aire libre y escuchar tus grupos favoritos durante dos o tres días, eso es el paraíso. No duermes mucho y conoces a mucha gente.
✗✗✗ No paso mucho tiempo en casa y no veo mucho la televisión. Es aburrida y no me gustan los anuncios que interrumpen todos los programas.

1 No me gusta ver los deportes en vivo por el precio.
2 Prefiero ver el fútbol en verano a causa del clima.
3 Me gusta ir al cine porque es barato.
4 Odio las corridas.
5 La televisión no me interesa mucho y la publicidad me vuelve loca.

2b **Usando la información de 1a, haz conversaciones con tu compañero/a para decidir adónde vais a ir.**

Ejemplo:
- ¿Te apetece ir a la piscina?
- No me gusta nadar.
- ¿Qué quieres hacer entonces?
- Vamos al partido.
- Vale.

● ¿piscina?	● nadar ✗ – ¿partido?
● ¿festival?	● escuchar música ✗ – ¿circo?
● ¿esquiar en el polideportivo?	● esquiar ✗ – ¿tenis?
● ¿partido?	● fútbol ✗ – ¿polideportivo?

2c **Prepara respuestas a estas preguntas que se hacen frecuentemente en los exámenes.**

¿Adónde te gusta salir?
¿Cuándo y con quién?
¿Vas a menudo o pocas veces al año/mes?
¿Por qué te gusta tanto ir allí?
¿Vas a salir este fin de semana? ¿Adónde?
¿Saliste el fin de semana pasado? ¿Adónde?

2d **¿Cómo pasas tu tiempo libre? Escribe una presentación (100 palabras).**

Making a date

1a Lee los recados y apunta la información en inglés.

Te llamó Alfredo. Quiere saber si te apetece ir al partido. Empieza a las 14.00. Llámale esta tarde si es posible. 981 22 38 71

Te llamó Silvana. Está enferma y no puede venir a la fiesta. Tiene gripe y le duele la cabeza. Te llamará mañana por la mañana.

Te llamó Marisa. Quiere saber cuándo vas al concierto el sábado y dónde quedáis – ¿en la taquilla? Llámala. 981 16 39 85

Te llamó Mustafá. No sale esta tarde porque tiene mucho trabajo. Saldrá mañana.

Gramática

Object pronouns and the imperative

In Lláma**le** *and* Lláma**la** *you can see that object pronouns are tagged onto the end of the imperative in the same way as reflexive pronouns are:* Siénta**te**, Levanta**os**, *etc. Notice that, when you add an object pronoun, you often have to add an accent to show that the stress is still on the same syllable.*

Para saber más → página 186, 4.3

1b Escucha las llamadas (1–4) en el contestador automático. ¿Hay errores en los recados de 1a?

1c Llamas pero no contestan. Dejas los recados en el contestador automático. Prepara las llamadas con tu compañero/a y grábalas si es posible.

1 Can't come to the beach. Ill – headache. Will ring tomorrow.

2 When does the film start? Ring me between 2 & 4 this afternoon on 64 92 16.

3 Do you want to go to the match? Starts 8p.m. Tickets €30. Meet in front of stadium.

4 Do you want to go swimming tomorrow morning? Ring me tonight at home: 44 82 36.

1d Escucha dos llamadas más. ¿Puedes escribir los recados en español como en 1a?

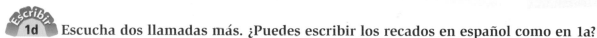

Cuando alguien te invita hay tres reacciones: positivas, negativas o en medio. Pon estas reacciones en la categoría correcta.

Eres muy majo/a.

¡Ay, qué bueno!

¡Fenomenal!

Sí, pero me gustaría más ...

Me encantaría venir.

Bueno, no lo sé.

Me gustaría pero tengo muchos deberes.

No me gusta nada.

No, gracias.

Me gustaría pero mis padres no me dejan salir durante la semana.

Tengo que lavarme el pelo.

Escucha las conversaciones (1–5). Apunta en inglés si se acepta o se rechaza la invitación y las razones que se dan.

Haz conversaciones con tu compañero/a. Una persona invita y la otra acepta, rechaza u ofrece otra posibilidad.

- ¿Te gustaría ...?
- Lo siento, pero no puedo/no quiero salir.
- ¿Qué te apetece entonces?
- Me gustaría ...

Escribe respuestas a estos mensajes.

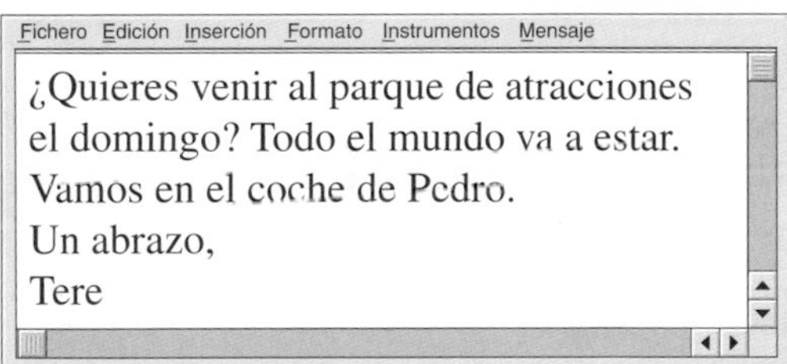
Fichero Edición Inserción Formato Instrumentos Mensaje

¿Quieres venir al parque de atracciones el domingo? Todo el mundo va a estar. Vamos en el coche de Pedro.
Un abrazo,
Tere

Fichero Edición Inserción Formato Instrumentos Mensaje

El viernes vamos a ir a un concierto en el parque. Tocan muchos grupos famosos. ¿Vienes? Vamos a sacar las entradas mañana. ¿Cuántas quieres? ¿Viene tu novia también? ¿A qué hora quedamos y dónde? Empieza a las nueve.
Un saludo,
Esteban

Gramática

The conditional

You've met the conditional in expressions like me gustaría *(I would like). Like the future, it's formed by adding endings to the infinitive (in the case of regular verbs). You add the endings for the imperfect tense of* -er/-ir *verbs.*

-ar *verbs:* hablar	**-er** *verbs:* beber	**-ir** *verbs:* escribir
hablar**ía**	beber**ía**	escribir**ía**
hablar**ías**	beber**ías**	escribir**ías**
hablar**ía**	beber**ía**	escribir**ía**
hablar**íamos**	beber**íamos**	escribir**íamos**
hablar**íais**	beber**íais**	escribir**íais**
hablar**ían**	beber**ían**	escribir**ían**

*The verbs that have an irregular future stem (*podré, vendré, *etc.) use the same stem for the conditional (*podría, vendría, *etc.).*

Para saber más → página 196, 5.15

¡OJO!

It's common to have to write short messages in exams. Try to avoid just translating the instructions: if you're responding to a party invitation, rather than write Quiero aceptar la invitación a la fiesta, *try something like* ¡Hombre! Una fiesta, ¡qué bien! Claro que voy a aceptar. ¿Puedo traer a una amiga?

Escribe dos mensajes a amigos/as invitándoles a salir contigo.

3 La prensa

Reading and discussing newspapers, magazines and comics

**Lee el sondeo sobre lo que leen los jóvenes lectores.
Apunta la información: nombre, tipo de revista y otros detalles.**

Nombre de revista	Tipo de revista	Otros detalles
Don Balón	deportiva	biografías de los jugadores, resultados, reportajes

¿Cuál es tu revista favorita?

Yo leo **Don Balón**. Es una revista deportiva con biografías de los jugadores más famosos, resultados y reportajes.

¿Qué revistas te gustan?

Yo leo **PC Actual**. Es una revista mensual para el usuario de informática personal. Tiene información sobre todo: ordenadores, Internet …

¿Cuál es tu revista preferida?

Yo leo **Mujer 21**. Es una revista femenina, claro. Tiene artículos sobre belleza y moda y entrevistas con las estrellas. Sale todas las semanas.

¿Qué revistas lees tú?

Me gustan las revistas de automóviles. Mi revista preferida es **SOLO MOTO**. Es una revista semanal sobre el mundo de la motocicleta. Contiene noticias, pruebas de nuevas motos y muchas fotos, claro.

Escucha a los jóvenes (1–5). Anota qué tipo de revista mencionan y su opinión. ¿Estás de acuerdo con las opiniones?

Adapta las opiniones de 1b para escribir tus opiniones sobre las revistas que lees tú o que leen los miembros de tu familia.

Ejemplo: *Mi hermana lee* ¡Hola! *Es una revista femenina. Hay artículos sobre las superestrellas. A mí no me interesa leer sobre sus amores y sus divorcios.*

Túrnate con tu compañero/a para preguntar y contestar.

- ¿Qué periódicos, revistas o tebeos lees?
- ¿Las revistas son semanales o mensuales?
- ¿De qué se tratan?
- ¿Cómo son?
- ¿Cuántas revistas compraste el mes pasado?
- ¿Cuáles eran?

Lee el artículo y contesta a las preguntas de abajo.

1 ¿Dónde nació Rosa?
2 ¿Cuando empezó a tocar la guitarra?
3 ¿Desde hace cuántos años compone música?
4 ¿Dónde estudió música?
5 ¿Cómo se llama su primer disco?
6 ¿Cuándo salió?
7 ¿Cuántos ejemplares se vendieron?
8 ¿Cuántos premios ganó su primer disco?

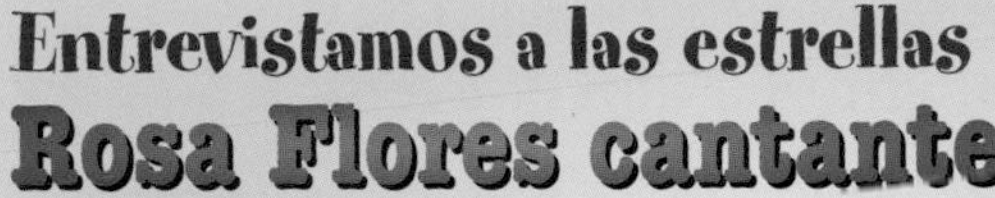

* **¿Dónde y cuándo naciste?**
☆ *En Lanzarote en las Islas Canarias, hace treinta años.*
* **¿Cómo se llaman tus discos?**
☆ *'Lunas rotas' y 'Luna nueva'.*
* **¿Se han vendido muchos discos?**
☆ *'Lunas rotas' salió en 1996 y vendió alrededor de dos millones de copias en toda Europa.*
* **¿Desde cuándo compones?**
☆ *Creo que tenía ocho años cuando escribí mi primera canción.*
* **Tocas la guitarra, ¿verdad?**
☆ *Sí, desde los cinco años.*
* **¿Estudiaste música?**
☆ *Sí, a la edad de veinte años fui a Madrid para estudiar armonía y guitarra. Luego Universal me ofreció hacer un disco de mis canciones. Fue premiado con dos premios: Artista revelación y Mejor álbum 1996.*

Lee el artículo y escoge la frase correcta: a, b, c.

Los lectores hablan: ¿A quién admiras?

Antonio, Segovia: La persona que más admiro es Luis Enrique Martínez. Es futbolista. Jugó para el Real Madrid entre 1991 y 1996 y luego fue al Barcelona. Ha sido seleccionado muchas veces para el equipo nacional. Ganó una medalla de oro en los Juegos Olímpicos de Barcelona.

Bea, Salou: La persona que más admiro es Ricky Martin. Es cantante. Nació en Puerto Rico en 1971. A la edad de seis años apareció en anuncios en la televisión. Fue seleccionado para el grupo 'Menudo' a los doce años. Con su primer álbum obtuvo ocho discos de oro. Después en Los Ángeles se transformó en actor en la telenovela 'General Hospital'. Es superestrella y le amo.

1 Luis Enrique Martínez fue seleccionado para
  a el grupo 'Menudo'.
  b una película con Madonna.
  c el equipo español.
2 Ricky Martin nació
  a en América Latina.
  b en Estados Unidos.
  c en Europa.
3 A Ricky Martin le gusta
  a ver la telenovela 'General Hospital'.
  b ser actor en 'General Hospital'.
  c visitar hospitales.

Gramática

The passive

Verbs are active if the subject does the action (e.g. He hit the ball) and passive if the subject has the action done to him/her/it (e.g. He was hit by the ball).

To form the passive in Spanish, simply add the appropriate form of the verb **ser** *(to be) to the past participle, as in English:*

El disco fue premiado con … *The album was awarded …*
Luis ha sido seleccionado … *Luis has been selected …*

Para saber más → página 197, 5.18

Busca información sobre una persona famosa en la red y prepara una presentación de un minuto sobre él/ella.

4 ¿Cómo fue?

Saying what you thought of a film or event

Lee las reacciones de los jóvenes. Ponlas en orden de positivo a negativo.

Escucha las opiniones (1–8). Ponlas en la categoría apropiada.

	😊	😐	🙁
1		Fue regular.	

Con tu compañero/a pregunta y contesta dando tu reacción.

- ¿Cómo fue …?
- …

1 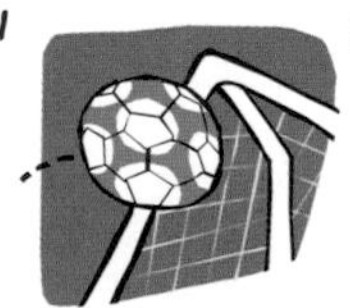 2 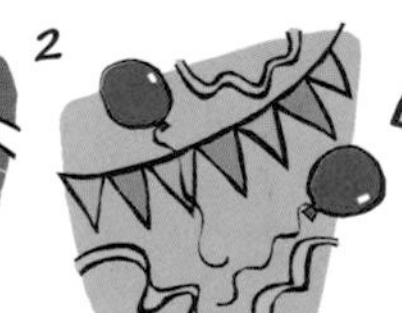 3  4  5 

Escribe un mensaje a tu amigo/a por correspondencia describiendo un espectáculo (real o imaginario). Tienes que mencionar:

- **adónde fuiste**
- **cuándo**
- **con quién fuiste**
- **qué hiciste**
- **qué tal fue.**

Ejemplo:

Fichero Edición Inserción Formato Instrumentos Mensaje

El domingo pasado fui al Nou Camp a ver el partido entre el Barça y el Español (otro club de Barcelona). Fue muy emocionante. Había más de cien mil espectadores. Después del primer tiempo, los dos equipos quedaron empatados (0–0). Pero en el segundo tiempo el Barça marcó dos goles, el segundo de un penalty. El resultado: 2–0. Salimos muy contentos. Somos los mejores en la liga.
Un saludo,
Ana María

Hablar **2a** **Las telenovelas son muy populares en España, América Latina y en todo el mundo. Cuentan la historia de unas familias, y las historias son siempre complicadísimas. Cuenta la historia de una telenovela que conoces bien.**

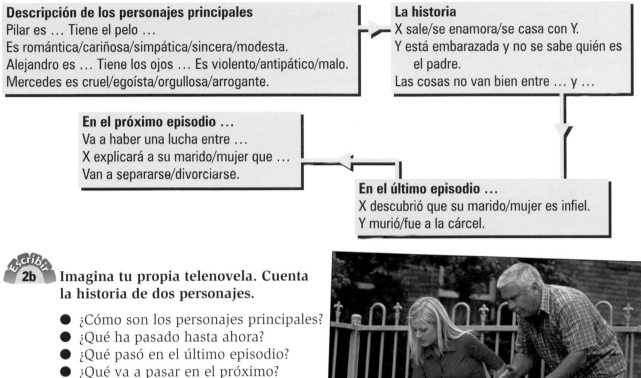

Descripción de los personajes principales
Pilar es … Tiene el pelo …
Es romántica/cariñosa/simpática/sincera/modesta.
Alejandro es … Tiene los ojos … Es violento/antipático/malo.
Mercedes es cruel/egoísta/orgullosa/arrogante.

La historia
X sale/se enamora/se casa con Y.
Y está embarazada y no se sabe quién es el padre.
Las cosas no van bien entre … y …

En el último episodio …
X descubrió que su marido/mujer es infiel.
Y murió/fue a la cárcel.

En el próximo episodio …
Va a haber una lucha entre …
X explicará a su marido/mujer que …
Van a separarse/divorciarse.

Escribir **2b** **Imagina tu propia telenovela. Cuenta la historia de dos personajes.**

- ¿Cómo son los personajes principales?
- ¿Qué ha pasado hasta ahora?
- ¿Qué pasó en el último episodio?
- ¿Qué va a pasar en el próximo?

¡OJO!

Writing a narrative like this is very difficult. Write a list of expressions that you can use (En el último episodio … descubrió que …) *and a list of linking phrases* (Después de hacer eso, …) *that will help you tell the story. Plan your paragraphs and limit yourself to what you are confident that you can say without making mistakes.*

Always leave time (and energy) to correct your work once you've written it. Write a draft, put it to one side and check it later for:

- *grammar (verb endings, adjectival agreement, prepositions, accents, …)*
- *punctuation (commas, full stops, ¡! ¿?, …)*
- *anything you may want to leave out or add at this stage.*

Checking isn't a luxury – it's a necessity!

Vocabulario

En la taquilla	At the ticket office
la entrada	*ticket*
la sesión de madrugada	*late performance (early hours)*
días laborables	*Monday to Friday*
vísperas y festivos	*the day before and day of public holidays*
el carné de estudiante	*student card*
el día del espectador	*'day of the spectator' (day when tickets are reduced)*
venta anticipada	*advance ticket sales*
¿Qué ponen?	*What's on?*
¿Hay entradas para el circo?	*Are there any tickets for the circus?*
¿A qué hora empieza?	*What time does it start?*
¿A qué hora empieza la primera/ última sesión?	*What time does the first/ last showing start?*
¿A qué hora termina?	*What time does it finish?*
¿Hay descuentos para estudiantes?	*Are there discounts for students?*
¿Cuánto cuesta una entrada los sábados?	*How much are the tickets on Saturdays?*

Salir	Going out
¿Vas al partido?	*Are you going to the match?*
¿Te apetece ir a la piscina/al cine?	*Do you feel like going to the swimming pool/cinema?*
¿Cuándo quieres ir?	*When do you want to go?*
¿Dónde quedamos?	*Where shall we meet?*
De acuerdo.	*All right.*
Hasta luego.	*See you later.*
¿Qué quieres hacer entonces?	*What do you want to do, then?*
el estadio	*the stadium*
el festival	*the festival*
el polideportivo	*the sports centre*
la plaza de toros	*the bull ring*

Opiniones	Opinions
A mí me encanta el fútbol.	*I love football.*
Es muy emocionante.	*It's very exciting.*
Prefiero las películas de acción.	*I prefer action films.*
El cine es caro.	*The cinema is expensive.*
Me encantaría ir.	*I'd love to go.*
Bueno, no lo sé.	*Well, I don't know.*
Me gustaría más ...	*I'd rather ...*
Me gustaría pero tengo muchos deberes.	*I'd like to, but I've got lots of homework.*
No me gusta nada.	*I don't like it at all.*
¡Ay, qué bueno!	*Oh, great!*
Eres muy majo/a.	*You're very sweet/nice.*
¡Fenomenal!	*Great!*
¡Fue superfantástico/divertidísimo!	*It was brilliant/really enjoyable!*
Me divertí mucho.	*I enjoyed myself a lot.*
Me gustó bastante.	*I quite enjoyed it.*
Fue regular.	*It was so-so.*
¡Qué desastre!	*What a disaster!*
¡Fue fatal!	*It was terrible!*
Fue muy emocionante/aburrido.	*It was very exciting/boring.*
Lo pasé bomba/muy mal.	*I had a great/very bad time.*

Las películas	Films
una película de ...	*a/an ... film*
accíon	*action*
amor	*love*
animación	*animated*
cienca ficción	*science fiction*
guerra	*war*
terror	*horror*
una película policíaca	*a detective film*

Dejar un recado	Leaving a message
Te llamó Juan.	*Juan called (you).*
Quiere saber si vas al concierto.	*He wants to know if you're going to the concert.*
Llámale/Llámala.	*Call him/Call her.*
Te llamará mañana.	*He/She'll call you tomorrow.*
Te llamaré este fin de semana.	*I'll call you this weekend.*
El número es ...	*The number is ...*

La prensa	The press
el periódico	*newspaper*
la revista	*magazine*
el tebeo	*comic*
los lectores	*readers*
la revista femenina/deportiva	*women's/sports magazine*
la revista de informática/de automóviles	*IT/motoring magazine*
Mi revista preferida es ...	*My favourite magazine is ...*
Es una revista mensual/semanal.	*It's a monthly/weekly magazine.*
Sale todas las semanas.	*It comes out every week.*
Tiene informacíon sobre todo.	*It has information about everything.*
Tiene artículos sobre belleza y moda.	*It has articles about beauty and fashion.*
Tiene entrevistas con las estrellas.	*It has interviews with the stars.*
Se trata de la nutrición y la salud.	*It's about nutrition and health.*

Las telenovelas	TV series
(Pilar) es romántica/simpática/sincera/modesta.	*(Pilar) is romantic/nice/sincere/modest.*
(Alejandro) es violento/antipático/malo.	*(Alejandro) is violent/nasty/bad.*
(Mercedes) es cruel/egoísta/orgullosa/arrogante.	*(Mercedes) is cruel/selfish/proud/arrogant.*
(X) murió/fue a la cárcel.	*(X) died/went to prison.*
(X) sale/se enamora/se casa con (Y).	*(X) is going out with/falls in love with/marries (Y).*
(Y) está embarazada y no se sabe quién es el padre.	*(Y) is pregnant and nobody knows who the father is.*
Las cosas no van bien entre ...	*Things aren't going well between ...*
Va a haber una lucha entre ...	*There's going to be a fight between ...*
(X) explicará a su marido/mujer que ...	*(X) will explain to her husband/his wife that ...*
Van a separarse/divorciarse.	*They're going to separate/get divorced.*

Hablar

Conversación Make sure you give full answers, and take every opportunity to switch tenses and include an opinion (see the advice on page 64).

Juego de rol Try to do the role-plays more than once and give a different response to the unexpected elements each time. This will help you to develop the ability to 'think on your feet' and increase your options in the test.

Presentación As usual, record your presentation, listen to it again in order to improve it and then let your teacher hear it. You can play it to yourself just before the speaking test to help you revise.

De compras

Conversación

- ¿Te gusta hacer la compra en los grandes almacenes?
- Di:
  - cuándo vas y con quién
  - a qué secciones vas
  - qué compraste la última vez que fuiste
  - qué opinas de los grandes almacenes
  - si prefieres las tiendas pequeñas, los grandes almacenes o los centros comerciales.

Juego de rol 1

You are shopping in a Spanish grocer's.

- ¿Qué desea?
- *Ask for a kilo of peaches and half a kilo of mushrooms.*
- ¿Algo más?
- *Ask if the eggs are fresh.*
- Claro que sí.
- *Ask for a dozen eggs and a bottle of mineral water.*
- Lo siento. Sólo tengo media docena.
- **!** *Respond and ask if they sell bread.*
- No, la panadería está en la esquina.

Juego de rol 2

You are at the information desk in a Spanish department store.

- ¿Le puedo servir en algo?
- *Say you would like to know where they sell trainers.*
- Están en la sección de deporte.
- *Ask where the sports section is.*
- Tiene que ir a la sexta planta. Tuerza a la izquierda y está todo recto.
- *Ask where the lift is.*
- Lo siento. No funciona el ascensor.
- **!**

Juego de rol 3

You are shopping in a Spanish clothes shop.

- ¿Qué desea?
- *Say you would like to buy a pair of trousers.*
- ¿De qué color?
- *Say you want black cotton trousers.*
- ¿De qué talla?
- **!** *Respond and ask if you can try them on.*
- Claro, los probadores están por allí.
- *Say they are too small and there's a button missing.*

De juerga

Conversación 1

- Dime algo sobre ir al cine.
- Di:
  - cuándo vas al cine
  - cuánto cuestan las entradas
  - si hay descuentos para estudiantes
  - qué tipo de película te gusta
  - algo sobre una película que has visto recientemente y tu opinión.

Conversación 2

- Describe a una persona famosa: por ejemplo, un deportista o una estrella de la televisión.
- Di:
  - cómo es (descripción física y carácter)
  - qué hace en la vida
  - por qué te gusta o te interesa.

Juego de rol 1

You are at the ticket office in a Spanish cinema.

- Buenos días.
- 2 x *Pearl Harbor*
- No quedan entradas. Lo siento.
- ¿otra película?
- Hay una película romántica que se llama *Corazones unidos*.
- ¿hora?
- Empieza a las ocho y cincuenta y termina a las once y cinco.
- ¿precio – estudiantes?
- Sólo los lunes.

Juego de rol 2

You answer the phone at your penfriend's house.

- ¡Oiga! ¿Está Felipe?
- *Say that Felipe is out.*
- ¿Quieres ir conmigo y con Felipe a la piscina?
- *Say yes and ask him/her to speak slowly.*
- Lo siento. ¿Cuándo quieres ir y dónde quedamos?
- !
- Vale. ¿Estás contento/a aquí en España?
- !

Presentación

Prepare a 3-minute presentation on one of the following:
- *a shopping trip*
- *a visit to the theatre or cinema*
- *a football match.*

You may find a photo helpful in preparing your presentation.

Yo

Repaso

Revision of personal descriptions

Cuatro jóvenes se describen. Lee y empareja las frases de abajo con las personas.

Hola, soy Manolo. Soy español aunque nací en Venezuela. Tengo quince años y cumplo dieciséis en dos días, el 13 de junio. Soy bastante alto, delgado y guapo, mido 1,85 y peso 75 kilos aproximadamente. Tengo el pelo corto, liso y rubio y llevo lentillas porque mis gafas son un poco incómodas. Tengo los ojos azules y grandes. Suelo llevar vaqueros y una camiseta. No me gusta la ropa formal. Nunca llevo corbata.

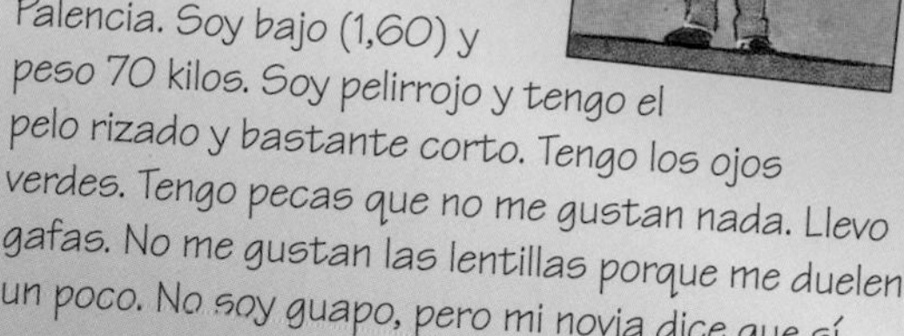

¡Hola! Me llamo Jesús y soy español. Nací en Asturias hace dieciséis años y ahora vivo con mis padres en Palencia. Soy bajo (1,60) y peso 70 kilos. Soy pelirrojo y tengo el pelo rizado y bastante corto. Tengo los ojos verdes. Tengo pecas que no me gustan nada. Llevo gafas. No me gustan las lentillas porque me duelen un poco. No soy guapo, pero mi novia dice que sí.

Me presento. Me llamo Ana Luisa Jiménez. Tengo dieciséis años y soy cubana. Nací en Cuba y ahora vivo en los Estados Unidos. Tengo el pelo moreno y rizado y bastante largo. Tengo los ojos grises. Soy bastante baja (1,55) y no soy gorda, un poco gordita, sí. Mi cumpleaños es el 10 de enero. No sé si soy guapa o no.

Me presento. Soy Susana. Tengo diecisiete años y vivo en Chile. Mis padres son españoles pero yo soy de nacionalidad chilena. Soy alta (1,82) y bastante delgada. Tengo el pelo castaño y muy largo. Tengo los ojos marrones. Creo que soy bastante guapa. Quiero ser modelo cuando salga del instituto. No sé si soy bastante alta para eso.

1 Es la mayor.
2 No llevan ni gafas ni lentillas.
3 Es la persona más jóven.
4 Tiene pecas.
5 Tiene el pelo corto y rizado.
6 No son españoles/as.
7 No tienen ojos ni azules ni grises.
8 Miden más de 1,65.
9 Se sabe cuánto pesan.
10 Es el más alto.
11 Nació en enero.
12 Suele llevar ropa informal.

Escribe las preguntas (8 a 10) que hay que hacer para obtener toda la información en 1a.

Ejemplo: 1 – ¿Cómo te llamas?

En grupos. Entrevista a cuatro de tus compañeros/as.

Ejemplo:

- ¿Cómo te llamas?
- Me llamo Manolo.
- ¿De qué nacionalidad eres?
- De nacionalidad española./Soy español.
- ¿Dónde naciste?
- En Venezuela.

Gramática

Soler + *infinitive*

Reminder: soler + *infinitive means that you 'usually' do something. For example:*

Mi hermano **suele llevar** gafas.
*My brother **usually wears** glasses.*

Para saber más → página 194, 5.11

2a **Vas a escuchar descripciones de los miembros de una familia. Apunta la información sobre cada uno.**

	Edad	Pelo	Ojos	Descripción
padre				
madre				
hermanas				
hermanastro				

calvo *bald*

2b **Túrnate con tu compañero/a para preguntar y contestar sobre los miembros de vuestras familias.**

Ejemplo:

- ¿Cómo es tu madre?
- Es …

2c **Contrarreloj. Habla un minuto sobre ti y tu familia.**

2d **Haz una descripción de un(a) compañero/a de clase. Tu profesor(a) leerá la descripción a la clase. ¿Quién es?**

2e **Describe tu actor/cantante/deportista favorito/a. Trae unas fotos o usa las fotos de abajo y haz una descripción detallada.**

1 ¿Cómo eres?

Describing personality

1a Pablo describe la personalidad de seis miembros de su familia. Apunta los adjetivos que usa para cada persona. Busca las palabras que no conoces en un diccionario.

activo/a agradable agresivo/a
alegre ambicioso/a amable
antipático/a atractivo/a cariñoso/a celoso/a
cobarde comprensivo/a contento/a
cruel egoísta estúpido/a
generoso/a gracioso/a hablador(a)
inteligente nervioso/a perezoso/a
popular responsable sensible
serio/a simpático/a sincero/a
tímido/a tonto/a trabajador(a) triste

¡OJO!

Several of the words on the left are easy for English speakers to recognise. Spanish has a number of words which we call 'cognates' or 'near cognates', meaning that they come from the same root and take the same or similar form in both languages (e.g. inteligente, generoso*). This can be very helpful, but beware of 'false friends': words that look like English words but have a different meaning.* Simpático *doesn't mean 'sympathetic';* sensible *doesn't mean 'sensible'.* Gracioso *doesn't mean 'gracious' (but has two other meanings). Find out what they really mean, if you don't know! If in doubt, look up words in both halves of the dictionary: English to Spanish and Spanish to English.*

1b Busca las palabras que no conoces en un diccionario. Escucha lo que dicen los jóvenes. ¿Piensan que las características son positivas o negativas o que depende? Escucha otra vez y decide si estás de acuerdo con los jóvenes.

atrevido/a	elegante	honrado/a	mal educado/a
avaricioso/a	extrovertido/a	impaciente	mentiroso/a
cortés	formal	insolente	orgulloso/a
desobediente	goloso/a	introvertido/a	severo/a

1c Rellena los espacios con las características que te parecen más apropiadas para ti. Luego, adapta las frases para describir a tu compañero/a.

En general soy …
Creo que soy bastante … pero un poco …
De vez en cuando estoy …
No soy nunca …
Soy siempre …
Mi defecto más importante es que soy …

1d Con tu compañero/a compara lo que habéis escrito en 1c. ¿Estáis de acuerdo?

1e Da tu opinión sobre tres personas famosas adaptando este modelo.

Creo que es … pero un poco …
No es nunca …
Es siempre …
En la televisión siempre parece …
A mi parecer, …

2a Lee estos anuncios. ¿Quién te gusta? ¿Por qué?

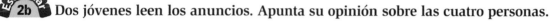

Chico de 17 años muy guapo y muy inteligente. Soy de talla media con los ojos azules. Busco a una amiga de 16 a 18 años con buen sentido del humor. Me gusta salir y pasármelo bien.

Chica, 16: busco a un chico de mi edad para salir juntos. Soy seria y trabajadora pero soy simpática. Busco a un chico sincero y paciente. No me importa tanto el aspecto físico. Es lo que hay dentro lo que cuenta. Escríbeme. Prometo contestar.

Chica de 17 años: egoísta a veces pero generosa. Extrovertida, me gusta salir y bailar. Busco a un chico que también quiera salir y pasárselo bien.

Chico de 18 años, sensible y abierto, busca a una amiga con carácter similar. Escríbeme, por favor.

2b Dos jóvenes leen los anuncios. Apunta su opinión sobre las cuatro personas.

2c Escribe un anuncio para ti.

2d Lee y contesta a la carta de Bea. Escribe de 80 a 100 palabras.

Querido/a amigo/a:

Gracias por tu carta que recibí esta mañana. Me haces preguntas sobre mi familia. Bueno, yo creo que somos una familia simpática. Me llevo bien con mi padre. Salimos juntos al partido los domingos y hablamos de todo. Me entiendo bien también con mi madre. Tiene un buen sentido del humor.

Tengo un novio que se llama Miguel. Es muy buena persona: simpático, romántico y se lleva bien con mis padres y con mis hermanos.

Sin embargo, no me llevo bien con mi hermano menor. Entra en mi dormitorio, usa mis bolígrafos y lápices y coge mis compacts y cintas sin pedir permiso.

Describe a tu familia. ¿Te entiendes bien con tu familia?

Escríbeme pronto,

Un abrazo,

Bea

2 Problemas

Describing problems at home and at school

Tía Dolores

Querida Dolores:
Estoy estresado por el colegio y por mis padres. Yo sé que para ir a la universidad tengo que estudiar pero lo único que hago es estudiar. Todas las tardes hago mis deberes, todos los fines de semana estoy en casa trabajando. No tengo tiempo para relajarme. Mis padres no me dejan salir durante la semana y los fines de semana tengo que volver pronto. No tengo novia y tengo muy pocos amigos.

He hablado con mis padres pero ellos dicen que puedo tener una novia cuando vaya a la universidad. Pero sólo tengo 16 años y me quedan tres años. Cuando veo la televisión me critican y cuando hago deporte después de clase piensan que debo estudiar en vez de jugar al baloncesto.

¿Me puede ayudar?

Pablo

Querida Dolores:
Tengo un problema muy grave. Tengo diecisiete años y mi hermano Manolo tiene dieciséis. Mis padres nos tratan de una forma muy diferente. Cuando salgo tengo que volver a las diez y media durante la semana y a las once y media los fines de semana. Manolo puede volver cuando le da la gana. Si vuelve a las cuatro de la madrugada, mis padres no dicen nada.

Mi madre es menos tolerante que mi padre. Dice que es mucho más peligroso para una chica, pero yo salgo en pandilla y estamos juntos todo el tiempo. Si es tarde, cojo un taxi. Hay peligros para los chicos también. En efecto me dan rabia y tengo ganas de salir de casa.

¿Qué puedo hacer?

Anita

Querida Dolores:
No estoy contenta. Salgo en pandilla con un grupo de amigos y amigas de mi edad. El problema es que ahora quieren hacer cosas que no me gustan. La mayoría fuman y no me molesta demasiado pero algunos toman drogas en las discotecas y tengo miedo. Quiero salir con ellos pero no quiero ni tomar drogas ni estar con ellos cuando las toman.

Mis padres no saben nada de eso, claro. He hablado con mi hermana y ella dice que tengo que cambiar de amigos. Pero no es tan fácil. Conozco al grupo desde hace diez años y todos viven cerca. Vamos al mismo instituto.

¿Qué voy a hacer?

Maite

Querida Dolores:
El problema que tengo es que yo quiero ser músico. Toco la guitarra en un grupo y también canto. Mis padres quieren que continúe con mis estudios. Dicen que hay mucho desempleo en la región y mucha gente en paro. Dicen que si no estudio no obtendré un buen puesto de trabajo.

No quiero estudiar algo que no me gusta. No quiero hacer un trabajo rutinario que no me da satisfacción.

Mis padres dicen que si no estudio, no puedo continuar viviendo en casa.

¿Qué voy a hacer?

Mustafá

cuando le da la gana	*when he feels like it*
salgo en pandilla	*I go out in a group*
me dan rabia	*they drive me mad*

1a Lee las cartas en la página 128 y empareja las frases de abajo con las personas.

Ejemplo: 1 – Mustafá

1 No quiere estudiar.
2 Sus padres le dan rabia.
3 Su padre es un poco más comprensivo.
4 Se siente estresado con los exámenes.
5 No quiere hacer lo mismo que sus amigos.
6 No tiene novia.
7 No lo/la tratan como a su hermano.
8 Estudia todo el tiempo.

Para + *infinitive*

Para + *infinitive is a very useful structure and easy to use. It translates as 'In order to …' or simply 'To …'. For example:*

Para ir a la universidad hay que estudiar.
***In order to go** to university, you have to study.*

Para saber más → página 202, 8.2

1b Escucha los problemas de tres jóvenes. Apunta el problema de cada joven y lo que piensa.

1c Con tu compañero/a, pregunta y contesta.

- ¿Estudias mucho en casa?
- ¿Te gusta estudiar mucho?
- ¿Tienes mucha ambición?
- ¿Estás estresado/a con los exámenes?
- ¿Te dejan salir tus padres durante la semana?
- ¿A qué hora tienes que estar en casa durante la semana y los fines de semana?
- ¿Te entiendes bien con tus padres?
- ¿Te dan bastante libertad?

1d Escribe una carta a Tía Dolores usando las palabras y frases claves. Usa un poco de imaginación.

Me entiendo bien con … Me entiendo mal con … Me da(n) rabia Estoy estresado/a	porque	(no) me deja(n) salir/fumar/beber. (no) me entiende(n). (no) me da(n) mucho dinero.
(No) tengo ganas de	estudiar. tener un buen trabajo. ganar mucho dinero. salir de casa.	

¡OJO!

In 1a there are some good examples of repetition to make an effect (**todas** las tardes, **todos** los fines de semana). *This is a simple device and can be very effective. For example:*

Hablo con mi padre, **pero nada**. Hablo con mi madre, **pero nada**. Nadie me escucha.

3 La dependencia

Discussing the dangers of drug dependency

Lee este artículo sobre la droga. Contesta a las preguntas en inglés.

¿Qué es una droga?

Según la OMS (Organización Mundial de la Salud) es:

> *<<toda sustancia que, introducida en el organismo por cualquier vía de administración, produce una alteración de algún modo del natural funcionamiento del sistema nervioso central del individuo y es, además, susceptible de crear dependencia, ya sea psicológica, física o ambas.>>*

Las drogas se dividen entre las que son socialmente aceptadas: té, café, chocolate, algunas bebidas gaseosas, tabaco, alcohol; intermedias: todos los medicamentos desde aspirinas (venta libre) a sedantes y barbitúricos (receta); e ilegales: marihuana, cocaína, heroína, LSD, éxtasis, etc. También hay productos fabricados para una cosa y utilizados para otra: pegamentos, solventes, etc.

Las drogas son un problema enorme en España como en todos los países. La droga más peligrosa es el alcohol (*El País*). Es la droga que causa más muertes y la más tolerada por los padres. Provoca accidentes, peleas, robos y daños a propiedades públicas.

Retrato robot de un joven español que consume drogas (legales e ilegales)

- Toma la primera copa a los 14 años y medio.
- A los 16 prueba un porro.
- LSD y anfetaminas llegan un año más tarde.
- El éxtasis llega a los 18 y la cocaína a los 18 y medio.

1 What sorts of dependency are there?
2 What categories of drugs are there according to the article?
3 List six legal drugs.
4 What effects of alcohol are mentioned?
5 What are two features of a young drug user?

OMS	*World Health Organization*
por cualquier vía	*by any means*
de algún modo	*in some way*
ambas	*both*
muertes	*deaths*
peleas	*fights*
daño	*damage*
retrato robot	*typical profile*
un porro	*a joint*

Lee las opiniones de los jóvenes sobre la droga. Luego escucha (1–6) y decide quién habla.

A Tomo drogas para olvidarme de todo y escaparme del estrés de la vida. — Santiago

B Para prolongar la noche. Me gusta bailar. Hay riesgos, pero ... — Nuria

C Estoy en contra. No tomo drogas. Es tonto y no se saben los efectos. — Conchi

D No tomo drogas porque es una pérdida de dinero. — Ignacio

E No tomo drogas porque tengo miedo de la dependencia. — Teresa

F Tomo drogas porque todo el mundo lo hace. Es tonto pero ¿qu[é] vas a hacer? — Hassan

Haz una conversación con tu compañero/a.

- *Ask whether he/she is against drugs.*
- *Say why (not) and give reasons.*
- *Ask if he/she drinks alcohol.*
- *Answer and give your reasons.*

Lee los reportajes de dos ex-usuarios y completa las frases con las palabras de abajo.

1 Gonzalo tomaba ______ cuando tenía veinte años.
2 Eusebio ______ en una discoteca cuando era más joven.
3 Gonzalo ______ los viernes, sábados y domingos.
4 Eusebio tiene ______ por los jóvenes y las drogas.
5 Gonzalo sólo ______ cerveza.

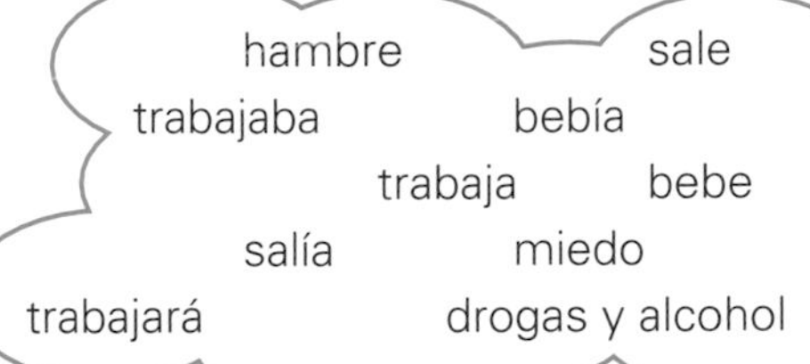

hambre
sale
trabajaba
bebía
trabaja
bebe
salía
miedo
trabajará
drogas y alcohol

Gonzalo

Cuando tenía 20 años nos reuníamos en la plaza todas las noches a *hacer botellón*, es decir comprar alcohol en bodegas y beberlo en la calle. Después, en las discotecas, tomábamos pastillas: *mitsubishis, ferraris, mercedes* – muchas tienen nombre de coches. Luego empecé a sufrir ataques de paranoia y depresiones y mi novia iba a dejarme. Ahora tengo 26 años y no tomo más. Bebo cerveza pero los cócteles de drogas, no gracias. Salgo los sábados pero los viernes, no.

Eusebio

Yo trabajaba de disc-jockey en una discoteca en Madrid. Yo tomaba muchas pastillas: *éxtasis, bambas*, etc. Los propietarios de las discotecas desconectaban intermitentemente los aparatos de aire acondicionado para aumentar el consumo de bebidas. Todo el mundo lo pasaba bien, pero no sé lo que les pasará en el futuro … Ahora tengo niños y pienso de otra forma. Tengo miedo por ellos.

bodegas	*similar to off-licences*
aumentar	*to increase*

Contesta a la carta de Inés.

Torremolinos, 1 de agosto

Querida amiga:

¿Qué tal? Aquí donde vivo tenemos muchos problemas. Como sabes, Torremolinos es un sitio veraniego donde hay miles de turistas que vienen a aprovechar el sol, las playas y la vida nocturna. No voy a las discotecas pero mis amigos dicen que hay muchas drogas en venta en las discotecas que están abiertas toda la noche.

¿Hay un problema en tu pueblo con el alcohol o la droga? ¿Qué hacen los jóvenes? ¿Qué piensas de los jóvenes que beben demasiado?

Yo tomo un poco de vino con las comidas y bebo una caña de cerveza con mis amigos pero no tengo ganas de tomar drogas.

Escríbeme pronto,

Inés

veraniego	*summer (adj.)*
aprovechar	*to take advantage of*
una caña	*a glass*

4 La calidad de vida

Talking about environmental issues

Lee los consejos sobre la protección del medio ambiente. Empareja cada consejo con una persona entrevistada (1–6).

desenchufar *to unplug*

A Se deben reciclar botellas y papel.
B Se debe ducharse en vez de tomar un baño.
C Se debe usar menos el coche.
D Se deben apagar las luces y desenchufar los electrodomésticos como la televisión.
E Se deben comprar productos ecológicos.
F Se debe hacerse miembro de un grupo ecologista y protestar.

Haz conversaciones con tu compañero/a.

- ¿Qué haces por el medio ambiente?
- *Mention up to three things that you do.*
- ¿Qué se puede hacer en casa?
- *Mention two things that can be done in the home to help the environment.*
- ¿Qué te gustaría hacer en el futuro?
- *Say what things you would like to do.*

Copia y rellena el formulario indicando lo que harás en el futuro.

El futuro estará en nuestras manos.
¿Qué harás para mejorar el medio ambiente? Escribe de cinco a diez cosas y firma abajo. Gracias.

Yo prometo que reciclaré botellas y papel.
____
____
____
____

____
(Firma)

¿Cómo sería tu mundo ideal? Lee lo que dicen los jóvenes. ¿Estás de acuerdo o no? Haz dos listas.

El peatón sería el rey.

No habría centros comerciales sino mercados y tiendas pequeñas.

No habría coches en las ciudades.

Habría sólo coches eléctricos.

El aire estaría libre de gases cancerígenos.

Habría que pagar para aparcar el coche delante de la casa y para entrar en las ciudades.

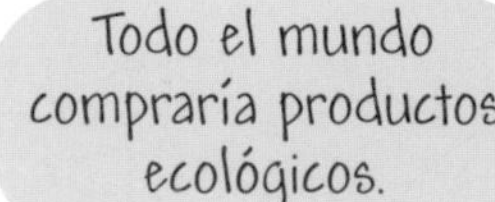

No habría ríos contaminados con deshechos peligrosos.

No se usarían productos de plástico en los supermercados.

Escucha las entrevistas con cuatro jóvenes y selecciona los adjectivos que les describen.

Ejemplo: 1 – ignorante, egoísta

antipático/a	ignorante
bien informado/a	inteligente
egoísta	perezoso/a
estúpido/a	responsable

Lee este artículo sobre el abuso del coche ('carro' en Ecuador). Identifica las palabras que indican los sentimientos del autor (por ejemplo: 'bestias') y contesta a las preguntas.

Jóvenes urbanos

Viernes de pedales

Quito es una típica ciudad latinoamericana que ha sido diseñada para el carro. Los espacios urbanos colectivos han sido transformados en espacios privados o exclusivos para los automotores. La gente es víctima de las "bestias" del volante (los chóferes). Creemos en el medio de transporte menos contaminante: la bicicleta.

Hay un excesivo número de carros en Quito y el mayor riesgo lo representan los buses que son un peligro en caso de un choque y que vomitan una gran cantidad de gases. La contaminación del aire, el abuso de espacios peatonales (parques, etc.), la agresividad contra ciclistas y peatones y el deficiente sistema de transporte colectivo no son aceptables.

El monóxido de carbono es venenoso para la sangre, los hidrocarburos son considerados como cancerígenos y el plomo provoca desórdenes del sistema nervioso central. El ruido puede tener consecuencias sicológicas.

Hemos optado por la confrontación bicicleta–automóvil. Vamos a recuperar los espacios y luchar contra las bestias. Es un intento de imaginar un nuevo país democrático y justo.

Con el VIERNES DE PEDALES, el último viernes de cada mes, vamos a protestar. Queremos una ciudad más humana, libre de contaminación, libre de ruido, libre de cemento, donde la gente sea LIBRE.

1 Why is Quito typical of Latin American cities?
2 What are the problems on the streets?
3 What is the answer to these problems according to the writer?
4 What are the main risks to the people?
5 What are the effects of the chemicals?
6 What two means of transport are in conflict in the writer's view?
7 What action is the writer proposing should be taken?
8 What is the ultimate objective of the VIERNES DE PEDALES?

el volante	*the wheel*
el riesgo	*risk*
peatonal	*pedestrian*
venenoso	*poisonous*
el plomo	*lead*

Prepara una presentación oral o escrita sobre el medio ambiente y añádela a tu fichero personal.

- **Describe los problemas.**
- **Habla de los remedios.**
- **Di lo que haces tú.**
- **Di lo que harías si fueses muy rico/a. (Si fuese muy rico/a ...)**

The passive

You've already met the passive (module 8, page 117). Find the three examples of it in the article in 2c and translate them into English.

Para saber más → página 197, 5.18

Vocabulario

El carácter	**Character**
Soy (bastante) ...	*I'm (fairly) ...*
abierto/a	*open*
activo/a	*active*
agradable	*pleasant*
agresivo/a	*aggressive*
alegre	*cheerful*
amable	*nice*
ambicioso/a	*ambitious*
antipático/a	*unpleasant*
atento/a	*caring*
atractivo/a	*attractive*
atrevido/a	*daring*
avaricioso/a	*greedy*
bien informado/a	*well informed*
cariñoso/a	*affectionate*
celoso/a	*jealous*
cobarde	*cowardly*
comprensivo/a	*understanding*
contento/a	*contented*
cortés	*polite*
cruel	*cruel*
desagradable	*disagreeable*
desobediente	*disobedient*
egoísta	*selfish*
elegante	*elegant*
estúpido/a	*stupid*
extrovertido/a	*extroverted*
famoso/a	*famous*
formal	*serious*
generoso/a	*generous*
gracioso/a	*funny*
hablador(a)	*talkative*
honrado/a	*decent*
ignorante	*ignorant*
impaciente	*impatient*
insolente	*insolent*
inteligente	*intelligent*
introvertido/a	*introverted*
mal educado/a	*rude/badly behaved*
mentiroso/a	*lying*
nervioso/a	*nervous*
orgulloso/a	*proud*
paciente	*patient*
perezoso/a	*lazy*
popular	*popular*
responsable	*responsible*
sensible	*sensitive*
serio/a	*serious*
severo/a	*strict*
simpático/a	*nice, friendly*
sincero/a	*sincere*
tímido/a	*timid*
tonto/a	*stupid, crazy*
trabajador(a)	*hardworking*
triste	*sad*

En general soy modesto/a.	*In general I'm modest.*
Mi defecto más importante es que soy egoísta.	*My main weakness is that I'm selfish.*
Soy siempre ...	*I'm always ...*
No soy nunca ...	*I'm never ...*
Creo que soy bastante ...	*I think I'm fairly ...*
De vez en cuando estoy ...	*From time to time I'm ...*

Yo	**Me**
Soy español(a).	*I'm Spanish.*
Tengo (16) años.	*I'm (16) years old.*
Me llamo ...	*My name is ...*
Nací en ...	*I was born in ...*

El físico	**Physical appearance**
Tengo el pelo moreno/rubio.	*I have dark/fair hair.*
Tengo el pelo rizado/liso.	*I have curly/straight hair.*
Tengo el pelo largo/corto.	*I have long/short hair.*
Soy pelirrojo/a.	*I have red hair.*
Tengo los ojos grises/azules/verdes/marrones.	*I have grey/blue/green/brown eyes.*
Tengo pecas.	*I have freckles.*
Llevo gafas.	*I wear spectacles.*
Mi hermano suele llevar lentillas.	*My brother usually wears contact lenses.*
(No) creo que soy guapo/a.	*I (don't) think I'm good-looking.*

El medio ambiente	**The environment**
la calidad de vida	*quality of life*
la contaminación del aire	*air pollution*
contaminante	*polluting*
los ríos contaminados	*polluted rivers*
los deshechos	*waste*
el ruido	*noise*
el peligro	*danger*
el medio de transporte	*means of transport*

Relaciones y problemas	**Relationships and problems**
Vivo con mis pades.	*I live with my parents.*
Me entiendo bien/mal con mi madre.	*I get on/don't get on well with my mother.*
Tiene un buen sentido del humor.	*She has a good sense of humour.*
Tengo ganas de salir de casa.	*I want to leave home.*
Tengo ganas de ganar mucho dinero.	*I'd like to earn a lot of money.*
No tengo ganas de estudiar.	*I don't feel like studying.*
Estoy estresado/a por mis padres/con los exámenes.	*I'm stressed out by my parents/with exams.*
Mis padres no me dejan salir por la noche.	*My parents don't let me go out at night.*
Mis padres me dan rabia.	*My parents drive me mad.*
No sé qué hacer.	*I don't know what to do.*
Tengo un problema muy grave.	*I have a very serious problem.*

La dependencia	**Dependency**
el alcohol	*alchohol*
los cócteles de drogas	*cocktails of drugs*
la dependencia física/psicológica	*physical/psychological dependency*
las drogas legales/ilegales	*legal/illegal drugs*
La droga más peligrosa es ...	*The most dangerous drug is ...*
el riesgo	*risk*
la salud	*health*
Tengo miedo por los niños.	*I'm afraid for the children.*
Me escapo del estrés de la vida.	*I can escape from the stress of life.*
No tomo drogas porque tengo miedo de la dependencia.	*I don't take drugs because I'm afraid of getting addicted.*
No se saben los efectos.	*The effects are unknown.*
Estoy en contra.	*I'm against it/them.*
Tomo drogas porque todo el mundo lo hace.	*I take drugs because everybody does.*

Para mejorar el medio ambiente	**To improve the environment**
Se deben reciclar botellas y papel.	*We should recycle bottles and paper.*
Se debe ducharse en vez de tomar un baño.	*We should take a shower instead of a bath.*
Se debe usar menos el coche.	*We should use the car less.*
Se deben apagar las luces y desenchufar los electrodomésticos.	*We should switch off the lights and unplug appliances.*
Se deben comprar productos ecólogicos.	*We should buy organic products.*
Se debe hacerse miembro de un grupo ecologista.	*We should join an environmental group.*

El futuro

Repaso

Revision of school subjects and jobs

1a Lee las preferencias de los alumnos. ¿Qué puesto de trabajo de la lista les convendría? Busca las palabras que no conoces en un diccionario.

1 Se me dan bien las ciencias, sobre todo la biología.
2 Me encantan las asignaturas prácticas. Estudio diseño y tecnología y me gusta el arte en general.
3 No me gustan las asignaturas académicas. Me gustan el deporte y la educación física.
4 Me gusta el colegio. Me gustan todas las asignaturas.
5 No se me dan bien las asignaturas artísticas pero me gustan las matemáticas y el comercio.
6 Tengo buenas notas en informática y me gustan los ordenadores.

médico/a
programador(a)
COCINERO/A
diseñador(a)
periodista
profesor(a) de primaria
hombre/mujer de negocios
deportista
granjero/a

1b Escucha a los jóvenes (1–6) y apunta las asignaturas que les gustan y que no les gustan. ¿Qué puesto de trabajo de la lista recomiendas?

A camarero/a	**E** arqueólogo/a	**I** cantante
B carpintero/a	**F** ingeniero/a técnico/a	**J** farmacéutico/a
C dependiente/a	**G** intérprete	
D electricista	**H** enfermero/a	

1c Habla un minuto sobre las asignaturas que estudias. Di cuáles te gustan, cuáles no te gustan y por qué.

Se me da(n) bien ...
Es | interesante / aburrido/a / útil / inútil / fácil / difícil.
Prefiero las asignaturas | prácticas/artísticas/científicas.
Me gusta(n) sobre todo ...
Tengo buenas/malas notas en ...
No me gusta(n) ni ... ni ...

1d Contrarreloj. Escribe tantas frases como puedas sobre las asignaturas en cinco minutos.

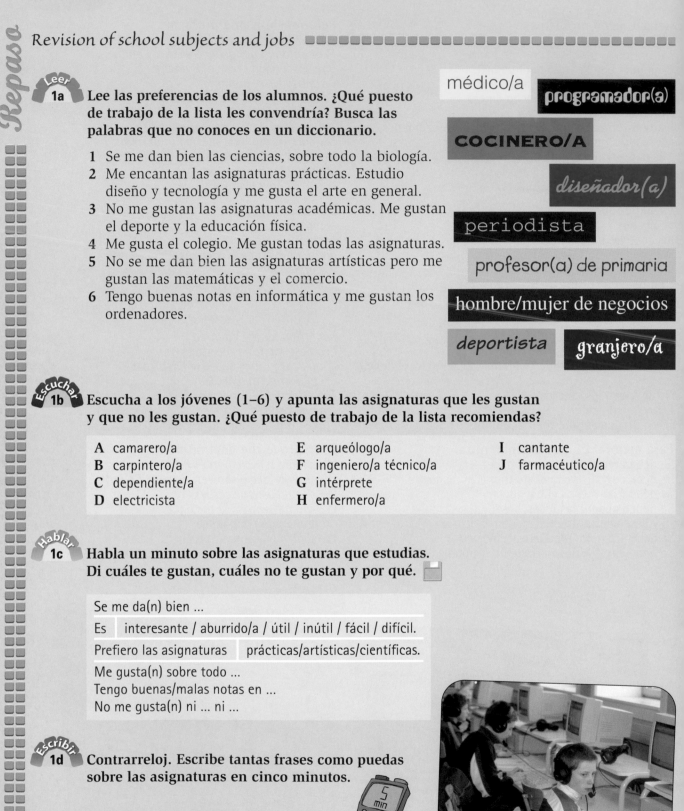

2a **Lee lo que escriben estos jóvenes sobre el trabajo que hacen y empareja las frases de abajo con las personas.**

1 Tiene dos puestos de trabajo.
2 Trabaja los sábados y domingos.
3 Trabaja para sus padres.
4 Le interesaría un trabajo manual.
5 Le gustaría trabajar donde trabaja en el futuro.
6 No recibe mucho dinero.
7 Con el dinero que recibe no compra su ropa.
8 Trabaja los domingos pero no en un hotel.

Me llamo Pedro. Yo trabajo los sábados en una frutería en el mercado. Los fines de semana soy disc-jockey en un bar de copas hasta las dos o las tres. Me gusta porque conozco a mucha gente. Gano bastante dinero para comprarme ropa y música.

Yo soy Adriana. Vivo en un hotel que pertenece a mis padres y yo trabajo allí por la tarde y los fines de semana. Trabajo de camarera y recepcionista si alguien está enfermo. Mis padres me dan €30 a la semana. No es mucho pero me compran la ropa.

Me presento. Soy Alejandro. Quiero ser mecánico porque me apasionan los coches. Trabajo en un garaje los sábados y domingos. El garaje se especializa en parabrisas y frenos. Me pagan bien y es buena experiencia para el futuro. Cuando salga del instituto me gustaría trabajar allí.

2b **Lee los anuncios y escucha las conversaciones. ¿De qué anuncio hablan en cada caso?**

A **Peluquería Altamira:** se busca chico/a para trabajar los sábados. Experiencia no es necesaria. Buena presencia e informes. Interesados preséntense c/Príncipe de Asturias, 200, Oviedo.

B **Se necesitan** chicos o chicas para restaurante, para caja y camareros/as. Dominio de francés e inglés. Tel. 814.44.44

C **Se busca "au pair"** para una familia portuguesa con dos niños pequeños. Centro ciudad. Interesados escribir al apartado 253.

D **Bar/discoteca** necesita camarero/a y disc-jockey. Experiencia y buenos informes.

And, but

Notice that in 2b, in the phrase buena presencia e informes, *the word* y *(and) has been replaced by* **e**. *This is to avoid* y *being followed by the same sound (a word beginning with* i *or* hi*).*

A similar thing happens with o *(or) when followed by a word beginning with* o *or* ho*: it becomes* **u**. *For example:* intérprete u hombre de negocios, *interpreter or businessman.*

Para saber más → página 203, 9

2c **Haz conversaciones con tu compañero/a.**

Ejemplo:
- ¿Tienes un trabajo a tiempo parcial?
- Sí, trabajo como camarero en un bar en el centro.
- ¿Cuándo trabajas?
- Trabajo los viernes de ocho a doce y los sábados de nueve a dos.
- ¿Te gusta?
- Sí, bastante. Está bastante bien pagado y es interesante.

2d **Escribe dos o tres anuncios como los de 2b.**

1 ¿Seguir estudiando o no?

Discussing the options for further study

Lee el texto y contesta a las preguntas en inglés.

La Educación secundaria en España

La educación secundaria obligatoria empieza a los doce años y termina a los dieciséis años. Se puede obtener el título de Graduado en Educación Secundaria que te permite continuar con estudios de bachillerato o cursos de formación profesional. No se hace un examen final como los GCSE o Standard Grade, sino que tienes que aprobar la mayoría de los cursos. Normalmente puedes aprobar con dos áreas evaluadas negativamente.

El curso de bachillerato es de dos años. Hay que aprobar todas las asignaturas. El bachillerato te da acceso a la universidad o a cursos superiores de formación profesional. En el bachillerato hay diferentes modalidades: Artes, Ciencias de la Naturaleza y de la Salud, Humanidades y Ciencias Sociales, y Tecnología. Si quieres ir a la universidad tienes que hacer un examen también. Si sacas la nota que piden en esta universidad puedes entrar.

1 When does compulsory secondary education start and finish?
2 What does the qualification at the end of this period enable you to go on and do?
3 Which course is roughly equivalent to A Levels or Highers?
4 What are the different strands?
5 What do you have to do in addition if you want to go to university?

la formación profesional	*vocational training*
aprobar	*to pass*
la mayoría	*the majority*
el bachillerato	*similar to French* baccalauréat: *students choose a strand which combines several subjects*
las modalidades	*strands*
la salud	*health*
sacar una nota	*to get a mark*

Lee lo que van a hacer los jóvenes. Pon las frases en orden según tus preferencias (1 = tu opción preferida).

A Voy a seguir estudiando, pero no se puede hacer en mi colegio. Tendré que ir a otro colegio.

B Voy a hacer mis A Levels y decidir después.

C No voy a estudiar más. Preferiría buscar un empleo.

D Me gustaría tomar un año de descanso para viajar antes de ir a la universidad.

E Voy a un colegio para hacer unos cursillos de formación profesional.

Escucha a los jóvenes (1–5) y escribe la letra de 1b que corresponde a cada persona.

Hablar 2a **Entrevista a tus compañeros/as de clase usando estas preguntas. Añade tus propias respuestas a tu fichero personal.**

- ¿Qué harás el año que viene: seguir o terminar tus estudios?
- ¿Por qué?
- ¿Dónde estudiarás y qué vas a estudiar?
- ¿Qué harás cuando termines tus estudios?

Leer 2b **La decisión sobre salir o continuar depende de muchas cosas: relaciones con los padres, aptitud académica y actitud hacia el colegio. Lee lo que dicen estos jóvenes y decide qué reglas son buenas y cuáles son tontas. Compara tus resultados con los de tu compañero/a.**

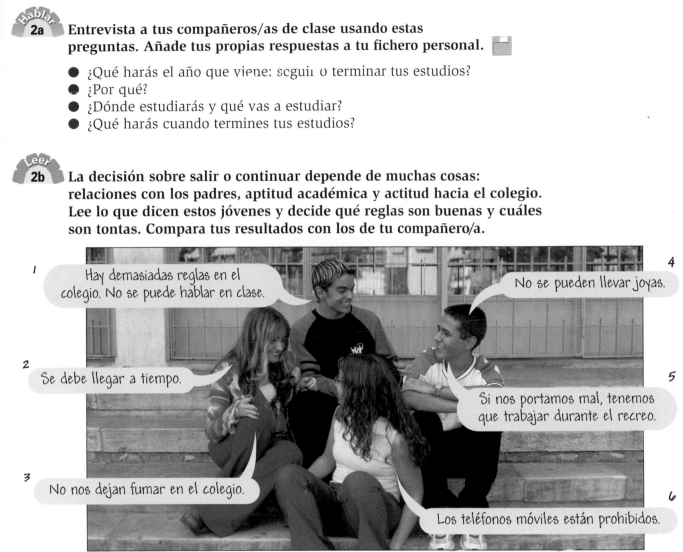

1 Hay demasiadas reglas en el colegio. No se puede hablar en clase.
2 Se debe llegar a tiempo.
3 No nos dejan fumar en el colegio.
4 No se pueden llevar joyas.
5 Si nos portamos mal, tenemos que trabajar durante el recreo.
6 Los teléfonos móviles están prohibidos.

Escribir 2c **Un joven describe el sistema en su colegio. Contesta al mensaje dando tu opinión.**

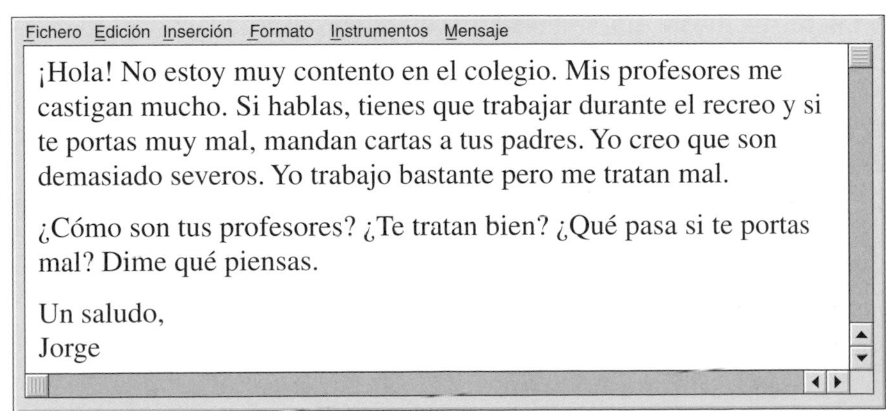
Fichero Edición Inserción Formato Instrumentos Mensaje

¡Hola! No estoy muy contento en el colegio. Mis profesores me castigan mucho. Si hablas, tienes que trabajar durante el recreo y si te portas muy mal, mandan cartas a tus padres. Yo creo que son demasiado severos. Yo trabajo bastante pero me tratan mal.

¿Cómo son tus profesores? ¿Te tratan bien? ¿Qué pasa si te portas mal? Dime qué piensas.

Un saludo,
Jorge

2 ¿Qué carrera?

Talking about career choices

Lee y escucha las ambiciones de siete jóvenes y rellena los espacios. ¡Ojo! Sobra una frase.

un trabajo rutinario
al aire libre
y horas flexibles
quiero viajar
quiero continuar estudiando
solo
en un equipo
un trabajo creativo
útil en la vida

1 Quiero hacer algo ___ y trabajar con gente.

2 Me apetecería ___. Me gustaría ser diseñador gráfico.

3 No tengo mucha ambición. ___ me convendría bien. Busco un trabajo bien pagado con poca responsabilidad ___.

4 Me gustaría trabajar ___. No me gusta la idea de estar en una oficina todo el día.

5 ___. Me gustaría ser piloto u hombre de negocios.

6 Preferiría trabajar ___. No me gustaría trabajar sola. Me interesaría un trabajo con ordenadores.

7 Busco un trabajo variado con mucha flexibilidad. Podría trabajar ___ o con otra gente.

Copia y adapta las frases de 1a que te correspondan.

Empareja las dos partes de las frases.
En algunos casos hay varias posibilidades.

Quiero ser mecánico/a		quiero trabajar en una oficina.
Me apetecería ser secretario/a		me gustaría un trabajo con mucha variedad.
Me encantaría ser médico/a	porque	me interesa tener un trabajo con responsabilidad.
Quisiera ser camionero/a		me gusta viajar.
Me gustaría ser profesor(a) o policía		me gustan las cosas técnicas.
Quiero ser cantante		me gustaría hacer algo útil en la vida.

Leer 2a **Lee el sondeo y contesta a las preguntas. Los resultados están abajo.**

¿Tienes ambición o no?

1 Si pudieras hacer cualquier trabajo, ¿qué harías?

A Trabajaría en una oficina o en un banco.
B Sería piloto o conductor de Fórmula 1.
C Buscaría un buen sueldo, casarme y tener hijos.
D Escogería un trabajo interesante y creativo.

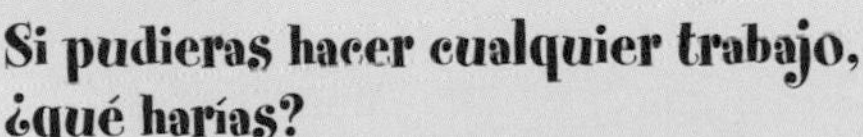

2 Si pudieras vivir en cualquier parte del mundo, ¿dónde vivirías?

A Viviría aquí con mis padres.
B Viviría en China o en un país del oriente.
C Viviría en Londres con un(a) amigo/a.
D Pasaría un mes o dos en Francia o Italia.

3 Si ganases la lotería, ¿qué harías?

A Continuaría con mis estudios.
B Dejaría el colegio.
C Me saldría del colegio y tendría un tutor privado en casa.
D Compraría el colegio y sería el jefe.

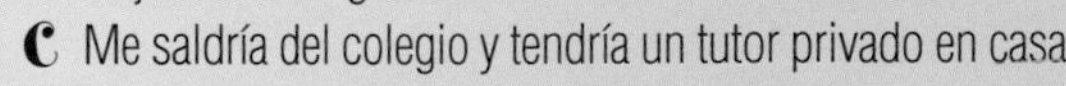

4 Si no hubiera trabajo en tu pueblo, ¿qué harías?

A Iría a buscar trabajo en otro pueblo o al extranjero.
B Continuaría buscando trabajo en el pueblo.
C Mi padre o mi madre me daría un trabajo.
D No haría nada.

5 Si no tuvieras trabajo, ¿aceptarías cualquier trabajo?

A Dependería del sueldo.
B Haría cualquier cosa.
C Preferiría un trabajo limpio y no al aire libre.
D Haría cualquier cosa menos trabajar en un restaurante.

Resultados

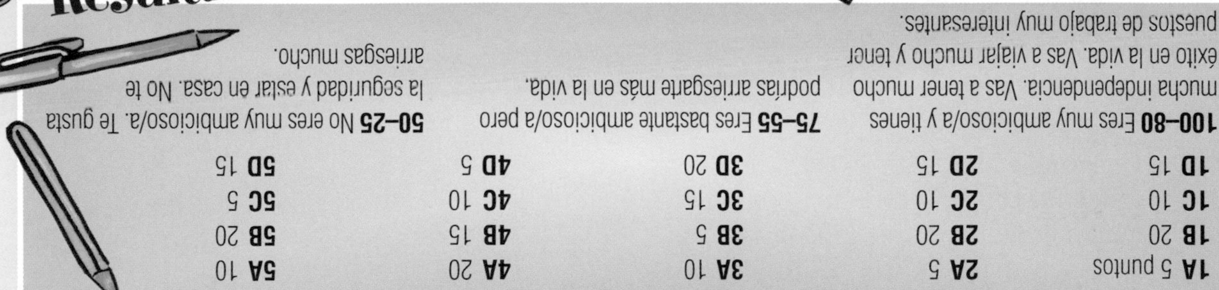

1A 5 puntos	**2A** 5	**3A** 10	**4A** 20	**5A** 10
1B 20	**2B** 20	**3B** 5	**4B** 15	**5B** 20
1C 10	**2C** 10	**3C** 15	**4C** 10	**5C** 5
1D 15	**2D** 15	**3D** 20	**4D** 5	**5D** 15

100–80 Eres muy ambicioso/a y tienes mucha independencia. Vas a tener mucho éxito en la vida. Vas a viajar mucho y tener puestos de trabajo muy interesantes.

75–55 Eres bastante ambicioso/a pero podrías arriesgarte más en la vida.

50–25 No eres muy ambicioso/a. Te gusta la seguridad y estar en casa. No te arriesgas mucho.

Hablar 2b **Haz conversaciones con tu compañero/a.**

- ¿Qué tipo de trabajo te interesaría?
- ¿Qué cosas buscas en un trabajo?
- Si pudieses escoger cualquier trabajo, ¿qué harías?
- Si pudieses trabajar en cualquier país o ciudad, ¿dónde trabajarías?

3 Buscando un empleo

Making a job application

Mira primero la lista de actitudes. Escucha a cinco jóvenes que están escribiendo una carta de presentación. ¿Qué actitud tiene cada uno?

A Me atrae menos el dinero que el trabajo.
B Necesito la compañía y la consideración de mis colegas.
C Soy entusiasta.
D Me gusta aceptar responsabilidades.
E Me gusta trabajar solo/a a veces.
F Soy ambicioso/a.

Lee los consejos sobre la carta de presentación y apúntalos en inglés. Mira el ejemplo de una carta con las expresiones útiles indicadas.

La carta de presentación

La carta de presentación es la introducción al curriculum. Hay que ofrecer una buena impresión al seleccionador. Ten en cuenta estos consejos:

- No repitas exactamente lo mismo en todas las cartas. Cada una tiene que ser individual.
- No uses un tono demasiado efusivo.
- No olvides señalar dos o tres características significativas o puntos fuertes.
- No escribas con una máquina de escribir, por ordenador siempre.
- No mandes una fotocopia sino el original.
- No escribas más de una página.

La carta tiene que ser **corta, ordenada, clara y directa** y sin faltas de ortografía, mecanografía o presentación. Véndeles la idea de que 'te necesitan'.

María José Pérez
Calle Espronceda 33, 2° B
03112 Segovia

20 de agosto de 2002

Hotel Sol y Sombra
Oviedo

Distinguidos señores:

En relación a su anuncio publicado en *El Diario Montañés* del día 15 de este mes, le escribo para solicitar el puesto de secretaria. Terminaré mis estudios al final de este año.

Tengo experiencia en este tipo de trabajo. Trabajé en una oficina como recepcionista durante el verano pasado como se puede ver en mi curriculum. También he hecho unas prácticas de diez semanas en el hotel Francia.

Me gusta trabajar en equipo y me llevo bien con la gente. Soy dinámica y aprendo rápidamente.

A la espera de su respuesta se despide atentamente,

María José Pérez

María José Pérez

Negative commands

In 1b there is a list of things not to do when writing a letter of application. Look at the list again and try to work out what the pattern is for telling someone what ***not*** *to do.*

You may have noticed that all the verb endings are different from the present tense: escrib**es** *becomes* escrib**as** *and* us**as** *becomes* us**es**. *These are subjunctive forms. You won't be expected to use them, but it's useful to be able to recognise them.*

	Familiar sing.	***Polite sing.***	***Familiar pl.***	***Polite pl.***
-ar *verbs*	no hables	no hable	no habléis	no hablen
-er *verbs*	no bebas	no beba	no bebáis	no beban
-ir *verbs*	no escribas	no escriba	no escribáis	no escriban

Para saber más → página 199, 5.22

Escribe una carta de presentación contestando a uno de estos anuncios de *El Diario Montañés*.

Tienda de ordenadores necesita joven dependiente 16–18 años. Buena presencia y buenos informes. Escribir a la Tienda Infoteca, calle Burgos 192, Oviedo.

Se necesita recepcionista. Experiencia y buenos informes. Escribir al Garaje Hernández, c/ Doña Sofía s/n, Oviedo.

Prepara respuestas a estas preguntas que te podrían hacer en una entrevista.

¿Qué asignaturas ha estudiado en el colegio?

¿Por qué quiere ser dependiente/camarero/profesor?

¿Le gustó el colegio? ¿Por qué?/¿Por qué no?

¿Tiene experiencia?

¿Le importa más el dinero o el trabajo?

¿Le importa la responsabilidad?

¿Le gusta trabajar solo o en equipo?

Escucha tres entrevistas para un puesto de au pair. ¿A quién le vas a dar el puesto? ¿Por qué?

4 En el futuro . . .

Thinking about the future

Lee lo que estos jóvenes piensan de su futuro y decide si las frases son verdad o mentira o si no se sabe.

¿Dónde vas a estar en 5, 10, 20 años?

Entrevistamos a tres jóvenes sobre su vida y su futuro.

¡Hola! Soy Amalia. Tengo dieciséis años y vivo en La Habana, capital de Cuba. ¿Qué voy a hacer en cinco, diez, veinte años? Bueno, en cinco años quiero estar en la universidad. Quiero ser médica. Voy a vivir un tiempo con mi tía que vive en Nueva York. En diez años estaré otra vez aquí en Cuba. Quiero trabajar con los pobres que no tienen seguro médico y que sufren mucho. En veinte años estaré casada con hijos, yo creo. Quisiera tener tres hijos. Yo soy bastante optimista para el futuro. Va a ser difícil pero posible.

Me presento. Soy Paco. Tengo dieciocho años y vivo en Argentina. No me gusta estudiar. Quiero ser como mi padre y trabajar en el campo. Soy hijo único y quiero continuar el trabajo de mi padre. En cinco años voy a trabajar en el extranjero, en Nueva Zelanda o Australia, para tener más experiencia. En diez años, cuando vuelva, quiero ser jefe de la finca. En veinte años quiero ser rico y tener una familia aquí.

¡Hola! Soy Graciela. Tengo diecisiete años y vivo en Barcelona. Quiero ser actriz. Siempre he querido ser actriz. Mis padres son actores y me encanta el teatro. En cinco años estaré en un colegio de drama aquí o en otro país. En diez años quiero trabajar con una compañía profesional en España y en América Latina. En veinte años, ¿quién sabe? No ganas mucho dinero y la vida no es muy estable. No sé si tendré una familia. Eso es para el futuro.

1. Graciela quiere tener una familia.
2. Amalia quiere trabajar en los Estados Unidos.
3. A Paco le gusta estudiar.
4. Paco quiere tener tres hijos.
5. Paco quiere volver a Argentina.
6. A Amalia le gustaría trabajar con los pacientes ricos para luego ganar mucho dinero.
7. A Paco no le interesaría trabajar en la ciudad.
8. Graciela quiere trabajar en un país donde se habla español.

Contrarreloj. ¿Cuántas frases puedes hacer en cinco minutos?

Cuando salga del colegio Cuando sea mayor Cuando tenga treinta años Cuando termine en la universidad	no sé qué voy a hacer. trabajaré en el extranjero. iré a la universidad. continuaré mis estudios. me casaré y tendré hijos. no sé si me casaré. trabajaré en la empresa de mis padres. no tendré hijos. seré rico/a.

Lee las opiniones sobre el matrimonio y contesta a las preguntas.

Antonio: No creo en el matrimonio. En la vida moderna se necesita más libertad.

Silvana: Estoy muy a favor del matrimonio. Vivir con alguien para toda la vida me parece ideal.

Luisa: Yo creo que el matrimonio es mejor para los niños si funciona, pero el divorcio es a veces necesario.

Tomás: No quiero casarme. Voy a vivir con mi novia. No es necesario casarse hoy día.

Soledad: No voy a tener hijos y por eso no hace falta casarse.

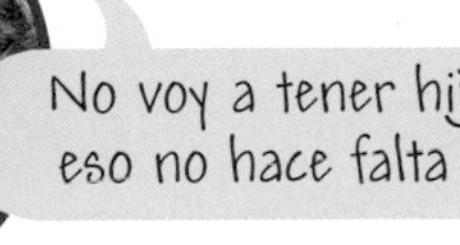

Rafa: Creo que el matrimonio es menos importante que hace veinte años.

Martín: Voy a vivir con mi novia antes de casarme. Me parece lógico.

¿Quién …

1. cree mucho en el matrimonio?
2. cree que antes el matrimonio era más importante?
3. cree que no es necesario para ella porque no quiere tener una familia?
4. cree que hace falta ser libre?
5. va a casarse después de vivir con su novia?
6. acepta que el divorcio es necesario?

Gramática

The present subjunctive

Notice that after cuando *the verb endings aren't always the usual ones. In Spanish, after* cuando *+ a future tense, you use the subjunctive:*

Estudiaré inglés cuando **vaya** a Londres.

You've already met the present subjunctive in commands (p.143): No escribas, Tenga, *etc. The endings are as follows:*

-ar: hablar	**-er:** comer	**-ir:** vivir
habl**e**	com**a**	viv**a**
habl**es**	com**as**	viv**as**
habl**e**	com**a**	viv**a**
habl**emos**	com**amos**	viv**amos**
habl**éis**	com**áis**	viv**áis**
habl**en**	com**an**	viv**an**

Para saber más → página 198, 5.20

2b Hablar

Prepara una presentación de un minuto sobre tu futuro, usando las frases de arriba y lo que han dicho los jóvenes de 1a y 2a.

Escribe de 70 a 100 palabras sobre tu futuro. Menciona:

- **tus estudios**
- **tu trabajo**
- **tus viajes**
- **tu vida personal: el matrimonio, hijos …**

Vocabulario

Puestos de trabajo	Jobs
Quiero ser ...	*I want to be a ...*
Trabajo como ...	*I work as a ...*
arqueólogo/a	*archaeologist*
camarero/a	*waiter/waitress*
cantante	*singer*
carpintero/a	*joiner*
cocinero/a	*cook/chef*
dependiente/a	*shop assistant*
deportista	*sportsman/woman*
diseñador(a)	*designer*
electricista	*electrician*
enfermero/a	*nurse*
farmacéutico/a	*chemist*
granjero/a	*farmer*
hombre/mujer de negocios	*businessman/woman*
ingeniero/a	*engineer*
intérprete	*interpreter*
médico/a	*doctor*
periodista	*journalist*
policía	*policeman/woman*
profesor(a)	*teacher*
programador(a)	*programmer*
secretario/a	*secretary*
Tengo un trabajo a tiempo parcial.	*I have a part-time job.*
Trabajo los (viernes) de (ocho) a (diez).	*I work on (Fridays) from (eight) till (ten).*
Está bien pagado y es interesante.	*It's well paid and it's interesting.*

Anuncios	Adverts
Se busca(n) ...	*... wanted.*
Se necesita(n) ...	*... needed.*
Experiencia (no) es necesaria.	*Experience is (not) required.*
Buena presencia e informes	*Good appearance and references*
Dominio de francés	*Command of French*
Interesados preséntense a ...	*Applicants should come to ...*
Escribir al apartado ...	*Write to box no. ...*

El sistema educativo	The education system
la educación secundaria	*secondary education*
la formación profesional	*vocational training*
la universidad	*university*
el bachillerato	*baccalaureate (equivalent of A levels/Highers)*
la modalidad	*strand, specialism*
el curso superior	*course of higher education*
hacer un examen	*to take an exam*
aprobar todas las asignaturas	*to pass in all the subjects*
sacar una nota	*to get a mark*
Se me da(n) bien ...	*I do well in ...*
Es interesante / aburrido/a.	*It's interesting/boring.*
Es útil/inútil/fácil/difícil.	*It's useful/useless/easy/ difficult.*
Tengo buenas/malas notas en ...	*I get good/bad marks in ...*
No me gusta(n) ni ... ni ...	*I don't like ... or ...*
Prefiero las asignaturas prácticas/artísticas/ scientíficas.	*I prefer practical/arts/ scientific subjects.*

El año que viene	Next year
Voy a seguir estudiando.	*I'm going to carry on studying.*
Voy a hacer mis A Levels.	*I'm going to do my A Levels.*
Tengo que ir a otro colegio.	*I have to go to another school.*
No voy a estudiar más.	*I'm not going to carry on studying.*
Preferiría buscar un empleo.	*I'd prefer to look for a job.*
Me gustaría tomar un año de descanso.	*I'd like to take a year out.*
Voy a hacer/seguir unos cursillos de formación profesional.	*I'm going to take some vocational courses.*

Reglas en el colegio

No se puede hablar.
Se debe llegar a tiempo.
No nos dejan fumar.
No se pueden llevar joyas.
Si nos portamos mal, tenemos que trabajar durante el recreo.
Los teléfonos móviles están prohibidos.
Mandan cartas a tus padres si te portas mal.

School rules

We aren't allowed to speak.
We must arrive on time.
They don't let us smoke.
We aren't allowed to wear jewellery.
If we misbehave, we have to work during break.
Mobile phones are prohibited.
They send letters to your parents if you misbehave.

Las ambiciones

Me gustaría trabajar al aire libre.
Me apetecería un trabajo creativo.
Me gustaría ser policía.
No tengo mucha ambición.
No me importa la responsabilidad.
Un trabajo rutinario me convendría bien.
Preferiría trabajar en equipo / solo/a.
Busco un trabajo flexible y bien pagado.
Quiero hacer algo útil en la vida.
Quiero trabajar en una oficina/con la gente.
Me gustaría un trabajo con mucha variedad.
Me gustan las cosas técnicas.
Me encantaría ser médico/a.
Soy entusiasta.

Ambitions

I'd like to work in the open air.
I'd like a job that is creative.
I'd like to be in the police force.
I don't have a lot of ambition.
I don't mind taking responsibility.
A routine job would suit me well.
I'd prefer to work in a team/alone.
I'm looking for a flexible job that's well paid.
I want to do something useful in life.
I want to work in an office/with people.
I'd like a job with a lot of variety.
I like technical things.
I'd love to be a doctor.
I'm an enthusiast.

Solicitudes de trabajo

la carta de presentación
el curriculum
Distinguidos señores:
En relación a su anuncio ...
Le escribo para solicitar el puesto de ...
Tengo experiencia en este tipo de trabajo.
A la espera de su respuesta, se despide atentamente

Job applications

letter of application
CV
Dear Sir/Madam,
With reference to your advertisement ...
I am writing to apply for the post of ...
I have experience in this line of work.
Awaiting your reply, I remain yours truly,

Planes para el futuro

Quiero casarme y tener una familia.
No quiero casarme.
Voy a vivir con mi novio/a.
(No) creo en el matrimonio.
El divorcio es a veces necesario.
En cinco años estaré en la universidad.
Cuando salga del colegio voy a trabajar.
Cuando sea mayor trabajaré en el extranjero.
Cuando tenga (treinta) años seré rico/a.
Cuando termine en la universidad me casaré y tendré hijos.
No sé qué voy a hacer.

Plans for the future

I want to get married and have a family.
I don't want to get married.
I'm going to live with my boy/girlfriend.
I (don't) believe in marriage.
Divorce is sometimes necessary.
In five years' time I'll be at university.
When I leave school I'm going to get work.
When I'm grown up I'll work abroad.
When I'm (thirty) I'll be rich.
When I finish university I'll get married and have children.
I don't know what I'm going to do.

Hablar

Conversación Now that you are experienced with these conversations, try to make up your own questions in addition to or in place of those given. This will increase the degree of unpredictability and give you practice in forming questions. Remember that in the test you too can ask the examiner appropriate questions! This makes the conversation much more natural and less like an interrogation.

Juego de rol Practise the techniques that you have been developing to give yourself thinking time, but at the same time respond naturally. Don't forget expressions like: *Bueno, Vamos a ver, Muy bien*. Never rush into a response, particularly in answer to one of the unexpected elements.

Yo

Conversación 1

- Describe cómo eres.
- Di:
  - cómo eres de carácter
  - algo sobre tu físico
  - cómo te entiendes con tus padres y otros miembros de tu familia
  - qué problemas tienes en casa o en el colegio.

Conversación 2

- Habla de tus estudios y tu carrera.
- Di:
  - si te gusta estudiar
  - qué asignaturas te gustan más
  - qué vas a hacer después de los exámenes
  - si sales mucho durante la semana
  - cuántas horas de deberes tienes al día
  - si quieres trabajar/estudiar fuera de casa
  - qué ambiciones tienen tus padres
  - si hay problemas de desempleo en tu región.

Conversación 3

- Dime algo sobre el medio ambiente.
- Di:
  - si hay mucha contaminación en tu región y por qué
  - si te preocupa o no la contaminación
  - qué opinas de los problemas del medio ambiente
  - qué haces tú y qué hacen tus amigos para mejorar la situación
  - las cosas que no haces y por qué.

Juego de rol

You are discussing the environment with your Spanish penfriend.

● ¿Te preocupan los problemas del medio ambiente?	● !
● ¿Hay mucha contaminación donde vives?	● !
● ¿Qué se puede hacer para disminuir la contaminación?	● ! (Menciona dos cosas.)
● ¿Qué haces tú para mejorar la situación?	● ! (Menciona dos cosas más.)

El futuro

Conversación 1

- Habla de tu carrera.
- Di:
  - qué tipo de trabajo te gustaría tener y por qué
  - si te gustaría trabajar en el extranjero o en tu país
  - si tienes un trabajo y si te gustaría hacer lo mismo en el futuro
  - qué asignaturas vas a estudiar el año que viene
  - si quieres ir a la universidad o estudiar en otro sitio
  - si te importa más el dinero o el trabajo
  - si te gustaría viajar antes de trabajar/estudiar.

Conversación 2

- Habla de tus planes personales.
- Di:
  - si quieres quedarte en tu pueblo/ciudad después del colegio
  - si quieres casarte y a qué edad
  - si crees en el matrimonio
  - si piensas tener niños y cuántos
  - si es más importante la carrera que la vida familiar.

Juego de rol

You are being interviewed for a summer job in Spain.

● Buenos días. Dime algo sobre tus estudios.	● *Say what you study and mention two subjects that you like and why.*
● ¿Quieres decir cómo eres?	● *Give three details about your personality.*
● ¿Por qué quieres este trabajo?	● !
● ¿Cuándo puedes empezar?	● !

Presentación

Prepare a 2-minute talk about the dangers of alcohol and/or drug dependency. Include references to the problems and pressures young people face, and suggest how they could avoid these problems.

Alternatively, prepare a presentation on the environment and ways of cutting down pollution.

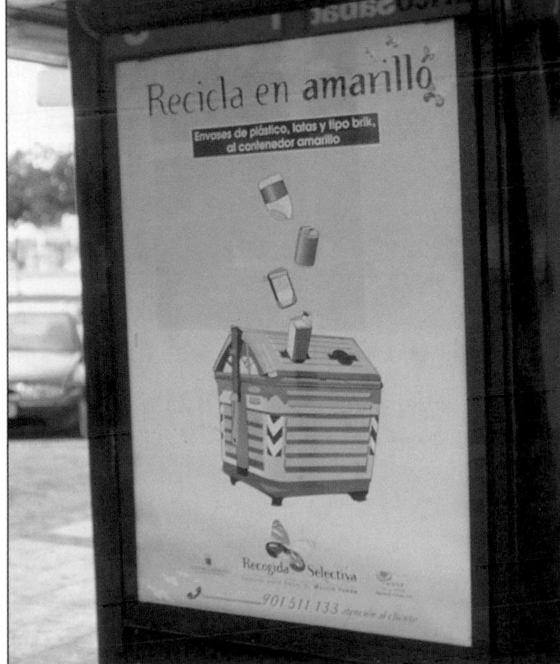

2 En el cole

Trabajo de curso

Fichero Edición Inserción Formato Instrumentos Mensaje

De: Paca.Martinez@listos.es Asunto: El uniforme escolar ideal del futuro

Querida Jenny:

El lunes pasado, en la clase de inglés, vimos en nuestro libro de inglés que en Inglaterra el uniforme escolar es obligatorio en todos los colegios. ¡Qué idea! En el libro, los chicos tienen que llevar pantalones negros y las chicas tienen que llevar faldas negras. Todos llevan una camisa blanca, un jersey gris oscuro y una corbata negra. Afortunadamente en mi colegio no tenemos uniforme, porque no me gusta nada la idea de llevar una corbata. Además, no estoy de acuerdo con el uniforme porque creo que la ropa es un buen medio de expresión para los jóvenes.

Tengo la idea de crear el uniforme escolar ideal del futuro. Para los chicos el uniforme será vaqueros negros o azules muy anchos. También llevarán camiseta con el nombre del último grupo de música de moda. Encima llevarán una sudadera muy grande marrón o roja. Para las chicas, así es como me imagino el uniforme. La parte de abajo del uniforme se compondrá de vaqueros porque nunca pasan de moda y además son muy prácticos. El color ideal sería azul claro. También habrá una gran variedad de jerseys rayados de lana. Para un estilo más elegante, las chicas y los chicos podrán escoger una chaqueta de cuero. Aquí no importa el color. ¡Simplemente adoro el cuero!

Durante la primavera y el verano puede hacer mucho calor en España, por eso prefiero vestirme con telas naturales. Para la parte de arriba creo que una camiseta de algodón sería más cómoda. También vi en una revista que existen muchos estilos de camisetas. Organizaré un concurso de diseño de camisetas y los estudiantes escogerán su modelo preferido. Para la parte de abajo, me imagino pantalones de tela fina. No me olvido de los zapatos; los chicos llevarán zapatillas de deporte de marca y las chicas llevarán sandalias amarillas de cuero fino. El amarillo es mi color favorito.

Por fin, creo que lo más importante del uniforme ideal son los colores. No me apetece llevar colores oscuros. En mi opinión son deprimentes. Estoy segura que los estudiantes ingleses llevarían mi uniforme escolar.

¿Qué opinas tú de mi uniforme, te gustaría llevarlo?

Besos,

Paca

1 Lee el texto y traduce al inglés las expresiones en verde.

Ejemplo: *los chicos tienen que llevar … – the boys have to wear …*

2 En el texto, busca lo contrario de las expresiones siguientes.

1 odio
2 los viejos
3 incómodo
4 claros
5 estrechos
6 pasado
7 me gusta mucho
8 arriba

3 Imagina que eres Paca y contesta a las preguntas.

1 ¿Llevas uniforme en tu colegio?
2 ¿Estás de acuerdo con llevar uniforme? ¿Por qué (no)?
3 ¿Cuál será el uniforme ideal para los chicos? ¿Y para las chicas?
4 ¿Cuál sería el mejor color?
5 ¿Qué tipo de telas prefieres llevar durante la primavera y el verano? ¿Por qué?
6 ¿Qué es lo más importante del uniforme ideal?

4 Contesta a las preguntas.

1 ¿Llevas el mismo uniforme durante el verano y el invierno?
2 ¿De qué se compone tu uniforme?
3 ¿Te gusta tu uniforme?
4 ¿Tuviste que llevar un uniforme en la escuela primaria? ¿Qué uniforme te gusta más?
5 ¿Cuál es tu color favorito?
6 ¿Qué te gustaría llevar para ir al colegio?

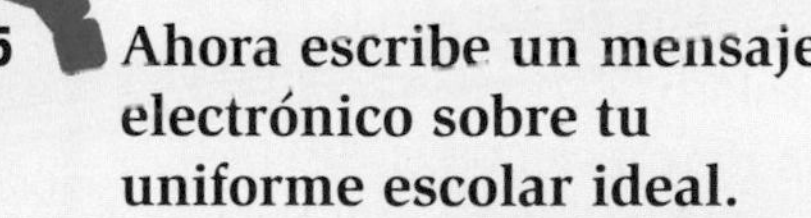

5 Ahora escribe un mensaje electrónico sobre tu uniforme escolar ideal.

Ayuda

- You can use your answers to exercise 4 and adapt your answers to exercise 3 to write your assignment for exercise 5.
- To make your writing more fluent and to gain extra points, try using expressions such as:

durante el invierno/el verano	during the winter/summer
primero …, segundo …	firstly …, secondly …
por fin	finally
además	besides/furthermore
sin embargo	nevertheless

- Remember that your assignment should contain examples of the past, present and future tenses. See how many examples of the past (preterite) and future tenses you can spot in Paca's text. Paca also uses the conditional to express what **would** happen and what people **would** like. The conditional is formed by adding these endings to the future-tense stem of verbs:

-ar *verbs*	**-er** *verbs*	**-ir** *verbs*
cantar**ía**	beber**ía**	vivir**ía**
cantar**ías**	beber**ías**	vivir**ías**
cantar**ía**	beber**ía**	vivir**ía**
cantar**íamos**	beber**íamos**	vivir**íamos**
cantar**íais**	beber**íais**	vivir**íais**
cantar**ían**	beber**ían**	vivir**ían**

Here are some examples from the text:

El color ideal sería azul claro.	The ideal colour would be light blue.
Una camiseta sería más cómoda.	A tee shirt would be most comfortable.
Los estudiantes llevarían …	The students would wear …
¿Te gustaría llevarlo?	Would you like to wear it?

- Back up your opinions with reasons whenever you can.

  Example:
  No estoy de acuerdo con el uniforme porque creo que la ropa es un buen medio de expresión para los jóvenes.
  I don't agree with uniform because I think clothes are a good way for young people to express themselves.
- When you use the imperative or the infinitive of a verb, the reflexive or object pronoun is attached to the end of the verb.

  Examples:

*Por eso prefiero vestir**me** …*	For that reason I prefer to dress (myself) …
*¿Te gustaría llevar**lo**?*	Would you like to wear it?

- When you're writing about clothes, don't just mention the item of clothing and its colour, but give as much detail as possible to gain extra marks – for example, the style, the length and the material. Look through the text again to see how Paca has done this.

MIS VACACIONES

Diego Sánchez

Durante las vacaciones de verano, hago casi lo mismo año tras año. Como siempre, pasé el último verano en La Manga. Está situada en la Costa Blanca. Fui con mis padres y mi hermano mayor, Raúl. Viajamos en coche porque La Manga está solamente a cien kilómetros de donde vivimos. El viaje fue bastante agradable y rápido. No necesitamos alquilar habitaciones en un hotel porque nos quedamos en el piso que mis padres compraron hace diez años. Me gusta ir a La Manga porque hay siempre cosas que hacer.

Al llegar dejamos el equipaje en el piso y fuimos a cenar a un restaurante. Comí calamares y gambas al ajillo. Me encantan los mariscos. Después de esta cena deliciosa volvimos al piso. A la mañana siguiente toda la familia fue de compras al supermercado. Después fui a la playa con mi hermano. Me bañé y tomé el sol. Hay gente que dice que el sol es peligroso para la piel. En mi opinión no es malo si no te quedas demasiado tiempo y si usas bronceador. Luego comimos en el piso con mis padres. Mi madre es una buena cocinera. Por la tarde dormimos la siesta, y por la noche fui a la discoteca. Volví allí todas las noches. Me encanta bailar, además pienso que es una buena manera de pasar la noche durante el verano.

Al día siguiente visité con mi familia un pueblo muy pintoresco cerca del puerto. Sacamos fotos y paramos un poquito para escribir postales. Otra vez comimos en un restaurante y elegimos la especialidad, una paella de mariscos. ¡Qué rica! También conocimos a una familia inglesa muy simpática. Pude hablar inglés con el hijo menor. Salimos las dos familias juntas y lo pasamos fenomenal. Estoy seguro de que mis vacaciones pueden parecer aburridas, pero me da igual. Desde mi punto de vista lo importante es relajarse.

El año que viene será diferente. Mi hermano quiere ir al extranjero y mis padres están de acuerdo si me voy con él. Iremos la segunda semana de julio y volveremos en agosto. Viajaremos por Italia y Francia. Iremos en tren y luego nos quedaremos con nuestros amigos ingleses.

1 **Empareja las expresiones españolas del texto con las expresiones inglesas siguientes.**

1 casi lo mismo año tras año
2 hace diez años
3 demasiado tiempo
4 lo pasamos fenomenal
5 lo importante es relajarse
6 hay siempre cosas que hacer
7 al llegar
8 después de esta cena deliciosa
9 volví allí todas las noches
10 desde mi punto de vista

a *we had a great time*
b *after this delicious meal*
c *too long*
d *there are always things to do*
e *on arrival/when we arrived*
f *from my point of view*
g *the important thing is to relax*
h *nearly the same year after year*
i *ten years ago*
j *I went back there every night*

2 **Contesta a las preguntas, la primera vez como Diego y la segunda vez personalmente.**

1 ¿Con quién fuiste de vacaciones?
2 ¿Adónde fuiste?
3 ¿Cómo viajaste?
4 ¿Tu familia alquiló un piso?
5 ¿Qué dejasteis al llegar?
6 ¿Cuál es tu opinión sobre el peligro del sol?
7 ¿Qué excursiones hiciste?
8 ¿Dónde pasaste las noches? ¿Por qué?
9 ¿Qué tipo de vacaciones te gusta?
10 ¿Adónde irás el año que viene?
11 ¿Con quién viajarás?
12 ¿Cómo viajarás?
13 ¿Te gustan las vacaciones en el extranjero? ¿Por qué (no)?

Ayuda

- Use your own answers to exercise 2 in your assignment.
- Make sure your text has a good structure. The next point suggests a suitable plan.
- When you write about your holidays (past or future), don't forget to include:
  - where you went/will go
  - the people who were/will be with you
  - how you got/will get there
  - your accommodation
  - your activities (visiting museums and monuments, leisure activities, going to restaurants …)
  - special events (accidents on the way there, meeting new people …)
- Remember to use the past, present and future tenses. Here are some examples from the text:

Past: *Viajamos en coche.*
We travelled by car.
Comí calamares y gambas al ajillo.
I ate squid and prawns in garlic.

Present: *Me encantan los mariscos.*
I love seafood.
Está situada en la Costa Blanca.
It's on the White Coast.

Future: *Viajaremos por Italia.*
We'll travel around Italy.
Nos quedaremos con nuestros amigos.
We'll stay with our friends.

- See how many sentences you can make using phrases from this grid.

Durante las vacaciones	nos quedamos en un piso.
Al día siguiente	fuimos a …
A la mañana siguiente	sacamos fotos.
Otra vez	volví a la playa.
El año que viene	fuimos a una discoteca.
Desde mi punto de vista	el sol no es peligroso.
Por la mañana	lo importante es relajarse.
Por la tarde	no iré de vacaciones con mis padres.
Por la noche	viajaré por Italia.

3 **Escribe un artículo sobre unas vacaciones pasadas.**

¡Bienvenidos a Barcelona la bella!

¡Me encantó Barcelona!

En mi opinión es la ciudad más hermosa de España.

Creo que nunca olvidaré esta fantástica ciudad.

Barcelona es la capital de Cataluña. Situada en el noreste de España, a algunos kilómetros de la frontera francesa, Barcelona vio muchos cambios en su historia. Conoció invasiones romanas y árabes, dos dictaduras y la Guerra Civil. Ahora es la segunda ciudad más importante de España.

Barcelona tiene una red de transportes muy eficaz. Se viaja allí en coche, avión, tren y autocar. Una vez en la ciudad se pueden usar autobuses, metro y taxis. En la ciudad hay una gran variedad de alojamientos que van de los hostales a los hoteles de cinco estrellas.

¡En Barcelona es imposible aburrirse! Ustedes podrán pasearse por Las Ramblas que es la calle más popular de la ciudad. Sin duda visitarán algunos de nuestros maravillosos museos. No sabrán qué escoger. Hay el Museo de Arte Contemporáneo de Barcelona, el Museo de la Historia de Barcelona, el Museo Capitular, el Picasso y muchos más. Quizás preferirán disfrutar del sol de nuestra ciudad. En ese caso, el insólito parque Güell es ideal. Por la noche se puede recomendar la Fuente Monumental de Montjuic. Iluminada, ¡es un espectáculo mágico! La Sagrada Familia es una iglesia muy famosa. Desafortunadamente, el arquitecto que empezó su construcción no pudo terminarla. La iglesia está todavía en construcción.

FRANCIA
ESPAÑA
Barcelona

Los barceloneses adoran los deportes. No olvidan que los Juegos Olímpicos tuvieron lugar en su ciudad en 1992. Barcelona ofrece la posibilidad de practicar todo tipo de deportes: patinaje sobre hielo, tenis, ciclismo, fútbol …
También pueden disfrutar de las playas para practicar la natación o la vela.

Después de todas estas actividades, tendrán hambre. Hay muchos restaurantes que ofrecen especialidades regionales tanto de carne como de pescado. Si les gustan los postres tienen que probar la riquísima crema catalana.

Para obtener más detalles contactar con la oficina de turismo.

Lee el texto y escribe un título para cada párrafo.

Ejemplo: *Geografía e historia de Barcelona*

Escoge la repuesta correcta.

1 ¿Dónde está situada Barcelona?
- **a** en el norte de España
- **b** en el este
- **c** en el noreste

2 ¿Barcelona está cerca de qué país?
 a Italia **b** Francia **c** Portugal

3 ¿Cuál es la importancia de Barcelona?
 a es la capital de España
 b es la ciudad más importante de España
 c es la capital de Cataluña

4 ¿Qué tipo de alojamiento hay en Barcelona?
 a sólo hostales
 b hostales y hoteles de todo tipo
 c sólo hoteles de cinco estrellas

5 ¿Cómo se llama la calle más popular?
 a Las Sambas
 b Las Rumbas
 c Las Ramblas

6 ¿Cómo son los museos?
 a viejos **b** maravillosos **c** modernos

7 ¿Cómo se llama el parque poco ordinario?
 a parque Güell
 b parque Montjuic
 c parque Insólito

8 Los Juegos Olímpicos, ¿cuándo tuvieron lugar en Barcelona?
 a en 1972 **b** en 1982 **c** en 1992

9 ¿Cuál es la especialidad dulce de Barcelona?
 a la crema riquísima
 b la crema catalana
 c la crema barcelonesa

Ayuda

- Your answers to exercises 1 and 3 will help you to write about your own town or region.
- To gain extra marks, try imitating the style used by adverts and tourist brochures. You could get hold of some of the leaflets produced by Spanish tourist offices or look on the Internet. See how many examples of this style you can spot in the text. Try to adapt them to your own requirements.

  Example: *¡En [Southampton] es imposible aburrirse!*
- When writing this kind of text you have to address the reader in an impersonal way, so it's most appropriate to use the *ustedes* form (the formal, plural equivalent of 'you'). Alternatively, you can use the impersonal *se puede(n)* + infinitive.

  Examples: *Pueden visitar muchos museos* =
  Se pueden visitar muchos museos.
  Pueden disfrutar de las playas =
  Se puede disfrutar de las playas.
- Sometimes it's difficult to express opinions in a text like this, but one way is to include a short paragraph or speech bubbles with quotations from people who have been there. (Obviously you can make them up!)
- Remember that your text should make your town or region sound attractive. Give plenty of details by using several adjectives to describe one thing.

  Examples: *Las Ramblas es una calle popular y famosa de Barcelona.*
  Las Ramblas is a popular and famous street in Barcelona.
  La comida es barata y deliciosa.
  The food is cheap and delicious.

  Here are some adjectives you could use:

antiguo/a	old	*interesante*	interesting
barato/a	cheap	*maravilloso/a*	marvellous
caro/a	expensive	*moderno/a*	modern
delicioso/a	delicious	*pequeño/a*	small
grande	big	*simpático/a*	friendly
histórico/a	historic	*tradicional*	traditional

3 **Contesta a las preguntas sobre tu ciudad/región o sobre una ciudad/región que conoces muy bien.**

1 ¿Dónde está situada tu ciudad/región?
2 ¿De qué medios de transporte dispone?
3 ¿Qué tipo de alojamiento hay?
4 ¿Hay algunos museos y monumentos famosos?
5 ¿Qué actividades deportivas se pueden practicar?
6 ¿Dónde se puede comer? ¿Cuáles son las especialidades gastronómicas?
7 ¿Qué se puede hacer por la noche?

4 **Escribe un anuncio promocionando tu ciudad/región para los turistas.**

Mis prácticas

****

Manuela García

En nuestro colegio, mi profesor de ciencias sociales organiza las prácticas laborales para todos los estudiantes. Yo tenía que trabajar en un garaje durante una semana. Primero no me apetecía ir porque no quiero ser mecánica. Sin embargo, mi profesor me explicó que no iba a reparar coches sino a trabajar en el sector administrativo. Me gustó más la idea de trabajar en una oficina.

Normalmente me levanto a las ocho y media, pero el primer día me levanté muy temprano. Quería tener bastante tiempo para arreglarme y no llegar tarde al garaje. Me sobró tiempo: el garaje no está muy lejos de mi casa. El viaje dura veinte minutos en autobús. Al llegar me recibió el jefe, el señor Sánchez. A primera vista es un hombre elegante y muy serio, pero fue muy amable. Me presentó a Carmen, la secretaria con quien trabajé durante la semana. Al principio estaba nerviosa, pero Carmen fue muy simpática y me enseñó lo que tenía que hacer.

Mi horario fue bastante agotador. Empezaba a las ocho y media y terminaba a las cinco. Tenía una hora para comer. Por la mañana, hacía el café para los empleados. Después, durante el día, contestaba al teléfono. Tomaba los mensajes y organizaba las horas con los clientes. Me encantaba estar en contacto con la gente. Prefiero hacer eso a hacer el café. También clasificaba varios papeles, lo que era muy aburrido. Trabajé también el sábado. ¡Odio trabajar los fines de semana! Además, quería salir con mis amigas. Fue una jornada muy activa y no paré en todo el día. Lo bueno fue que me dieron un pequeño sueldo.

Para concluir, diré que me lo pasé bien durante mis prácticas: me dio una idea del mundo laboral. La mayoría del tiempo el trabajo fue muy interesante, aunque las jornadas eran largas. Todavía quiero ser secretaria. Después de terminar mis estudios, trataré de trabajar a tiempo parcial, pero sé que no se gana mucho dinero así. Para mí, el trabajo ideal sería un puesto en un bufete de abogados especializados en derecho internacional. De esta manera, podré usar los idiomas.

1 Traduce al inglés las palabras en verde del texto.

Ejemplo: temprano – early

2 ¿Verdad o mentira? Corrige las frases falsas.

1 Manuela trabajó como mecánica.
2 El primer día Manuela se levantó muy temprano.
3 El garaje estaba lejos.
4 La jefe se llamaba Carmen.
5 El horario fue agotador.
6 Empezaba a las ocho y media y terminaba a las cinco y media.
7 No le gustó contestar al teléfono.
8 No le importó trabajar el sábado.
9 El sábado fue aburrido.
10 Le dieron un sueldo.
11 Ahora Manuela no quiere ser secretaria.
12 Se gana mucho dinero cuando se trabaja a tiempo parcial.
13 Manuela quiere trabajar en un bufete de abogados.
14 En el futuro, Manuela quiere usar los idiomas en su trabajo.

3 Imagina que eres Manuela y contesta a las preguntas.

1 ¿Quién organizó las prácticas?
2 ¿Por qué te levantaste temprano?
3 ¿Cómo viajaste para ir al trabajo?
4 ¿Quién te presentó a Carmen?
5 ¿Cuál era tu horario?
6 ¿Qué tenías que hacer?
7 ¿Cómo fue el sábado?
8 ¿Te dieron un sueldo?
9 ¿Qué tipo de trabajo quieres hacer en el futuro?

4 Contesta a las preguntas personalmente. Si no has hecho unas prácticas, puedes usar tu imaginación o describir un trabajo a tiempo parcial.

1 ¿Dónde tuviste tus prácticas?
2 ¿Cuál era el horario?
3 ¿Cómo viajaste para ir al trabajo? ¿Cuánto tiempo duró el viaje?
4 ¿A qué hora empezabas y terminabas el trabajo?
5 ¿Qué tenías que hacer?
6 ¿Cómo eran los empleados?
7 ¿Qué te gustó en tus prácticas? ¿Por qué?
8 ¿Qué no te gustó en tus prácticas? ¿Por qué?
9 ¿Te importa trabajar los fines de semana?
10 ¿Qué tipo de trabajo quieres hacer en el futuro?

5 Escribe sobre tus prácticas o sobre un trabajo a tiempo parcial.

Ayuda

- Use your answers to exercise 4 to help you write your assignment.
- Make sure you organise your ideas into a plan first. You might find it easier to write your text as a diary, but don't fall into the trap of repeating yourself.

  Example:
  LUNES: Me levanté temprano. Quería tener bastante tiempo para arreglarme y no llegar tarde al garaje. Al llegar me recibió el jefe, el señor Sánchez.
- You will need to use past tenses a lot, especially the preterite and the imperfect. The preterite describes a single completed action in the past.

  Example:
  El primer día me levanté muy temprano.
  The first day I got up very early.

  The imperfect is used to describe what **was** happening or what things **were** like at a certain moment, and for repeated actions in the past.

  Example:
  Empezaba a las ocho y media y terminaba a las cinco.
  I used to start at half past eight and finish at five.

  How many sentences can you make from this grid?

Todos los días Por la mañana/tarde Cada día/tarde/noche	me levantaba temprano empezaba a las ocho comía con la secretaria
El primer/segundo día La primera vez	llegué tarde encontré al jefe hice algo malo

- Check that you have used the present and the future in your text, too.

  Examples:
  Normalmente salgo con mis amigas los sábados, pero durante mis prácticas tuve que trabajar.
  Normally, I go out with my friends on Saturdays, but during my work placement I had to work.
  Nunca olvidaré esta experiencia.
  I'll never forget this experience.
- Try to link your ideas by using time phrases and other linking expressions, such as:

el primer día	*al principio*
por la mañana/por la tarde	*durante el día*
después	*lo bueno fue que …*
ahora	*para concluir*
al llegar	*todavía*

8 De juerga

Trabajo de curso

Hola Steve,

El sábado pasado salí con mis amigos. Fuimos al cine y vimos 'Pearl Harbor'. Es una película histórica. El director es Michael Bay. Encontró la fama con otra película llamada 'Armageddon'. La historia de 'Pearl Harbor' tiene lugar en 1941 durante la segunda guerra mundial. Se trata de una amistad durante momentos difíciles. Hay tres héroes en esta película: Rafe, Danny y Evelyn. Rafe y Danny son amigos desde niños y quieren ser pilotos de caza en el ejército americano. En la base militar encuentran a una enfermera muy guapa llamada Evelyn. Inmediatamente Rafe se enamora de ella.

Lo triste es que durante una batalla los alemanes derriban el avión de Rafe y este desaparece. En Pearl Harbor Danny y Evelyn piensan que Rafe está muerto. Por eso, Danny declara su amor a Evelyn. Pero un día Rafe vuelve, causando una gran sorpresa para Danny y Evelyn. Poco tiempo después los japoneses atacan Pearl Harbor. Después de esta batalla muy difícil, Rafe y Danny se vuelven unos héroes. Durante una misión el avión de Rafe se estrella y Danny se sacrifica para salvar a su mejor amigo. Rafe consigue escaparse y volver a los Estados Unidos. Al final se queda allí con Evelyn que está embarazada con el hijo de Danny.

Adoro esta película. Pienso ir muy pronto a verla otra vez. Al principio no quería verla, pero mis amigos me convencieron. No me arrepiento. En el futuro les haré caso e iré sin dudar de su opinión. Los gráficos de las escenas de las batallas son increíbles. Los hicieron con un ordenador. Digo eso porque me interesa mucho la informática. Es una buena película para ver con un grupo de amigos o con su familia porque hay algo para todos los gustos. Es una película histórica, de acción y de amor. También hay un poco de humor. Sobre todo pienso que es una película muy emocionante. Los actores son muy buenos. En mi opinión van a hacer una carrera muy larga con mucho éxito. También me gustó mucho la música. Si lo veo en una tienda, compraré el disco de la banda sonora.

Te recomiendo esta película. Hay emoción, amor y acción. Me gustaría ver más películas de esta calidad. Y tú, ¿qué hiciste el fin de semana pasado? ¿Has visto una película interesante o has leído una buena novela?

Escribe pronto.

Gustavo

pilotos de caza	*fighter pilots*
el ejército	*the army*
derriban	*they shoot down*
se estrella	*it crashes*
embarazada	*pregnant*

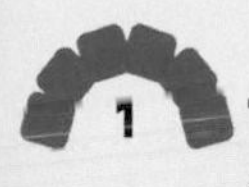

1 Traduce al inglés las palabras y expresiones en verde del texto.

Ejemplo: *el director – the director*

2 Empareja las frases españolas e inglesas.

1 No me arrepiento.
2 Los hicieron con un ordenador.
3 La historia tiene lugar en 1941.
4 Hay algo para todos los gustos.
5 Van a hacer una carrera muy larga.
6 Compraré el disco de la banda sonora.

a *The story takes place in 1941.*
b *They will have a very long career.*
c *I'll buy the CD of the soundtrack.*
d *They did them by computer.*
e *There is something for all tastes.*
f *I don't regret it.*

3 Contesta a las preguntas, la primera vez como Gustavo y la segunda vez personalmente.

1 ¿Cuándo fuiste al cine la última vez?
2 ¿Cómo se llamó la película que viste y qué tipo de película fue?
3 ¿De qué se trata?
4 ¿Hay héroes en la historia? ¿Cómo se llaman? ¿Puedes describirles?
5 ¿Qué piensas de la película? ¿Por qué?
6 ¿Qué te gustó más/menos de esa película?
7 ¿Qué película verás la próxima vez? ¿Cuándo irás a verla?

4 Contesta a la pregunta de Gustavo: '¿Has visto una película interesante o has leído una buena novela?' y explica de qué trata.

Ayuda

- First of all, writing about a book or a film can be difficult, but don't panic. The most important thing is to keep it simple.
- To help you write your summary, see if you can find a review of your chosen film or book in a newspaper or magazine. But don't try to translate the review word for word: just use it to give you a few ideas.
- Write a plan. Make sure you include:
  – a brief summary of the story, mentioning the main characters
  – something about the actors or the techniques employed
  – your opinion about the film or book. You can use expressions such as:

  Fue emocionante. It was thrilling.
  Me reí mucho cuando … I laughed a lot when …
  Me hizo llorar/Lloré cuando … It made me cry/I cried when …
  Con esto se me llenaron los ojos de lágrimas.
  That brought tears to my eyes.
  No encontré un momento para aburrirme.
  I wasn't bored for a moment.
  ¡Qué pesado! How boring!
  La película fue demasiado larga. The film was too long.
- Here are few suggestions about using different tenses.
  – The **present** can be used to sum up the story.
  Example: *Es la historia de …* It's the story of …
  – The **past** can be used to explain what the actors did before the film you are writing about. Remember that the preterite describes a single completed action in the past, while the imperfect is used to describe what was happening or what things were like at a certain moment, and for repeated actions in the past.
  Example:
  Johnny Depp empezó su carrera en una serie de televisión. Hacía de detective.
  Johnny Depp started his career in a TV series. He was playing a detective.
  – The **future** can be used to write about the director's/actors' next film.
  Example:
  Su próxima película saldrá dentro de dos meses.
  His next film will be out within two months.
- Once you've written your first draft, leave it for a day or two. Then go back to it: check the spelling and the tenses, and see if you need to add anything or leave anything out.

Me presento

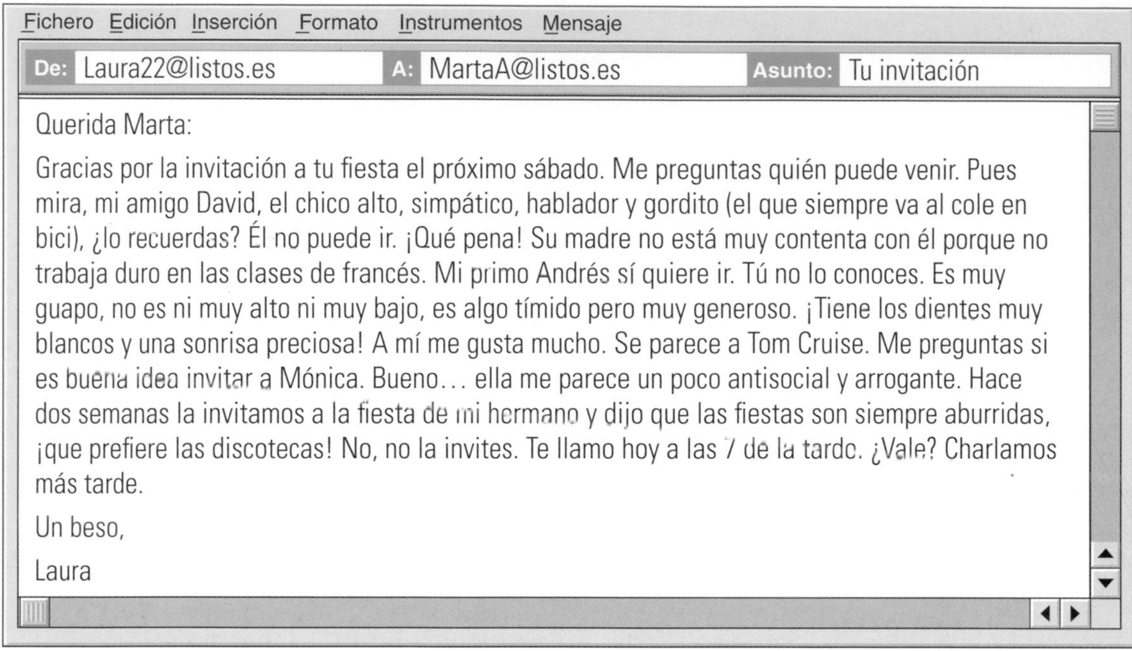

Fichero Edición Inserción Formato Instrumentos Mensaje

De: Laura22@listos.es A: MartaA@listos.es Asunto: Tu invitación

Querida Marta:

Gracias por la invitación a tu fiesta el próximo sábado. Me preguntas quién puede venir. Pues mira, mi amigo David, el chico alto, simpático, hablador y gordito (el que siempre va al cole en bici), ¿lo recuerdas? Él no puede ir. ¡Qué pena! Su madre no está muy contenta con él porque no trabaja duro en las clases de francés. Mi primo Andrés sí quiere ir. Tú no lo conoces. Es muy guapo, no es ni muy alto ni muy bajo, es algo tímido pero muy generoso. ¡Tiene los dientes muy blancos y una sonrisa preciosa! A mí me gusta mucho. Se parece a Tom Cruise. Me preguntas si es buena idea invitar a Mónica. Bueno… ella me parece un poco antisocial y arrogante. Hace dos semanas la invitamos a la fiesta de mi hermano y dijo que las fiestas son siempre aburridas, ¡que prefiere las discotecas! No, no la invites. Te llamo hoy a las 7 de la tarde. ¿Vale? Charlamos más tarde.

Un beso,

Laura

1 Lee el mensaje de Laura y escoge la letra correcta.

1 David …
- **a** no quiere ir a la fiesta.
- **b** no puede ir a la fiesta porque su madre dice que no.
- **c** va a la fiesta con Mónica.

2 Andrés …
- **a** es extrovertido.
- **b** es guapo como Tom Cruise.
- **c** es muy bajo.

3 Mónica …
- **a** es poco agradable.
- **b** es muy simpática.
- **c** adora las fiestas.

4 Las chicas van a …
- **a** hablar por teléfono.
- **b** charlar en la escuela.
- **c** hablar mañana.

2 Escribe un mensaje electrónico a tu amigo/a español(a) sobre a quiénes quieres invitar a tu cumpleaños.

Menciona tres personas. Explica:

- **quiénes son**
- **cómo son físicamente**
- **cómo son de carácter**
- **si los vas a invitar y por qué (no).**

3 Leer

Fernando habla de su pueblo en Colombia. Lee la carta y escoge la letra correcta.

1 El corazón del pueblo es …
   a la plaza.
   b la gente.
   c la estatua.
2 Se le llama el corazón del pueblo porque …
   a hay plantas y palmas.
   b es la plaza.
   c la gente va allí para hablar.
3 El hombre de los helados …
   a no vende muchos helados.
   b siempre está en el hotel.
   c vende muy buenos helados.
4 No hay muchas casas …
   a en el pueblo.
   b en la plaza.
   c en Colombia.
5 En la plaza se puede comprar …
   a ropa.
   b fruta.
   c periódicos.

¡Hola Mohamed!

Hoy te voy a contar cómo es mi pueblo. Como todos los pueblos en Colombia tiene una plaza cuadrada justo en el centro. La plaza tiene muchas plantas y palmeras, y en el centro siempre hay una estatua. También hay bancas para sentarse. La gente se sienta a charlar en las tardes calientes o en las noches agradables. Por eso a la plaza se le llama "el corazón" del pueblo.

Alrededor de la plaza están todos los lugares importantes: la iglesia, con sus campanas que nos despiertan los domingos (¡las detesto!), el banco, que sólo abre por las mañanas, y el colegio, para los niños pequeñitos. (El hombre que vende los helados más deliciosos del pueblo está siempre allí.) La farmacia, que también es el hospital, es el edificio más grande del pueblo. También están el hotel, que nunca tiene clientes, mi casa y la casa de los González. Claro que hay muchas más casas, pero no están en la plaza. ¡Ah! Se me olvida, hay también una tienda de ropa femenina.

¡Hasta la próxima, amigo!

Fernando

4 Leer

Lee otra vez la carta. Contesta a las preguntas.

1 ¿Qué hay en todos los pueblos de Colombia?
2 ¿Qué hay siempre en la plaza?
3 ¿Qué hay alrededor de la plaza?
4 ¿Cuándo va la gente a la plaza para hablar?
5 ¿Dónde está la casa de Fernando exactamente?
6 ¿Qué edificio en la plaza tiene dos funciones?
7 ¿Cómo sabes que no hay muchos turistas en el pueblo?

5 Escribir

Describe un pueblo o un barrio que conoces (o imagina un pueblo/un barrio). Menciona lo que hay allí, lo bueno y lo malo, y las actividades interesantes que hay en tu pueblo/barrio.

¿Sabías que ...?

En la mayoría de los colegios latinoamericanos, los alumnos estudian de diez a doce asignaturas obligatorias cada año. Estudian cada asignatura dos o tres veces por semana. Las clases duran una hora y después hay 10 minutos de recreo entre clase y clase. Los alumnos no se mueven de la clase, los profesores sí. Si un alumno suspende los exámenes finales, ¡tiene que repetir todo el año!

A diferencia de los colegios españoles hay poco interés en los deportes: la mayoría de los colegios no tiene equipos deportivos para competir con otros colegios. No hay uniforme, excepto en los colegios del gobierno.

Las vacaciones también son diferentes. En casi todos los países latinoamericanos las vacaciones son desde noviembre hasta la primera semana de febrero, y por eso no hay vacaciones especiales para la Navidad. Hay muchos colegios privados que enseñan todas las asignaturas en otro idioma, no en español. El inglés, el francés y el alemán son los idiomas más populares.

suspender *to fail (an exam)*

1 Lee este artículo que apareció en una revista de jóvenes y contesta a las preguntas en inglés.

1 How many subjects do pupils have to take?
2 How many times per week do they study each subject?
3 Why does a pupil have to repeat a year?
4 Why do Latin American children not play many sports at school?
5 How long do the holidays last?

2 Lee las frases y decide si son verdad o mentira.

1 Las clases duran treinta minutos.
2 Hay recreo entre todas las clases.
3 Los alumnos se quedan en un aula para todas las asignaturas.
4 Muy pocos colegios tienen equipos deportivos.
5 Los colegios del gobierno no tienen uniforme.
6 Las vacaciones duran un mes.
7 Todos los colegios privados enseñan en español.

3 Imagina que tú eres un chico o una chica sudamericano/a que estudia en el Reino Unido por un año. Escribe una carta en español sobre tu colegio a tu amigo/a en Perú. Menciona:

- **el número de asignaturas**
- **la duración de las clases y los recreos**
- **las vacaciones**
- **los exámenes finales**
- **los deportes**
- **el uniforme.**

La rutina del niño campesino

Me llamo Pedro y vivo en las montañas en Sudamérica. Soy el segundo hijo. Todos los días normalmente me despierto muy temprano, alrededor de las cinco de la mañana. Los sábados y domingos también me despierto temprano. Me visto muy rápidamente porque tengo que traer el agua del río para el desayuno. Mi padre trae la leche de nuestra vaca que se llama Rosita. Todos tomamos leche caliente y pan para el desayuno. Después, todos nos lavamos la cara, las manos y nos cepillamos los dientes. El río está bastante lejos, entonces sólo nos podemos bañar cada diez o quince días.

Los pequeños caminan a la escuela que está más o menos a dos horas de nuestra casa. (Aquí sólo vamos a la escuela hasta que cumplimos los nueve años porque tenemos que trabajar en la granja.) Mi hermano mayor, Alberto, a veces acompaña a mis hermanitos a la escuela cuando él tiene que ir al pueblo. Él lleva las frutas de la granja para venderlas en el mercado. Yo me quedo en casa porque tengo que dar el desayuno al burro, a los perros y a los otros animales. Todos los días, a las ocho más o menos, comenzamos a trabajar en la granja con mi padre hasta el atardecer.

Los domingos son diferentes. Me gustan mucho. Mi madre, mis hermanos y yo vamos al pueblo, a la iglesia. Mi padre nunca va. A él le gusta escuchar la radio los domingos. En el pueblo vemos a otros chicos y chicas de mi edad y charlamos mucho. Nos volvemos a la granja pronto porque hay que caminar mucho y no nos gusta caminar en la oscuridad.

4 Lee el artículo de Pedro y contesta a las preguntas.

1 ¿Qué hace Pedro después de levantarse?
2 ¿Dónde busca el padre de Pedro la leche?
3 ¿Qué comen para el desayuno en casa de Pedro?
4 ¿Por qué no se bañan Pedro y su familia a menudo?
5 ¿Qué hace Alberto a veces cuando va al pueblo?
6 ¿Para qué va Alberto al pueblo?
7 ¿Qué hace Pedro en casa por las mañanas antes de ir a trabajar con su padre?
8 ¿Por qué le gustan a Pedro los domingos?
9 ¿A quién ve Pedro en el pueblo?
10 ¿Por qué vuelven a casa pronto?

la vaca	*cow*
cepillarse los dientes	*to brush one's teeth*
el burro	*donkey*
el atardecer	*dusk, evening*
la oscuridad	*dark, darkness*

5 Describe tu rutina durante toda la semana. Menciona:

- **a qué hora te levantas durante la semana y los fines de semana**
- **tu rutina de limpieza**
- **las tareas que tienes que hacer antes de salir de casa**
- **cómo vas al colegio**
- **lo que haces generalmente los fines de semana**
- **cuál es tu día preferido y por qué.**

COCINAR ES MUY FÁCIL

La cazuela de mariscos

Tiempo de preparación: 1 hora

Ingredientes

1 paquete de gambas
1 lata de calamares
mantequilla
queso
1 cucharada de salsa de tomate
½ taza de agua
1 cebolla
1 diente de ajo
sal y pimienta

Preparación

- Pelar y lavar las gambas y los calamares.
- Cocinar treinta y cinco minutos en agua con sal.
- Freír la cebolla y el ajo en la mantequilla.
- Añadir los mariscos y la salsa de tomate.
- Freír unos cinco minutos y añadir agua.
- Añadir queso (si se desea).
- Poner en el horno durante quince minutos antes de servir.
- Servir caliente.

1 ***Read the recipe for* cazuela de mariscos *and put the English instructions into the correct order, to match the Spanish recipe.***

A *Add cheese (if you wish).*
B *Fry the onion and the garlic in the butter.*
C *Cook in salted water for 35 minutes.*
D *Bake in the oven for 15 minutes before serving.*
E *Peel and wash the prawns and the squid.*
F *Fry for about five minutes and add water.*
G *Add the shellfish and the tomato sauce.*

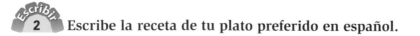

2 **Escribe la receta de tu plato preferido en español.**

¿Quieres conocer el paraíso? ¡Cartagena es para ti!

En la ciudad de Cartagena, en la costa sur del mar Caribe, tienes una de las playas más hermosas de Sudamérica. Allí te esperan las aguas azules, puras y cristalinas, la arena fina de color oro, la vegetación tropical, la calma y el silencio.

La antigua ciudad con sus montañas, algunas con nieve, tiene exótica fauna y bellos sitios donde los turistas pueden descansar, hacer excursiones o caminar. Será increíble visitar la famosa Ciudad Perdida, parte de una cultura que no existe desde hace más de mil quinientos años, y conocer pueblos indígenas. ¡Cartagena es para ti!

Los hoteles modernos, en su mayoría con jardines y lagos, ofrecen todas las noches recreación, bailes típicos, música, orquestas, barbacoas en la playa y mucho más.

La hermosa ciudad con sus balcones españoles y sus pequeñas calles ofrece al turista grandes atracciones, como el puerto con sus murallas altas que sirvieron para defender la ciudad de los piratas hace cinco siglos y donde Sir Walter Raleigh llegó con sus barcos para llevar patatas y otros productos a Europa.

¡Ven y pasarás unas vacaciones fantásticas!

3 Lee el folleto y completa el texto. Escoge las palabras de la lista.

la arena	*sand*
indígena	*native*
las murallas	*walls*

Cartagena es una **(1)** ______ que tiene una **(2)** ______ muy bella. Está en la **(3)** ______ sur del mar Caribe. Tiene también una montaña con **(4)** ______ y muchos **(5)** ______ bellos. Los **(6)** ______ pueden caminar y visitar una cultura que no existe desde hace muchos **(7)** ______. Los hoteles ofrecen toda clase de **(8)** ______. El puerto tiene grandes **(9)** ______ que hace quinientos años sirvier on para defender Cartagena. De allí salían muchos **(10)** ______ para Europa.

actividades playa pueblo
barcos nieve ciudad
sitios costa siglos
murallas mar turistas

4 La revista de tu colegio te ha pedido que escribas un anuncio sobre tu lugar preferido: "Un lugar para los turistas".

En tu descripción incluye:

- **dónde está**
- **una descripción del lugar**
- **las atracciones turísticas**
- **las facilidades: transporte, hoteles.**

Menciona también algo que puedes hacer, comprar y comer.

Con nosotros estará como en casa

¿Pensando en viajar? ¡Hágalo con nosotros! Nuestros autocares lo llevarán con toda comodidad. Asientos reclinables, servicio de camarero, servicios en todos nuestros autocares, teléfono y claro, ¡periódicos gratis!

¿Quiere llegar sin salir?

Con nuestros autocares llegará a su destino exactamente cuando se lo decimos. Ni un minuto más ni menos. Refrescos durante todo el viaje, revistas o periódicos disponibles. Audio-vídeo a bordo. Recogemos sus maletas. ¡No se preocupar, nosotros nos preocupamos de usted!

¿Quiere llegar *fresco* y *descansado*?

Use nuestros coches-cama. Desde el momento que usted aborda nuestros trenes hasta cuando llega a su destino descansará. Cómodas camas, agradable ambiente, refrescos a todas horas, aire acondicionado, teléfono. Vagón restaurante.

¡Feliz viaje, duerma con nosotros!

Leer **1** **Lee los anuncios de viajes en autocar y tren. Mira los dibujos y pon una ✓ en las casillas indicando los servicios que ofrece el autocar, el tren o ambos.**

	1	2	3	4	5	6	7	8	9	10
Autocar	✓									
Tren										

El transporte no es como en Europa. Aquí es una completa aventura. Los trenes son viejísimos y muchos son de vapor. No hay horarios ni billetes: pagas en el tren.

Paco

A veces, viajar en los buses es horrible. Cuando fuimos por el campo, tuvimos que compartir el asiento con señoras que llevaban mochilas, frutas tropicales, muchas cebollas y hierbas de mal olor. ¡Muy incómodo!

María, mi padre y yo nos reímos mucho durante el viaje en bus, pero mi madre no. A ella le gusta solamente viajar en coche y muy cómoda, pero desafortunadamente sólo había buses para ir al pueblo.

El transporte en México es mejor que en Ecuador y es más moderno. Los buses y los trenes salen casi siempre a tiempo.

En la Ciudad de México el metro es interesantísimo. Lo construyeron para los Juegos Olímpicos de 1968. Las estaciones son como pequeños museos.

María

En Ecuador, cuando bajamos las montañas en el tren, nos tuvimos que coger de los asientos para no caernos. ¡Las montañas son altísimas!

Tus amigos María y Paco te han enviado estos comentarios sobre el transporte en Ecuador y México. ¿Quién dice cada frase de abajo? ¿María o Paco?

1 El transporte en Ecuador y México no es igual que el transporte en casa.
2 Los coches no van al pueblo.
3 Prefiero el transporte en México.
4 Los trenes no son modernos.
5 Es muy incómodo viajar en tren en las montañas.
6 Sólo tienes que ir al metro y estás en un museo.
7 En el campo las personas viajan con muchas cosas en la mano.

Contesta a las preguntas.

1 ¿Cuántos medios de transporte mencionan los hermanos?
2 ¿Por qué fue terrible viajar en el bus?
3 ¿Cómo le gusta a la madre viajar?
4 ¿Qué medio de transporte público prefieren los hermanos?

Escribe a tu amigo/a por correspondencia contándole un viaje que hiciste en bus, en avión o en tren. Menciona:

- **cómo y cuándo viajaste**
- **adónde fuiste**
- **con quién**
- **lo que hiciste y viste en el viaje**
- **cuánto tiempo duró**
- **tu opinión sobre el viaje.**

¿Qué te ha pasado?

Lee las indicaciones que vienen con el medicamento que el médico te ha dado. ¿Las frases de abajo son verdad o mentira?

1 Esta preparación deja los pies limpios y suaves.
2 Tú no puedes usar esta preparación en el baño.
3 Esta preparación es solamente para los pies.
4 Este medicamento es para los dolores musculares.
5 Se recomienda poner una cucharada de *Las Sales Relájate* durante una hora.

suavizar	*to soften*
suave	*soft, smooth*

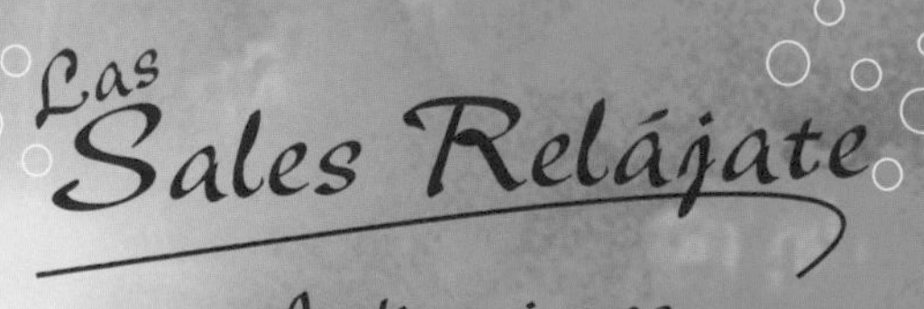

Las Sales Relájate

Indicaciones

Esta preparación delicadamente perfumada refresca, suaviza y elimina las impurezas de su piel. Evita especialmente los malos olores de los pies, dejándolos limpios y frescos. Un baño caliente con las sales relaja todo su cuerpo, quita el dolor de los músculos dando una sensación agradable de relajación y descanso.

Empleo

Disolver una cucharada de *Las Sales Relájate* en agua muy caliente y tomar un baño de pies de 10 a 20 minutos. Repetir el tratamiento cada día durante una semana. Para suavizar la piel, añadir ½ cucharada de *Las Sales Relájate* al agua caliente del baño.

En tus vacaciones ves este anuncio en la recepción de tu hotel. Léelo y contesta a las preguntas de abajo.

1 ¿Dónde ha aparecido el anuncio?
2 ¿Adónde ha ido Ana esta semana?
3 ¿Cómo es el osito? (Menciona dos cosas.)
4 ¿Qué quiere Ana?
5 ¿Qué ofrece Ana si ves su osito? (Menciona dos cosas.)
6 ¿Adónde puedes llevar el osito?

el oso	*bear*
el osito	*teddy bear (little bear)*
el juguete	*toy*

He perdido mi oso

¿Has ido al parque esta semana? ¿Has visto un pequeño osito con sólo una oreja y un brazo? Mide 14 cm y está algo sucio. Soy una niña de seis años y he perdido mi juguete favorito. Estoy muy triste y he llorado mucho. Por favor, ¿puedes ayudarme a buscarlo? Si lo encuentras te invitaré a tomar helados y si quieres te doy una foto de él. Estaré hasta el 15 en el hotel.
Ana, Habitación 134

Has perdido el perro de tu familia mientras estás de vacaciones en España. Escribe un anuncio explicando tu problema. Menciona:

- **dónde y cuándo has perdido el perro**
- **la descripción del perro (da por lo menos tres detalles)**
- **lo que ofreces**
- **tu dirección.**

LA CASTELLANA

Cabañas y Camping Categoría ☆☆☆☆
En Bahía Solano, enfrente de la playa

Descanse y olvide el mundo …

Le ofrecemos …

- Restaurante
- Bares
- Supermercado
- Duchas
- Lago
- Jardines
- Zona de barbacoa

Para su comodidad …

- Guías turísticos
- Información
- Lavandería
- Enfermería 24 horas
- Limpieza
- Alquiler de bicicletas, caballos, botes y canoas

Ofrecemos descuentos para familias.

Haga sus reservas en el tel. 294 134510 o escríbanos a Avenida Oeste Nº 37–44, Bahía Solano

4 Lee el anuncio y completa el texto de abajo. No tienes que usar todas las palabras.

Ejemplo: *1 – cabañas*

caballos	guías	información	limpiar	ciudad	lavar
familias	lago	emergencia	carnes	jardines	cabañas
	comer	mar	tomar una ducha	descansar	

La Castellana tiene **(1)** ~~~~ y camping y está cerca del **(2)** ~~~~. Puede **(3)** ~~~~ y olvidar todo. En La Castellana hay lugares donde se puede **(4)** ~~~~ y beber. Después de ir a la playa puede **(5)** ~~~~ y, más tarde, caminar por los **(6)** ~~~~. En el supermercado vendemos las **(7)** ~~~~ para su barbacoa.

Puede hacer excursiones con nuestros **(8)** ~~~~ turísticos. El servicio de La Castellana le ofrece **(9)** ~~~~ su ropa y **(10)** ~~~~ sus cabañas. En caso de **(11)** ~~~~ le atendemos en la enfermería.

Para explorar no tiene que caminar si no quiere, tenemos **(12)** ~~~~ y bicicletas. Disfrute la belleza de nuestro **(13)** ~~~~ alquilando un bote o una canoa.

5 Los padres de tu amiga española quieren visitar tu ciudad. Escríbeles una carta describiendo un hotel donde pueden quedarse. ¡Usa tu imaginación!

- **Menciona dónde está, el transporte, cómo es el hotel y las facilidades.**
- **Pregunta algo sobre sus preferencias.**

Leer y escribir

En casa y en el trabajo

En tus vacaciones en España ves este anuncio de trabajo en la ventana de la tienda del camping. Tu amigo Javier está interesado en el puesto y manda un mensaje al camping. Haz una lista de las razones por las que el puesto le conviene a Javier.

Asistente

¿Te gusta y quieres ayudar a la gente? Si quieres conocer a muchos españoles y turistas, ven a trabajar para nosotros. Estamos en la tienda de comestibles en el camping. Trabajo disponible por la mañana y/o por las tardes. Edad entre 14 y 18 años. Escribe a Pedro Pablo Rozo del Valle, Camping Los Augurios, Vinaced, o a Rozodelvalle@unicen.es

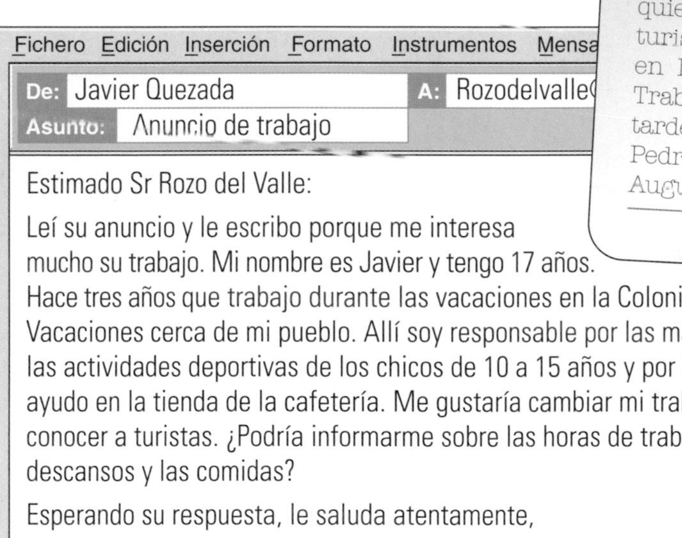

Fichero Edición Inserción Formato Instrumentos Mensa

De: Javier Quezada A: Rozodelvalle

Asunto: Anuncio de trabajo

Estimado Sr Rozo del Valle:

Leí su anuncio y le escribo porque me interesa mucho su trabajo. Mi nombre es Javier y tengo 17 años. Hace tres años que trabajo durante las vacaciones en la Colonia de Vacaciones cerca de mi pueblo. Allí soy responsable por las mañanas de las actividades deportivas de los chicos de 10 a 15 años y por las tardes ayudo en la tienda de la cafetería. Me gustaría cambiar mi trabajo para conocer a turistas. ¿Podría informarme sobre las horas de trabajo, los descansos y las comidas?

Esperando su respuesta, le saluda atentamente,

Javier Quezada

Contesta a este anuncio que has visto en la cafetería del pueblo. Menciona:

- **dónde viste el anuncio**
- **cómo eres y lo que te gusta**
- **por qué quieres el trabajo**
- **tu experiencia de trabajo**
- **cuánto tiempo quieres trabajar.**

Pregunta algo sobre el horario y el dinero.

cuidar y sacar a pasear perros *to look after and walk dogs*

¿Quieres trabajar?

¿Quieres ayudarnos? ¿Tienes paciencia y te gusta el ejercicio? Somos un grupo de chicos y chicas jóvenes que cuida y saca a pasear perros cuando los dueños no pueden hacerlo. Te ofrecemos diferentes horarios y pagamos por hora.
Si quieres participar llama a Luis, teléfono 91 256 21 47
o envía un mensaje electrónico a
Lmateos2@servoline.es

¿Deportes de riesgo

¿Quieres participar?

Hoy es muy importante cuidar la salud y mantenerse en forma. Muchas personas creen que no es suficiente ir al gimnasio y hacer ejercicios, y prefieren practicar deportes al aire libre. Otros prefieren los deportes de riesgo. Son diferentes, atrevidos y no son para locos. Sólo se necesita ser valiente y querer practicarlos.

Ala delta
El deportista se amarra a una cometa y salta desde una montaña. Después juega con las corrientes de aire. Se necesita tener mucha fuerza en los brazos.
No para menores de 18 años.
Horario: todos los días excepto lunes.

Descenso en "mountain bike"
Los ciclistas bajan montañas con o sin nieve. El uso de un casco, rodilleras y coderas es necesario.
Para personas con experiencia en ciclismo y un buen equilibrio.
Horario: todo el año.

Rafting
Los deportistas bajan los ríos en lanchas neumáticas. Se necesita perfecto estado físico y ser muy buen nadador. El uso de chaleco salvavidas es indispensable.
Para nadadores mayores de 16 años.
Horario: según el tiempo.

Parapente
El deportista usa un paracaídas especial y puede estar en el aire varias horas dependiendo de las corrientes de aire.
Para personas de 15 años en adelante.
Horario: verano solamente.

En el polideportivo te dan este folleto con información sobre algunos deportes de riesgo. Léelo y contesta a las preguntas.

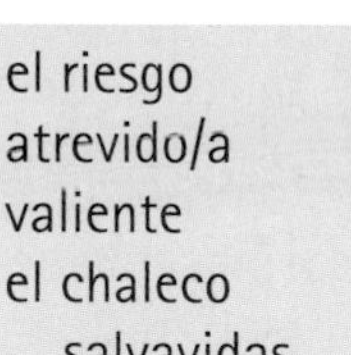

el riesgo	*risk*
atrevido/a	*daring*
valiente	*courageous*
el chaleco salvavidas	*life-jacket*

1 ¿Qué dos deportes dependen de las corrientes de aire?
2 ¿Qué deporte necesita buena salud y saber nadar muy bien?
3 ¿Qué tres deportes pueden hacer los chicos de diecisiete años?
4 ¿Qué deporte sólo se puede practicar en una estación del año?
5 ¿Qué deporte se puede practicar siempre?
6 ¿Para qué deportes necesitas tener los brazos fuertes?
7 ¿Qué deporte requiere tener equipo para proteger las diferentes partes del cuerpo?

Dibuja un póster para anunciar cuatro deportes: el submarinismo, el patinaje sobre hielo, la equitación y el esquí de montaña. Usando tu imaginación da una breve explicación de cada deporte. Menciona:

- **las edades mínimas**
- **cuándo se pueden practicar (días, horas, estaciones)**
- **los requisitos de salud.**

De compras

Querido amigo:

Como sabes, mi ciudad es más bien pequeña. Hace una semana inauguraron el centro comercial La Ciudadela. Es cubierto y climatizado. Tiene dos pisos conectados por escaleras automáticas y normales. En la planta baja hay fuentes con luces de colores y con mucha luz natural. Hay mostradores de información y seguridad. Hay también dos cines, varios bancos, cajeros automáticos y un casino. Las tiendas, en este mismo piso, son elegantes y grandes y puedes comprar artículos de piel, zapatos, libros, obras de arte, muebles, decoraciones, ropa, juguetes, antigüedades y mucho más.

En la planta de arriba tienes varios supermercados y restaurantes que venden comida de muchas nacionalidades: árabe, italiana, francesa, española, pero no británica. Afuera hay cafeterías para tomar refrescos y café. También hay dos jardines tropicales. Hay un estacionamiento subterráneo.

Esto era lo que necesitábamos. Todos estamos felices porque es muy cómodo ir a un solo sitio a comprar. Desafortunadamente, es un poco más caro que en otras partes, pero no importa, ¡me encanta ir! Creo que en tu país tienes centros comerciales en cada ciudad. ¿es esto verdad? ¡Increíble! Escríbeme pronto. Saludos a tus padres.

Hassan

inaugurar	*to open formally*
el mostrador de información	*information desk*
las antigüedade	*antiques*

1 Lee la carta de Hassan y decide si las frases son verdad o mentira.

1 El centro comercial La Ciudadela está al aire libre.
2 Los ascensores conectan los dos pisos.
3 Las tiendas están en la planta baja.
4 Los supermercados y el casino están en la misma planta.
5 Los restaurantes son de muchas nacionalidades.
6 Hassan piensa que es mejor ir de compras a varios sitios que a uno solo.
7 La ciudad necesitaba un centro comercial.
8 Si el banco está cerrado y quieres sacar dinero, puedes sacarlo en el mismo piso.
9 Puedes comprar una muñeca para tu hermanita en la planta baja.

2 Escribe una carta a Hassan describiendo el centro comercial o las tiendas de tu ciudad o pueblo. Incluye:

- **dónde está(n)**
- **una descripción del sitio**
- **las otras facilidades que hay**
- **tu opinión sobre el lugar**
- **por qué (no) te gusta comprar allí**
- **una descripción de tu tienda preferida**
- **una pregunta a Hassan.**

LA MODA DE HOY

¿Qué estilo está de moda? Pues es difícil decirlo. La moda en México cambia frecuentemente. La ropa que llevas hoy, en unos meses ya está pasada de moda. Pero podemos decirte que el estilo favorito de los jóvenes es informal, dinámico y natural, en colores neutros.

Para los chicos unos vaqueros con una camiseta de un solo color y un jersey amplio. Para las chicas hay muchas alternativas, colores sofisticados, telas de algodón, de lino o sintéticas. Pantalones estrechos con botas anchas, faldas cortas, blusas ajustadas y jerseys ajustados, todo adornado con brazaletes y collares, es el estilo sofisticado y moderno para el día y la noche.

¿Quién escoge? Los jóvenes como tú. Por eso, en nuestros Grandes Almacenes pensamos en ti y en ti solamente. Todas las semanas tenemos ofertas especiales, descuentos y rebajas. Visítanos y lo comprobarás. Estamos en la segunda planta, local 223.

la tela	*fabric*
ancho/a	*wide*
ajustado/a	*tight*
el collar	*necklace*

Leer 3 **Lee el folleto y escribe un resumen en inglés. ¿Cuál es la moda para los chicos y las chicas mexicanas?**

Lee el cuestionario de abajo y contesta a las preguntas.

CUESTIONARIO

¿Quieres ayudarnos en nuestra encuesta? Lee nuestro folleto *La Moda de Hoy* y rellena el formulario con tus opiniones.

1 ¿Qué color prefieres llevar? ______
2 ¿Qué colores nunca llevarías? ______
3 ¿Para salir en el día, durante el fin de semana, qué ropa escogerías y por qué? ______
4 ¿Qué llevarías para ir por la noche a una fiesta o a bailar? ______
5 ¿Qué telas prefieres llevar en el invierno y en el verano, y por qué? ______
6 ¿Qué joyas llevas? ______
7 ¿Prefieres comprar tu ropa en las tiendas exclusivas o en las tiendas de cadena? ¿Por qué? ______
8 ¿Es importante para ti llevar marcas de moda y por qué? ______

las joyas	*jewellery*
las tiendas de cadena	*chain stores*
las marcas de moda	*designer labels*

¿Qué sabemos de ellos?

Todas las semanas leemos sobre estas tres personalidades en los periódicos y en las revistas. Pero ¿qué sabemos de ellos? Vamos a ver ...

Antonio Banderas

Es un famoso actor que nació el diez de octubre de 1960 en Málaga, España. Su verdadero nombre es José Antonio Domínguez Banderas. Antes de ser actor, Banderas quería ser jugador de fútbol pero tuvo un accidente en el pie y decidió estudiar teatro. Al principio actuaba en las calles. Un director de cine lo descubrió y así empezó su carrera de cine. Es una persona enigmática, a veces un comediante. Se ha casado dos veces y su última mujer es la actriz Melanie Griffith. Actuó con Madonna en *Evita* y con Catherine Zeta-Jones en *La Máscara del Zorro.*

Zarandona

Es el Medio del Real Mallorca. Este futbolista nació en Valladolid en 1980. Empezó a jugar a los ocho años y después se unió al equipo juvenil de Extremadura. Su éxito en el juego se debe a su patada peligrosa cuando está en el campo enemigo. Después jugó internacionalmente en la categoría Sub-18 (menores de 18 años). En enero del 2000 se pasó al Mallorca B. Jugó en la Copa del Rey en Córdoba. Su hermano Benjamín también es jugador con el Real Betis.

Shakira

Esta estrella de pop latina nació en Colombia en 1977. Su familia era muy pobre y ella decidió irse a Bogotá a los 13 años a ser modelo, pero consiguió un contrato con Sony. Sus primeros álbumes no tuvieron mucho éxito, entonces empezó a actuar. Su canción 'Estoy aquí' llegó a ser la número uno en la lista de éxitos de Música Latina. Otras tres canciones suyas alcanzaron la lista de los Primeros Diez y el álbum *Pies Delcalzos* fue el número uno en ocho países. Ganó un Premio Grammy por ser la mejor cantante femenina.

¿Quién es quién?

1 Está casado con una famosa actriz.
2 Juega desde que tenía ocho años.
3 No tuvo éxito al empezar su carrera musical.
4 A los trece años trabajaba.
5 Quería ser futbolista pero no pudo.
6 Le pega al balón muy fuerte.

enigmático/a	*intriguing*
la patada	*kick*
alcanzar	*to reach*

Escribe en español una pequeña biografía de una persona famosa. Puedes escoger la persona o usar la información sobre Enrique Iglesias.

Enrique Iglesias

- ☆ Spanish pop singer
- ☆ Son of singer Julio Iglesias
- ☆ Parents divorced when he was seven
- ☆ Spent his youth in Miami, Florida
- ☆ First album very successful
- ☆ Won a Grammy Award
- ☆ In September 1999 his song 'Be with you' was in the UK Top 5

Querida Jo:

Me encantó tu carta y gracias por mi regalo. El lunes lo llevaré al colegio para usarlo en clase. El día de mi cumpleaños mis padres me llevaron al cine. Vi una película que se llama 'El Patriota', con Mel Gibson. ¿La has visto? Me fascina este actor. ¡Yo creo que es tan fuerte! ¿Tú qué piensas de él? Cuéntame quién es tu actor preferido y por qué te gusta.

En la película Mel Gibson es un héroe en la guerra de 1770 en los Estados Unidos. Se llama Benjamín y es viudo. Tiene siete hijos y vive en una granja. Él no quiere pelear en la guerra y prefiere cuidar a su familia. El problema es que su hijo mayor, Gabriel, se escapa de casa para ir a la guerra. Dos años más tarde regresa herido y lo buscan por ser un traidor. Su padre Benjamín se encuentra con un coronel horrible y malo y empieza la batalla.

Si te gustan las películas históricas, esta película es fantástica, tiene unas escenas muy bonitas. La próxima semana voy a ver 'La Casa de la mama grande' con Martin Lawrence. Dicen que me reiré mucho. ¿Cuál fue la última película que viste? ¿Qué clase de película era y te gustó? Dime por qué. Por favor escríbeme pronto.

Abrazos y besos,

Gabriela

la guerra	*war*
pelear	*to fight*
el traidor	*traitor*

3 Lee la carta de Gabriela y escoge la letra correcta.

1 Gabriela fue al cine …
a antes del cumpleaños **b** en el cumpleaños **c** después del cumpleaños.

2 Gabriela piensa que Mel Gibson …
a es mal actor **b** es muy cómico **c** es un actor fascinante.

3 La película es …
a romántica **b** histórica **c** de horror.

4 Benjamín es …
a divorciado **b** padre de siete hijos **c** soltero.

5 Gabriel se va a la guerra …
a con permiso de su padre **b** sin permiso de su padre **c** con su padre.

6 En la guerra, Gabriel …
a conoce a un coronel **b** es herido **c** muere.

7 'La Casa de la mama grande' es una película que Gabriela …
a ha visto recientemente **b** no quiere ver **c** va a ver pronto.

Escribir

4 Escribe una carta a Gabriela contestando a todas sus preguntas. Menciona:

- **si has visto 'El Patriota'**
- **qué piensas del actor que Gabriela menciona**
- **quién es tu actor favorito y por qué**
- **la última película que viste**
- **los actores de la película**
- **qué clase de película era**
- **tu opinión sobre la película.**

Módulo
9

Yo

Leer 1 **Estas son las respuestas que dieron algunos chicos cuando les preguntaron '¿Cuál es tu opinión sobre fumar?' Escribe el nombre de cada persona en la columna adecuada, según su opinión sobre fumar.**

De acuerdo	En contra	Neutro
Francisca		

Vivimos en un país libre y si una persona quiere fumar ¡pues que fume!
Francisca

¡Fumar, ni hablar! Tenía un novio muy simpático pero fumaba todo el tiempo. Lo dejé porque era imposible aguantar el humo, además yo no quería tener los problemas de los fumadores.
Elvira

A mí no me molesta que la gente fume. Muchos amigos míos fuman. Yo no fumo ni mi familia tampoco.
Gustavo

Yo no creo que los padres deben fumar porque les dan mal ejemplo a sus hijos. Además es muy peligroso para la salud de los niños pequeñitos.
Sergio

Es un hábito detestable. Da mal olor y la ropa huele como un cenicero. Detesto salir con alguien que fuma.
Mercedes

Yo fumaba antes pero cuando descubrí que fumar produce cáncer, dejé de hacerlo. Pero si los otros quieren fumar, ¡ese es su problema! No me importa.
Alfonso

Pues ... a mí me gusta fumar de vez en cuando, sobre todo cuando estoy nervioso. Me relaja, por ejemplo cuando me voy a presentar un examen o algo así. Es preferible fumar que tomar alcohol.
Rodrigo

Fumar es antisocial, sobre todo en los restaurantes y sitios públicos. Tenemos que respetar a los no fumadores.
Silvana

el cenicero	*ashtray*
aguantar el humo	*to put up with the smoke*

Escribir 2 **Da tu opinión sobre fumar.**

- **¿Fumas? ¿Por qué (no)?**
- **¿Qué peligros hay para los fumadores?**
- **¿Por qué fuma la gente?**
- **¿Cuál es tu opinión sobre fumar en los lugares públicos? ¿Te molesta? ¿Por qué (no)?**
- **¿Crees que los padres no deben fumar enfrente de sus hijos? ¿Por qué (no)?**

EL BOSQUE

Ministerio del Medio Ambiente

Preservemos y mantengamos el bosque.
Es para todos. ¡Disfrútalo!

Ayúdanos a …

- Conservar el bosque limpio. Lleva tu basura a casa o depositála en los basureros.
- Preservar el bosque. No enciendas hogueras ni barbacoas.
- Mantener viva la fauna. No alimentes a los animales.
- Guardar la belleza de la naturaleza. No cortes las flores o plantas salvajes.
- Continuar la propagación de los peces. No pesques en los lagos ni los ríos.
- Evitar los incendios. No tires cigarrillos ni fósforos al suelo.
- Mantener paz y serenidad. No contamines el ambiente con radios y música fuerte.

El guardabosques es tu amigo. Ayúdalo y respétalo.

Has recibido este folleto con las reglas a seguir cuando vas a pasar el día en el bosque. Léelo y contesta a las preguntas en inglés.

la hoguera	*bonfire*
alimentar	*to feed*

1. What are the two ways of avoiding forest fires mentioned in the text?
2. What do the rules say about radios and music?
3. What are the fishing regulations?
4. How does the text say you should protect the forest animals?
5. What protection do the rules give to flowers and plants?
6. Can you explain what the first rule is about?

Escribe cinco reglas para un parque infantil. Usa los siguientes símbolos.

Trabajos de temporada

Los trabajos de temporada son una posibilidad interesante para los jóvenes. Te permiten trabajar durante las vacaciones, a veces ganar dinero y aprender el idioma del país al que viajas.

Para viajar hay que tener la documentación necesaria. Para entrar en los países de la Unión Europea basta con el Documento Nacional de Identidad o el pasaporte; para el resto de los países es preciso tener un visado. También necesitas un seguro médico, sobre todo si vas a trabajar a uno de los países fuera de la Unión Europea. El formulario E-111 garantiza la asistencia médica en la UE.

Los trabajos de temporada más comunes son los siguientes.

Trabajo de "au pair"

Es una de las fórmulas más utilizadas por los jóvenes, entre los diecisiete y los treinta años de edad, que poseen conocimientos básicos del idioma del país y están dispuestos a convivir con una familia extranjera. El trabajo consiste en cuidar a los niños y ayudar en las tareas domésticas durante 5 ó 6 horas diarias.

A cambio, se tiene derecho a recibir una pequeña cantidad de dinero semanal, a tener un día libre a la semana, y a tener tiempo suficiente para asistir a clases en una academia. Generalmente, el chico o la chica paga el viaje y el seguro de enfermedad.

Trabajos agrícolas

En diversos países de Europa se pueden encontrar trabajos temporales en el campo. Normalmente el trabajo consiste en recoger fruta, pero también se puede cuidar ganado, limpiar jardines o cultivar huertas. Son trabajos duros, pero en un periodo corto se puede ganar mucho dinero.

Prácticas en empresas extranjeras

Si se quiere optar por estos empleos, se debe tener un buen nivel del idioma del país y haber hecho una licenciatura o estar estudiándola.

trabajos de temporada	*seasonal work*
el seguro médico/de enfermedad	*health insurance*
el ganado	*livestock, farm animals*
la huerta	*market garden*
el nivel	*level*
la licenciatura	*degree*

Lee el artículo sobre trabajos de temporada y contesta a las preguntas.

1 ¿Qué documentos se necesitan para trabajar en la UE?
2 ¿Qué documento se necesita en caso de enfermedad o accidente?
3 ¿Cuántos años tienen los que trabajan de 'au pair'?
4 ¿En qué consiste el trabajo de 'au pair'?
5 ¿Qué gastos se tienen que pagar normalmente?
6 ¿Cuánto tiempo libre tiene la persona que trabaja de 'au pair'?
7 ¿En qué consiste el trabajo agrícola normalmente?
8 ¿Qué se necesita para hacer una práctica en el extranjero?

¡Hola!

¿Cómo estás? Recibí tu carta hace dos días. Me alegro mucho de que tus padres por fin te compraron un ordenador. ¡Es fantástico! Ahora podremos comunicarnos por la red.

Yo aquí sigo igual. Mis padres me tienen loca. Me ponen mucha presión, están obsesionados que tengo que ser la mejor deportista, la mejor alumna, la mejor de todo. ¡Esto es imposible! Por ejemplo, en francés, que lo encuentro muy difícil, no puedo sacar la mejor nota aunque estudio mucho. Los deberes me llevan toda la tarde y me acuesto muy tarde haciéndolos. Pero no aceptan que no soy perfecta. Cuando mis notas son bajas me prohiben hablar por teléfono, ver la televisión y por supuesto salir el fin de semana. Mi vida social está en ruinas.

Mi padre dice que tengo que trabajar duro porque quiere que yo sea como él, médico. Yo detesto los hospitales y todo eso. No tengo ni idea de qué voy a hacer, pero estoy cansada y no quiero estudiar. Bueno, espero que pronto lleguen las vacaciones y que no tengan otra idea brillante. ¡Hacer un curso de verano o algo así!

Bueno, esto es todo por ahora. Saludos a tu hermano. Hasta la próxima,

Rosa

me alegro mucho	*I'm very glad*
sigo igual	*I'm still the same*
obsesionado/a	*obsessed*
prohibir	*to forbid*

2 Completa este resumen de la carta de Rosa.

Rosa está ______ porque sus padres le piden ______. Esperan que sus notas ______ las mejores siempre. Rosa ______ cansada y aburrida. Cuando las ______ no van bien, sus padres le ______ que salga o vea la tele. No tiene vida ______. Su padre quiere que ella ______ medicina pero a ella no le gusta. Ahora está esperando las ______ para descansar.

estudie mucho nunca cosas
vacaciones se siente social tengo
sean desesperada prohiben

3 Lee el mensaje de Caroline y escribe un resumen en español para Lucía. Empieza así:

Caroline me ha mandado un mensaje explicando que ella tiene un problema. Dice que …

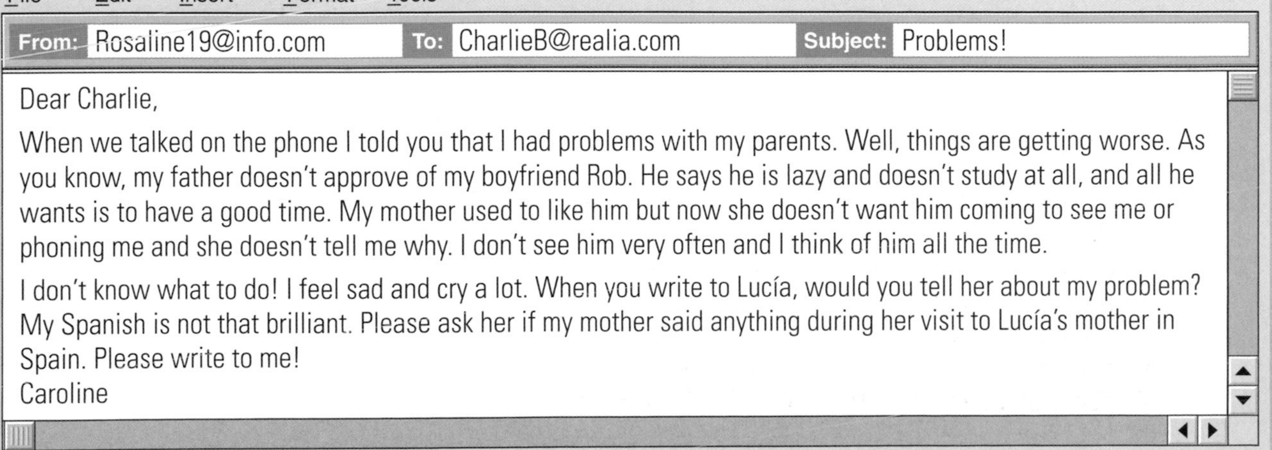

File Edit Insert Format Tools

From: Rosaline19@info.com To: CharlieB@realia.com Subject: Problems!

Dear Charlie,

When we talked on the phone I told you that I had problems with my parents. Well, things are getting worse. As you know, my father doesn't approve of my boyfriend Rob. He says he is lazy and doesn't study at all, and all he wants is to have a good time. My mother used to like him but now she doesn't want him coming to see me or phoning me and she doesn't tell me why. I don't see him very often and I think of him all the time.

I don't know what to do! I feel sad and cry a lot. When you write to Lucía, would you tell her about my problem? My Spanish is not that brilliant. Please ask her if my mother said anything during her visit to Lucía's mother in Spain. Please write to me!
Caroline

Gramática

1 Nouns and articles

Nouns are words that name people, things and ideas.

1.1 Gender

Every Spanish noun has a gender: it is either masculine (e.g. el libro) or feminine (e.g. la mesa). Generally, nouns ending in **-o** are masculine and those ending in **-a** are feminine, but note these commonly used exceptions:

Masculine	**Feminine**
el clima	la mano
el día	la foto
el mapa	la moto
el planeta	
el problema	
el tema	

The genders of nouns not ending in **-o** or **-a** have to be learnt individually, but certain endings are always (or almost always) either masculine or feminine. For example:

Masculine: Nouns ending in **-or** (actor, color), **-ón** (salchichón, peatón) and **-és** (escocés, estrés)

Feminine: Nouns ending in **-dad** or **-tad** (ciudad, libertad) and **-ción** (educación, canción)

1.2 Singular and plural

Nouns change in the plural. You normally add **-s** or **-es** to form the plural (as in English: *book, books; box, boxes*).

- If a noun ends with a vowel, add **-s**: chico, chico**s**
- If a noun ends with a consonant, add **-es**: actor, actor**es**
- If a noun is borrowed from English, add **-s** or **-es**: club, club**s**/club**es**
- If a noun ends in **-z**, the ending changes to **-ces**: pez, pe**ces**

Notes

1 When a noun is put into the plural, the stress remains on the same syllable. This may affect whether the word has a written accent (see section **10**). In some cases you need to add an accent to the plural (joven, jóvenes) and in others you need to remove an accent (jardín, jardines).

2 Some plurals have special meanings. For example, los padres, los tíos, los chicos can mean *the fathers, the uncles, the boys*, but they are more often used for *the parents, the uncle and aunt, the boys and girls*: the masculine plural form is being used to refer to a mixed group of males and females.

Exercise 1

Write the plurals of these nouns.

1 pintor
2 francés *(Frenchman)*
3 libra
4 bocadillo
5 balcón
6 luz

1.3 The definite article

The word for 'the' (the definite article) changes according to whether the noun is masculine or feminine, singular or plural.

Masc. singular	***Fem. singular***
el río *(the river)*	**la** playa *(the beach)*
Masc. plural	***Fem. plural***
los ríos *(the rivers)*	**las** playas *(the beaches)*

Notes

The definite article is sometimes used in Spanish where we don't use it in English.

1 It is used with languages (except with hablar and estudiar):
El inglés es interesante.
English is interesting.
Hablo/Estudio francés y español.
I speak/study French and Spanish.

2 It is used with school subjects (except with tener):
El deporte es aburrido.
Sport is boring.
Tengo ciencias los jueves.
I have science on Thursdays.

3 It is used with people's titles when talking **about** them, but not when speaking directly **to** them:
La Señora Álvarez es chilena.
Mrs Álvarez is Chilean.
"Señora Álvarez, estoy aquí."
"Mrs Álvarez, I'm here."

4 It is used with days of the week to mean "**on** … day/days":
Tengo que trabajar el sábado.
I have to work on Saturday.
Juego al fútbol los jueves.
I play football on Thursdays.

Exercise 2

Translate these sentences into Spanish.

1 I speak Spanish and German.
2 History is easy.
3 "Hello, Mrs López."
4 I have maths at ten o'clock.
5 Mr García is Spanish.

1.4 The indefinite article

The word for 'a', 'an' and 'some' (the indefinite article) also changes according to the noun.

Masc. singular	***Fem. singular***
un río *(a river)*	**una** playa *(a beach)*
Masc. plural	***Fem. plural***
unos ríos *(some rivers)*	**unas** playas *(some beaches)*

Notes

The indefinite article is sometimes not used in Spanish where we do use it in English.

1 It isn't used when stating somebody's nationality or job:
Es francés. *He's **a** Frenchman.*
Es secretaria. *She's **a** secretary.*

2 It isn't used after the verb **tener** in negative sentences:
No tengo hermano. *I haven't got **a** brother.*

1.5 *Lo*

When referring to abstract ideas, the neuter form of the definite article, **lo**, is used instead of the masculine or feminine. Lo + adjective means *the ... thing*, e.g. lo bueno *(the good thing)*, lo mejor *(the best thing)*, lo malo *(the bad thing)*, lo peor *(the worst thing)*:

Lo malo es la contaminación.
The bad thing is the pollution.
Lo bueno es que está cerca de la playa.
The good thing is that it is near the beach.

Lo is also used in the expressions lo siento *(I'm sorry)* and lo pasé bien *(I had a good time)*.

2 Adjectives

Adjectives are words that describe a noun. They change their endings according to whether the noun is masculine or feminine, singular or plural: this is known as 'agreement' of adjectives. Dictionaries usually give the masculine singular form of adjectives.

2.1 Adjective endings

These are the common patterns of adjective endings:

	Masc. singular	***Fem. singular***	***Masc. plural***	***Fem. plural***
Masc. ending in **-o**	alt**o**	alt**a**	alt**os**	alt**as**
Masc. ending in **-e**	verd**e**	verd**e**	verd**es**	verd**es**
Masc. ending in any other letter	azul	azul	azul**es**	azul**es**
Adjectives of nationality not ending in **-o**	inglés español	ingles**a** español**a**	ingles**es** español**es**	ingles**as** español**as**

Exceptions

A few adjectives are shortened when they are before a masculine singular noun:

bueno – buen	Hace buen tiempo.
malo – mal	Hace mal tiempo.
primero – primer	Es su primer libro.
tercero – tercer	Vive en el tercer piso.
alguno – algún	¿Hay algún libro aquí?
ninguno – ningún	No, no hay ningún libro aquí.

Grande is shortened before either a masculine or a feminine singular noun:

grande – gran   Hay una gran variedad de platos.

Exercise 3

Write out these sentences using the correct form of the adjective.

1 Mis padres son **inglés/inglesa/ingleses/inglesas**.
2 La sección de ropa está en la **tercer/tercera/terceros/terceras** planta.
3 La falda es **gris/grises**.
4 El país es **pequeño/pequeña/pequeños/pequeñas**.
5 **Bueno/Buena/Buenos/Buenas** noches.

2.2 Position of adjectives

Most adjectives go after the noun they are describing, e.g. un coche azul, un chico alto.

The following common adjectives go before the noun: bueno, joven, primero, segundo (etc.), próximo, último, e.g. el último autobús.

The position of an adjective sometimes affects its meaning:

	Before the noun	***After the noun***
pobre	*unfortunate*	*poor*
grande	*great*	*big/tall*
nuevo	*new (= different)*	*new (= brand new)*

Adjectives can be qualified by putting words like muy (very), bastante (quite), demasiado (too) before them:

La casa es bastante grande pero muy cara.
The house is quite big but very expensive.

2.3 Possessive adjectives

Possessive adjectives ('my', 'your', etc.) indicate the owner ('possessor') of something. Like all adjectives, they agree with the noun they are describing: mi libro, mis libros.

Masc. singular	***Fem. singular***	***Masc. plural***	***Fem. plural***	
mi	mi	mis	mis	*my*
tu	tu	tus	tus	*your (fam. sing.)*
su	su	sus	sus	*his, her, its, your (formal sing.)*
nuestro	nuestra	nuestros	nuestras	*our*
vuestro	vuestra	vuestros	vuestras	*your (fam. pl.)*
su	su	sus	sus	*their, your (formal pl.)*

Exercise 4

Complete the sentences with the correct possessive adjective.

1 No conozco a … primo. *(their)*
2 ¿Dónde están … guantes, Pablo? *(your)*
3 Ana y Luisa, … casa está cerca de aquí, ¿no? *(your)*
4 No sé dónde están … libros. *(my)*
5 … amiga vive en Madrid. *(our)*

2.4 Comparative and superlative adjectives, *-ísimo*

Comparatives

To say that something or somebody is 'more …' or '-er' you put **más** before the adjective. 'Than' is translated by **que**:

Laura is better off than Juan.
Laura es más rica que Juan.

To say that something or somebody is 'less …' you put **menos** before the adjective, again followed by **que**:

Tomás is less intelligent than Pablo.
Tomás es menos inteligente que Pablo.

To say that something or somebody is 'as … as' you use **tan** + adjective + **como**:

The cathedral is as old as the castle.
La catedral es tan antigua como el castillo.

There are a few important irregular comparatives:

mejor	*better*	mayor	*bigger, older*
peor	*worse*	menor	*younger*

Exercise 5

Write sentences comparing the following.

Examples: Los coches son más rápidos que las motos.
Los libros son menos caros que los videojuegos.
La tecnología es tan interesante como las matemáticas.

1 coche – moto (rápido, lento)
2 libro – videojuego (barato, caro)
3 tecnología – matemáticas (interesante, aburrido, útil)
4 España – Luxemburgo (grande, pequeño, divertido)
5 colegio – cine (aburrido, interesante)

Superlatives

To say that something or somebody is 'the most ...' or 'the -est' you put the definite article (el, la, los, las) before **más** + the adjective (but don't repeat the article if it is already used with the noun immediately before the adjective):

Our school is the most modern in the town.
Nuestro colegio es el más moderno de la ciudad.

The most expensive restaurant in the town is Toros Bravos.
El restaurante más caro de la ciudad es Toros Bravos.

Note that *in the town* is translated by **de** la ciudad, not en la ciudad.

The same adjectives are irregular in the superlative as in the comparative form:

el/la mejor	*the best*
el/la peor	*the worst*
el/la mayor	*the biggest, the oldest*
el/la menor	*the youngest*

-ísimo

To put special emphasis on an adjective, you can add **-ísimo/a/os/as** to it. This is a strong way of saying *very*:

El colegio es aburridísimo.
School is so boring.
La chaqueta es carísima.
The jacket is incredibly expensive.
La comida es riquísima.
The food is really delicious.

Note the irregular form ri**qu**ísimo/a, from rico/a.

2.5 Demonstrative adjectives

Demonstrative adjectives (*this* and *that, these* and *those*) are used with a noun and must agree with it. In Spanish there are three ways of saying *this* and *that*:

Masc. singular	***Fem. singular***	***Masc. plural***	***Fem. plural***	
este	esta	estos	estas	*this/these*
ese	esa	esos	esas	*that/those*
aquel	aquella	aquellos	aquellas	*that/those*

The difference between ese and aquel is that aquel refers to something further away:

No quiero esas naranjas, sino aquellas naranjas allí.
I don't want those oranges but those oranges over there.

The same words are also used as demonstrative pronouns, in place of a noun (*this one* and *that one, these* and *those*).

2.6 Indefinite adjectives

The most commonly used indefinite adjectives are:

cada *each*	Cada día trabaja más. *Each day he works harder.*
otro/a *another*	¿Tienes otro bolígrafo? *Have you got another pen?*
todo/a *all*	Tiene todo tipo de fruta. *He has all sorts of fruit.*
mismo/a *same*	Lleva la misma chaqueta. *She is wearing the same jacket.*
algún/alguna *some, any*	¿Tienes algún amigo que te podría acompañar? *Have you got a (some) friend who could go with you?*

3 Adverbs

Adverbs are words that describe actions. Many adverbs are formed by adding -**mente** to the feminine form of an adjective:

probable – probablemente *probably*
fácil – fácilmente *easily*
lento – lent**a**mente *slowly*

Not all adverbs end in -mente:

mucho *a lot*	a menudo *frequently*
poco *a little*	siempre *always*
bien *well*	aquí *here*
mal *badly*	allí *there*
bastante *enough*	ahora *now*
algunas veces *sometimes*	ya *already*
muchas veces *often*	

Exercise 6

Add a suitable adverb from the list below to each sentence.

1 Juego … al baloncesto.
2 El autobús va … por las calles.
3 Escucha … .
4 Los alumnos van … a clase.
5 Es muy deportista. Va … al polideportivo.
6 Trabajas … pero no demasiado.

a menudo	muy rápidamente
atentamente	tranquilamente
muy bien	bastante
lentamente	silenciosamente

4 Pronouns

Pronouns are words used in place of a noun, to avoid repeating it.

4.1 Subject pronouns

The subject pronouns are:

yo	*I*
tú	*you (familiar sing.)*
él	*he*
ella	*she*
usted	*you (formal sing.)*
nosotros/as	*we*
vosotros/as	*you (familiar plural)*
ellos/as	*they*
ustedes	*you (formal plural)*

These subject pronouns are not often used in Spanish, because the verb ending usually indicates who is doing the action, i.e. who is the subject (see **5.2**). Their most common uses are

- for emphasis or contrast:
  Yo tengo 14 años pero tú tienes 12.
- to make clear who is being referred to:
  Pablo y Pili son hermanos. Él va al colegio y ella va a la universidad.
- in the case of usted (singular)/ustedes (plural) (sometimes written Vd./Vds. or Ud./Uds.):
  ¿Tiene usted una lista de hoteles?

Tú *and* usted

You generally use the familiar tú/vosotros forms when speaking to people of your own age or older people you know well. Use usted/ustedes with older people you don't know well and with people in a position of authority.

The 'he/she' form of the verb is used with usted (singular) and the 'they' form of the verb with ustedes (plural) (see **5.2**):

¿Se levanta usted temprano durante las vacaciones?
Do you get up early during the holidays?

Notice that in this example, as well as the 'he/she' form of the verb, the 'he/she' form of the reflexive pronoun (se) is used.

Whereas the pronoun usted/ustedes is often included (for the sake of formality and to distinguish the 'you' meaning of the verb ending from its 'he/she/they' meanings), the pronoun tú is rarely used. For example: ¿Tiene usted un lápiz? but ¿Tienes un lápiz?

Exercise 7

Change these sentences from the usted form to the tú form. Remember to change the verb endings, possessive adjectives and reflexive pronouns as well, but don't try to replace the pronoun usted with tú.

1 ¿A qué hora se acuesta usted?
2 Usted tiene su propio dormitorio.
3 ¿Es usted inglés?
4 ¿Tiene usted un mapa de la provincia?
5 ¿Usted está contenta aquí?

4.2 Object pronouns

Object pronouns can be direct, e.g. *He bought **it**,* or indirect, e.g. *He bought **it** a bone (= He bought a bone **for it**)*. Most of the direct and indirect forms are the same:

Indirect	***Direct***	
me	me	*me*
te	te	*you (fam. sing.)*
le	le/lo *(masc.)*, la *(fem.)*	*him, her, it, you (formal sing.)*
nos	nos	*us*
os	os	*you (fam. pl.)*
les	les/los *(masc.)*, las *(fem.)*	*them, you (formal pl.)*

4.3 Position of object pronouns

- The object pronoun (or reflexive pronoun, see **4.4**) normally goes immediately before the verb:
  El hombre **le** da un regalo.
  The man gives him/her a present.
- In a negative sentence, it usually goes immediately after the negative word:
  No **lo** tengo. *I haven't got it.*
  Nadie **la** vio. *Nobody saw her.*
- In the perfect and pluperfect tenses (see **5.16** and **5.17**), the pronoun goes immediately before the form of the verb haber:
  Lo he perdido en el metro.
  I lost it in the underground.
- If the sentence contains an infinitive, the object (or reflexive) pronoun is usually joined to the end of it to form a single word:
  Voy a dar**le** un recuerdo.
  I'm going to give him/her a souvenir.
  (*or:* **Le** voy a dar un recuerdo.)
  Quiere despertar**se** tarde.
  He/She wants to wake up late.
- The same thing happens with the gerund (see **5.8**), and here an accent must be added to the stressed syllable:
  Rafa está comprándo**lo**. *Rafa is buying it.*
  (*or:* **Lo** está comprando Rafa.)
- The pronoun is always joined to the end of positive commands. Again an accent must be added to the stressed syllable, except in the vosotros form, where the **d** of the ending is dropped before adding **os**:
  ¡Escúcha**lo**! *Listen to it!*
  (escucha + lo = escúchalo)
  ¡Levanta**os**! *Get up!*
  (levantad + os = levantaos)
- If a direct and an indirect object pronoun are used together, the indirect object pronoun goes first:
  Mi amiga **me la** dio. *My friend gave me it (gave it to me).*

Exercise 8

Put the pronouns in the correct position in the sentences. There may be more than one possibility.

1 compro en el mercado. (los)
2 escribo una carta todas las semanas. (le)
3 Voy a vender mañana. (la)
4 Siénta. (te)
5 he dejado en el metro. (la)
6 Va a despertar muy temprano. (se)
7 mandó ayer. (los, te)

4.4 Reflexive pronouns

The reflexive pronouns are:

me	*myself*
te	*yourself (fam. sing.)*
se	*him/her/itself, yourself (formal sing.)*
nos	*ourselves*
os	*yourselves (fam. plural)*
se	*themselves, yourselves (formal plural)*

Reflexive pronouns are used with certain verbs to indicate that the action is done by the subject to itself. For example, levantar is *to lift*, but adding the reflexive pronoun makes levantarse, *to get (oneself) up*. The 'reflexive' meaning of some verbs is obvious, e.g. lavarse, *to wash (oneself)*. Others are less obvious and have to be learnt, e.g. irse *(to go away)*, quedarse *(to stay)*.

For the position of reflexive pronouns, see **4.3**.

Note

When translating a sentence like *I wash my hands* into Spanish, you use a reflexive pronoun, not a possessive adjective, to indicate who the hands belong to:

Me lavo **las** manos. *I wash **my** hands.*
'I wash the hands that belong to me.'
Me he cortado **el** dedo. *I've cut **my** finger.*
('I've cut the finger that belongs to me.')

Exercise 9

Add the correct reflexive pronoun to each sentence.

1 … ducho por la mañana.
2 ¿Cómo … llama usted?
3 ¿… vais? … vamos ahora.
4 … levantaron tarde hoy.
5 ¿… quedas en la cama los sábados por la mañana?
6 … lava el pelo.

4.5 Relative pronouns

Relative pronouns are so called because they relate back to somebody or something that has been mentioned previously in the sentence. The most common relative pronoun is **que**, meaning *which*, *that* or *who*:

La chica que entra es su hermana.
The girl who is coming in is her sister.

The relative pronoun can't be left out in Spanish, as it sometimes can in English:

La maleta que lleva es de su padre.
The suitcase (that) he is carrying is his father's.

The relative pronouns el/la/los/las que and el/la cual, los/las cuales are generally used after prepositions. Both mean *which*, *that* or *whom*, but the second is more formal:

Necesitas un cuchillo con el que puedes cortar la cuerda.
You need a knife with which you can cut the rope.
(*or:* Necesitas un cuchillo con el cual puedes cortar la cuerda.)

Cuyo/a *(whose)* is a relative adjective and agrees with its noun:

El hombre cuyo hijo es ingeniero …
The man whose son is an engineer …
El hombre cuya hija es médica …
The man whose daughter is a doctor …

4.6 Disjunctive pronouns

Disjunctive means 'unconnected', and these pronouns are not joined to the verb in the normal ways. They are used after prepositions (see section **8**):

Va con él. *She's going with him.*
Es para mí. *It's for me.*

The disjunctive pronouns are:

mí	*me*
ti	*you (fam. sing.)*
él	*him, it*
ella	*her, it*
usted	*you (formal sing.)*
nosotros/as	*us*
vosotros/as	*you (fam. plural)*
ellos/as	*them*
ustedes	*you (formal plural)*

Note that **mí** has an accent, to distinguish it from the possessive adjective mi *(my)*, but **ti** doesn't.

Mí and ti are replaced with special forms when combined with con: conmigo, contigo.

Exercise 10

In five minutes, make as many sentences as you can from the grid below and translate them into English.

Siéntate	delante de	mí.
Hazlo	detrás de	ti.
Le gusta	a	él/ella/usted.
Los compra	para	nosotros/as.
		vosotros/as.
		ellos/ellas/ustedes.

4.7 Possessive pronouns

Like possessive adjectives (see **2.3**), possessive pronouns indicate the owner of something.
The pronouns are used to avoid repeating the noun, e.g. *My book is more expensive than yours* rather than *My book is more expensive than your book*.

The possessive pronouns are:

el mío, la mía, los míos, las mías	*mine*
el tuyo, *etc.*	*yours (fam. sing.)*
el suyo, *etc.*	*his, hers, its, yours (formal sing.)*
el nuestro, *etc.*	*ours*
el vuestro, *etc.*	*yours (fam. plural)*
el suyo, *etc.*	*theirs, yours (formal plural)*

Mi cuaderno está aquí. ¿Dónde está el tuyo?
My exercise book is here. Where is yours?

Su casa es más grande que la nuestra.
Her house is bigger than ours.

Mis niños son más jóvenes que los tuyos.
My children are younger than yours.

Vuestras abuelas viven en Madrid, ¿verdad? Los nuestros viven en Valencia.
Your grandparents live in Madrid, don't they? Ours live in Valencia.

Note the way the pronoun forms are used in:

¿Es amigo tuyo? *Is he a friend of yours?*
Sí, es amigo mío. *Yes, he's a friend of mine.*

4.8 Indefinite pronouns

Two commonly used indefinite pronouns are:

algo *something/anything*
Te voy a contar algo sobre mis vacaciones.
I'm going to tell you something about my holidays.

alguien *somebody/anybody*
¿Conoces a alguien que me podría ayudar?
Do you know anybody who could help me?

4.9 Personal *a*

In Spanish, when the direct object of the verb (noun or pronoun) is a person, you must put the word **a** before it. This is called the personal **a**. It doesn't exist in English.

Veo a Juan. *I see Juan.*
(*but* Veo el coche. *I see the car.*)

Ayudo a mis padres en casa.
I help my parents at home.

No conozco a ella. *I don't know her.*

The personal **a** isn't used after hay or tener:

Hay dos hombres en el bar.
There are two men in the bar.

Tengo una hermana.
I have one sister.

Exercise 11

Insert the personal **a** into the sentences that need it.

1 ¿Conoces mi hermano?
2 Vamos a ver el profesor.
3 Mi amigo visitó la capital.
4 Ha invitado muchas personas.
5 Había mucha gente en la sala.
6 Tengo una amiga muy simpática.

4.10 Interrogatives (question words)

There are two kinds of question: those that use an interrogative or question word (e.g. *what, why*) and those that don't. In Spanish, all questions begin with an upside-down question mark (**¿**) and end with the usual **?**

To form a question without a question word, you normally just take a statement and put **¿ ?** around it:

Tiene quince años. ¿Tiene quince años?
He's fifteen. Is he fifteen?

In speech, you change your intonation. Say the two examples and listen to the way your voice goes up at the end in the question.

Spanish question words all have a written accent on the stressed syllable:

¿Qué?	*What?*
¿Quién(es)?	*Who?*
¿Cuál(es)?	*Which?*
¿Cuánto(s)/a(s)?	*How much?, How many?*
¿Cómo?	*How?, What … like?*
¿Cuándo?	*When?*
¿Dónde?	*Where?*
¿Por qué?	*Why?*

If a preposition (**de**, **a**, etc., see section **8**) is used with a question word, the preposition goes first:

¿De qué se hace?
What is it made of? (Of what is it made?)

¿A qué hora llega el tren?
(At) what time does the train arrive?

¿En qué trabaja tu padre?
What does your father do for a living?

And note ¿Adónde? *(Where … to?)*:

¿Adónde vas? *Where are you going (to)?*

Exercise 12

Write the questions that go with these answers.

1 El tren sale a las seis y media.
2 Vive en Salamanca.
3 Se llama Maite.
4 Vamos con nuestros padres.
5 Mi hermana es intérprete en Bruselas.
6 Prefiero este.
7 Cuesta 100 euros.
8 Vamos a jugar en la plaza.

5 Verbs

5.1 The infinitive

The infinitive corresponds to the English *to ...* and is the part of the verb that you will find in a dictionary. Almost all infinitives end in -**ar**, -**er** or -**ir**. These endings indicate how the verb will change when it is put into different tenses and persons. If the verb is reflexive, it will be listed in the dictionary with **se** joined to the end of the infinitive, e.g. levantarse.

Exercise 13

Look up these verbs in the dictionary and write down the infinitive and what you can say about the verb.

Example: to get up – levantarse:
It is an '-ar' verb and is reflexive.

1 to look for
2 to wake (somebody) up
3 to wake up
4 to think
5 to wash oneself

5.2 The present tense: regular verbs

The present tense is used to say what usually happens or what is happening now. In English the present tense is the same in all persons except one: 'I eat, you eat, he eats', etc. In Spanish each person of the verb is different.

To form the present tense in Spanish, remove the infinitive ending (-**ar**, -**er** or -**ir**) and add these sets of endings:

	-ar *verbs*	**-er *verbs***	**-ir *verbs***
yo	tom**o**	beb**o**	viv**o**
tú	tom**as**	beb**es**	viv**es**
él, ella, usted	tom**a**	beb**e**	viv**e**
nosotros/as	tom**amos**	beb**emos**	viv**imos**
vosotros/as	tom**áis**	beb**éis**	viv**ís**
ellos/as, ustedes	tom**an**	beb**en**	viv**en**

5.3 The present tense: irregular verbs

Irregular first persons

Some verbs are irregular in the first person singular ('I' form) but regular in all the others:

conducir	conduzco
conocer	conozco
dar	doy
hacer	hago
poner	pongo
saber	sé
salir	salgo
traer	traigo
ver	veo

It is especially important to learn these irregular first-person forms because imperatives (commands) and the present subjunctive are formed from the first person singular.

Note that the second-person plural ('you' familiar plural) forms of **ver** and **dar** have no accent:

¿Veis el castillo? *Do you see the castle?*
¿Les dais dinero? *Do you give them money?*

Other irregularities

These verbs are also irregular in other persons:

	ser	**estar**	**ir**
yo	soy	estoy	voy
tú	eres	estás	vas
él, ella, usted	es	está	va
nosotros/as	somos	estamos	vamos
vosotros/as	sois	estáis	vais
ellos/as, ustedes	son	están	van

See the tables of irregular verbs (section **11**).

Exercise 14

Put these sentences into the singular ('we' becomes 'I', 'you' plural becomes 'you' singular and 'they' becomes 'he/she').

Example: Estamos aquí. → Estoy aquí.

1 Ponemos la mesa a las nueve.
2 Ven la televisión por la tarde.
3 ¿Vais a la costa en julio?
4 ¿Están ustedes aquí desde hace mucho tiempo?
5 Salimos del cine en seguida.

5.4 Stem-changing verbs

Some verbs, as well as changing their endings in the normal way, have changes to the vowel in the stem (the part you put the endings on). There are three patterns of change: **e → ie**, **o → ue** and **e → i**. In dictionaries, these are sometimes shown by giving the changed vowels in brackets after the infinitive, e.g. poder (ue).

In the present tense, all persons are affected except 'we' and 'you' familiar plural: one way of remembering this is to call them '1, 2, 3, 6 verbs'. Alternatively, bear in mind that the stem only changes when the stress (underlined here) falls on it: p<u>ue</u>do but pod<u>e</u>mos.

	contar (o → ue)	**preferir (e → ie)**	**pedir (e → i)**
yo	c**ue**nto	pref**ie**ro	p**i**do
tú	c**ue**ntas	pref**ie**res	p**i**des
él, ella, usted	c**ue**nta	pref**ie**re	p**i**de
nosotros/as	contamos	preferimos	pedimos
vosotros/as	contáis	preferís	pedís
ellos/as, ustedes	c**ue**ntan	pref**ie**ren	p**i**den

These common verbs are all stem-changing:

o → ue	acostar(se)	*to put (go) to bed*
	contar	*to count*
	costar	*to cost*
	despertar(se)	*to wake up*
	doler	*to hurt*
	dormir	*to sleep*
	encontrar	*to meet/find*
	morir	*to die*
	soler	*to be used to*
	torcer (NB yo tuerzo)	*to turn*
	volver	*to return*
e → ie	cerrar	*to close*
	comenzar	*to begin/start*
	empezar	*to begin/start*
	entender	*to understand*
	fregar	*to wash up*
	merendar	*to have a snack*
	nevar	*to snow*
	pensar	*to think*
	perder	*to lose*
	querer	*to want, love*
	recomendar	*to recommend*
	sentir	*to feel*
	tener (NB yo tengo)	*to have*
	venir (NB yo vengo)	*to come*
e → i	repetir	*to repeat*
	servir	*to serve*
	vestir(se)	*to dress*

Jugar *(to play)* is the only verb with the pattern **u → ue**: juego, juegas, etc.

Exercise 15

Write out the sentences with the correct present-tense forms of the verbs.

1 Juana (preferir) las ciencias pero nosotros (preferir) las lenguas.
2 Me gusta ir a esquiar cuando (nevar).
3 ¿Qué (recomendar) usted?
4 Me (sentir) muy mal. Voy al médico.
5 ¿A qué hora se (cerrar) el supermercado?
6 (Tener Tiene) que repetir el año.
7 Nosotros (volver) a las doce normalmente.
8 ¿Qué (querer) usted?
9 Ana (soler) fregar los platos.
10 Yo no (entender) al profesor.

5.5 Negatives

The simple negative is **no** *(not)* and it goes immediately before the verb, or before the object pronoun or reflexive pronoun if there is one:

No voy. *I'm not going.*
No tengo boli. *I haven't got a biro.*
¿No te levantas? *Aren't you getting up?*
No me dejan salir. *They don't let me go out.*

Other common negative expressions are:

nada *nothing*
No tengo nada. *I have nothing.*

nadie *nobody*
No conozco a nadie. *I don't know anybody.*

nunca/jamás *never*
No veo nunca la tele. *I never watch TV.*

ni ... ni *neither ... nor*
No me gustan ni el fútbol ni el rugby.
I don't like (either) football or rugby.

ningún, ninguna *no, not any*
No tengo ningún libro.
I haven't got a single book/any books.

As you can see in these examples, you normally put **no** before the verb as well as the other negative expression after it. But sometimes, for emphasis, the negative expression is put before the verb, and in this case **no** is not used:

Nunca hago deporte. *I never do sport.*
Nadie me habla. *Nobody talks to me.*

Exercise 16

Make these sentences negative in as many ways as you can. Add nada, nadie, nunca, etc. where possible.

Example:
Hago mis deberes. → No hago mis deberes.
No hago nunca mis deberes.
Nunca hago mis deberes.

1 Trabaja en Madrid.
2 Entiendo el francés y lo hablo bien.
3 Voy a Colombia.
4 ¿Ves?
5 Mis padres se levantan tarde.

Write five more sentences of your own and make them negative, using one of the negative expressions above.

5.6 Impersonal verbs (reflexive constructions)

The reflexive pronoun **se** (see **4.4**) is often used with verbs to indicate that 'one', 'you', 'we' – i.e. people in general – do something. This construction is called 'impersonal' because it is general and doesn't refer to any one person in particular.

Se puede cruzar aquí.
You can cross here.

No se puede fumar.
We can't smoke./Smoking isn't allowed.

Verbs that are often used impersonally in this way include:

se puede(n)	No se pueden llevar joyas. *We can't wear jewellery./ Jewellery mustn't be worn.*
se debe(n)	Se debe usar menos el coche. *You/We should use the car less.* Se deben reciclar botellas. *You/We should recycle bottles.*
se necesita(n)	Se necesita recepcionista. *Receptionist needed.*
se habla	Se habla español aquí. *Spanish is spoken here.*

Exercise 17

In five minutes, make as many sensible sentences as you can from the grid below.

Se puede	jugar al fútbol	en el teatro.
Se prohibe	hacer ruido	en la playa.
Se permite	sacar fotos	en el suelo.
	charlar	las vías.
	cruzar	en clase.
	comer su propia comida	en el restaurante.
	tirar basura	en los lavabos.
	fregar los platos	

5.7 Uses of *ser* and *estar*

There are two verbs 'to be' in Spanish: ser and estar. **Ser** is used to describe the permanent and semi-permanent characteristics of a person, place or thing:

Nationality: Es escocesa. *She's Scottish.*
Occupation: Son mecánicos. *They are mechanics.*
Colour: Es verde. *It's green.*
Size: Es muy grande. *It's very big.*
Character: Es muy amable. *He's very nice.*

It is also used to say who something belongs to and to tell the time:

Es de Pablo. *It's Pablo's.*
Son las nueve. *It's nine o'clock.*

Estar is used to describe location or position and temporary states such as mood and health:

Estoy bien. *I'm well.*
Está alegre hoy. *He's cheerful today.*

Estar is also used to form the present continuous tense (see **5.9**).

Exercise 18

Write out the sentences using the given part of ser or estar as appropriate and explain your choice of verb.

Example:
Somos/Estamos escoceses. → Somos escoceses.
'Ser' is used to describe nationality.

1 El coche **es/está** en la carretera entre Madrid y Toledo.
2 **Soy/Estoy** muy triste hoy.
3 El libro **es/está** muy antiguo.
4 Mi tío **es/está** hombre de negocios.
5 Los alumnos **son/están** muy simpáticos.
6 Mi hermano **es/está** muy joven. Sólo tiene dos años.
7 Los vaqueros **son/están** azules.
8 Nosotros **somos/estamos** muy alegres. Hemos ganado la lotería.
9 ¿**Eres/Estás** bien? No, no **soy/estoy** bien. Tengo gripe.
10 ¿**Sois/Estáis** españoles? No, **somos/estamos** mexicanos.

5.8 The gerund

In English, the gerund is formed by adding '-ing' to the verb, e.g. 'watching', 'buying'. In Spanish, the ending **-ando** (for **-ar** verbs) or **-iendo** (for **-er** and **-ir** verbs) is added to the stem of the verb. The gerund can be used when there is already a main verb in the sentence and you want to say more about **how** something is or was being done. It is also often used to express *by ...ing* or *while ...ing* something:

Pasé todo el día limpiando la casa.
I spent all day cleaning the house.

Estudiando mucho, aprobó sus exámenes.
By studying a lot, he passed his exams.

The gerund is used with the appropriate part of estar to form the present continuous and imperfect continuous tenses (see **5.9** and **5.12**).

Stem-changing **-ir** verbs have a stem change in the gerund:

o → u dormir – durmiendo
e → i pedir – pidiendo

Some verbs have irregular gerunds, e.g.
caer – cayendo, leer – leyendo, oír – oyendo, construir – construyendo, destruir – destruyendo.

5.9 The present continuous tense

The present continuous tense describes what is happening at this moment in the present:

¿Qué está haciendo en este momento?
What is he doing at this moment?

It is formed from the appropriate present-tense form of **estar** and the gerund. (For the formation of the gerund see **5.8**.)

	-ar ***verbs***	**-er** ***verbs***	**-ir** ***verbs***
yo estoy	tomando	bebiendo	escribiendo
tú estás	tomando	bebiendo	escribiendo
él está	tomando	bebiendo	escribiendo
nosotros/as estamos	tomando	bebiendo	escribiendo
vosotros estáis	tomando	bebiendo	escribiendo
ellos están	tomando	bebiendo	escribiendo

Exercise 19

You don't want to go out. Make up excuses using the verb phrases below.

Example: fregar los platos →
Lo siento. Estoy fregando los platos.

1 hacer los deberes
2 jugar con mi hermano menor
3 limpiar la cocina
4 preparar la comida
5 escribir una carta
6 leer un tebeo
7 trabajar en el jardín
8 ducharse

5.10 The preterite tense

Regular verbs

The preterite (or simple past) tense describes a completed action or event in the past, e.g. *He bought a book*. To form the preterite in Spanish, remove the infinitive ending and add these sets of endings:

	-ar *verbs*	**-er *verbs***	**-ir *verbs***
yo	tom**é**	beb**í**	viv**í**
tú	tom**aste**	beb**iste**	viv**iste**
él, ella, usted	tom**ó**	beb**ió**	viv**ió**
nosotros/as	tom**amos**	beb**imos**	viv**imos**
vosotros/as	tom**asteis**	beb**isteis**	viv**isteis**
ellos/as, ustedes	tom**aron**	beb**ieron**	viv**ieron**

Some verbs have irregular spellings in the first person singular of the preterite, but are otherwise regular, e.g. sacar – sa**qu**é, tocar – to**qu**é; cruzar – cru**c**é, empezar – empe**c**é; jugar – ju**gu**é, llegar – lle**gu**é.

Others have irregular spellings in the third persons singular and plural: caer – cayó/cayeron, leer – leyó/leyeron, etc.

Irregular and stem-changing verbs

Several verbs have an irregular preterite (known as pretérito grave) which has to be learnt. None of these have accents. Note that **ser** and **ir** have identical preterites.

	ser *and* ir	**dar**	**ver**	**hacer**
yo	fui	di	vi	hice
tú	fuiste	diste	viste	hiciste
él, etc.	fue	dio	vio	hizo
nosotros/as	fuimos	dimos	vimos	hicimos
vosotros/as	fuisteis	disteis	visteis	hicisteis
ellos, etc.	fueron	dieron	vieron	hicieron

	poner	**poder**	**tener**	**venir**
yo	puse	pude	tuve	vine
tú	pusiste	pudiste	tuviste	viniste
él, etc.	puso	pudo	tuvo	vino
nosotros/as	pusimos	pudimos	tuvimos	vinimos
vosotros/as	pusisteis	pudisteis	tuvisteis	vinisteis
ellos, etc.	pusieron	pudieron	tuvieron	vinieron

Stem-changing **-ir** verbs have a stem change (o → u, e → i) in the third persons singular and plural:

	dormir	**pedir**
yo	dormí	pedí
tú	dormiste	pediste
él, ella, usted	d**u**rmió	p**i**dió
nosotros/as	dormimos	pedimos
vosotros/as	dormisteis	pedisteis
ellos/as, ustedes	d**u**rmieron	p**i**dieron

Exercise 20

Turn this present-tense description into a description of what Juan did yesterday. Begin: Ayer …

El despertador le despierta a las ocho y se levanta en seguida. Juan se ducha rápidamente y se viste. Se prepara una taza de café y unas tostadas. Toma el desayuno y sale de casa. Va directamente a la parada de autobús y espera.

Llega el autobús y sube. Baja en la plaza y encuentra a sus amigos. Charlan un rato y van a tomar algo en un bar. Deciden ir al parque de atracciones. Juan sabe dónde está y sus amigos le siguen. Juegan en la tómbola y dan una vuelta por el parque. Miran a la gente y lo pasan bien. Meriendan en un café. Les gustan mucho las hamburguesas.

Juan vuelve a casa a las seis. Llama a su novia y después se duerme en la cama. Sus padres le llaman cuando es la hora de cenar.

5.11 The imperfect tense

The imperfect tense is used to describe:

1 what somebody or something was like: *He was old. It was cold.*

2 what used to happen: *We used to watch television every night.*

3 what was happening/what somebody was doing: *It was raining when I came home. He was reading when I left.*

It is often difficult to know whether to use the preterite (see **5.10**) or the imperfect. In English we often use a simple past tense (e.g. *I watched television every night* – see example **2** above) where the imperfect is used in Spanish. If you can change the English simple past tense to 'used to …' or 'was …ing' without altering the meaning, you should use the imperfect tense in Spanish.

To form the imperfect tense, remove the infinitive ending and add these sets of endings:

	-ar *verbs*	**-er *verbs***	**-ir *verbs***
yo	tom**aba**	beb**ía**	viv**ía**
tú	tom**abas**	beb**ías**	viv**ías**
él, etc.	tom**aba**	beb**ía**	viv**ía**
nosotros/as	tom**ábamos**	beb**íamos**	viv**íamos**
vosotros/as	tom**abais**	beb**íais**	viv**íais**
ellos, etc.	tom**aban**	beb**ían**	viv**ían**

Hay *(there is/are)* is part of the verb haber and is regular in the imperfect: había *(there was/were)*.

Stem-changing verbs and most irregular verbs are regular in the imperfect tense. The three exceptions are:

	ir	**ser**	**ver**
yo	iba	era	veía
tú	ibas	eras	veías
él, ella, usted	iba	era	veía
nosotros/as	íbamos	éramos	veíamos
vosotros/as	ibais	erais	veíais
ellos/as, ustedes	iban	eran	veían

The imperfect tense of the verb **soler**, meaning *to be accustomed/used to* doing something or *usually* do something, can be used to emphasise the idea of repeated action in the past:

Solía ir al cine todos los sábados.
I used to go (= I was in the habit of going) to the cinema every Saturday.

Exercise 21

Put these sentences into the imperfect tense.

1 Hace sol.
2 Va a las tiendas todos los días.
3 El cielo está despejado.
4 Da un paseo en el parque.
5 Hay niebla.
6 Ve la televisión por la tarde.
7 Los grandes almacenes cierran a las diez.
8 Vuelvo a las cinco.
9 No se puede fumar en clase.
10 Solemos comer en la cafetería.

Exercise 22

Imperfect or preterite? Write out these sentences using the appropriate tenses of the verbs and explain your choice.

Example:
Anoche fui/iba al teatro. → Anoche fui al teatro. The preterite is used because it was a single completed action in the past.

1 No **salió/salía** porque llovió/llovía.
2 Cuando **sonó/sonaba** el teléfono, **estuvo/estaba** en la ducha.
3 **Llegaron/llegaban** al aeropuerto a las nueve.
4 **Fueron/Eran** las once.
5 El autobús **llegó/llegaba** normalmente a las dos pero ayer **llegó/llegaba** con un cuarto de hora de retraso.
6 Siempre **visité/visitaba** a mis abuelos cuando **fui/era** pequeño.
7 Susana **tuvo/tenía** un accidente cuando **condujo/conducía** en la ciudad.
8 Los alumnos **estuvieron/estaban** muy contentos cuando **recibieron/recibían** sus notas.

5.12 The imperfect continuous tense

The imperfect continuous tense describes something that was happening at a particular moment in the past. Like the present continuous (see **5.9**), it is formed from the appropriate part of **estar** and the gerund (see **5.8**). The imperfect continuous uses the imperfect tense of estar, which is regular (see **5.11** for the endings):

¿Qué estás haciendo? Estoy cocinando.
What are you doing? I'm cooking.

¿Qué estabas haciendo? Estaba cocinando.
What were you doing? I was cooking.

Exercise 23

Write out the sentences using the correct imperfect continuous forms of the verbs.

Example:
Marta (esquiar) y se cayó. →
Marta estaba esquiando y se cayó.

1 Yo (estudiar) cuando llamaste.
2 Te vi en la calle: (charlar) con Luisa.
3 Los dos amigos (jugar) cuando pasó el accidente.
4 Ella (leer) cuando llegaron sus padres.
5 ¿Qué (hacer) cuando te vi?

5.13 The near future

This is an easy way of saying what you are going to do in the future. You use the appropriate person of the present tense of **ir**, followed by **a** + an infinitive:

Voy a ganar. *I'm going to win.*

5.14 The future tense

The future tense describes what somebody **will** do or what **will** happen. The same set of endings is used for both regular and irregular verbs. These endings are added to the infinitive of all regular and stem-changing verbs:

	-ar *verbs*	-er *verbs*	-ir *verbs*
yo	tomar**é**	beber**é**	vivir**é**
tú	tomar**ás**	beber**ás**	vivir**ás**
él, etc.	tomar**á**	beber**á**	vivir**á**
nosotros/as	tomar**emos**	beber**emos**	vivir**emos**
vosotros/as	tomar**éis**	beber**éis**	vivir**éis**
ellos etc.	tomar**án**	beber**án**	vivir**án**

The following verbs have an irregular future stem which has to be learnt individually, although their endings are regular:

decir	diré
hacer	haré
poder	podré
poner	pondré
querer	querré
saber	sabré
salir	saldré
tener	tendré
venir	vendré
hay (haber)	habrá

Exercise 24

Turn this description of your normal routine into a description of what you will do in the holidays, using the future tense. Start: Durante las vacaciones, ... and make up an alternative ending for each sentence.

Example: Me levanto a las seis. → Durante las vacaciones, me levantaré a las doce.

Me levanto a las seis. Tomo el desayuno muy rápidamente. No como mucho porque no tengo tiempo. Salgo de casa a las siete y cuarto. Voy a la estación de trenes a coger el tren para ir al colegio. Las clases empiezan a las ocho. Charlo con mis amigos durante el recreo. Como en el comedor. No me gusta la comida. Jugamos al baloncesto en el patio. Estudio por la tarde y hago mis deberes en casa. Ceno a las diez y me acuesto temprano a las once.

5.15 The conditional

The conditional describes what somebody **would** do or what **would** happen. As in the future tense, the same set of endings is used for both regular and irregular verbs, and they are added to the infinitive of all regular and stem-changing verbs. The conditional uses the imperfect-tense endings of **-er** and **-ir** verbs (see **5.11**):

	-ar ***verbs***	**-er** ***verbs***	**-ir** ***verbs***
yo	tomar**ía**	beber**ía**	vivir**ía**
tú	tomar**ías**	beber**ías**	vivir**ías**
él, etc.	tomar**ía**	beber**ía**	vivir**ía**
nosotros/as	tomar**íamos**	beber**íamos**	vivir**íamos**
vosotros/as	tomar**íais**	beber**íais**	vivir**íais**
ellos, etc.	tomar**ían**	beber**ían**	vivir**ían**

Verbs that have an irregular future stem (see **5.14**) use the same stem for the conditional, but add the regular endings, e.g. poder – podría, querer – querría.

Exercise 25

Give advice to your friend, stating what you would do or not do.

Example: Tú fumas mucho.
Yo no fumaría nunca.

1 Vas al colegio en el coche de tus padres. Yo ... (ir andando)
2 No estudias mucho. Yo ...
3 Llevas ropa muy aburrida. Yo ...
4 No vas a ver a tu novia. Yo ...
5 No escribes cartas a tus amigos. Yo ...
6 No haces nada en casa para ayudar. Yo ...
7 No sales los fines de semana. Yo ...
8 No tienes nunca dinero para salir. Yo ...

5.16 The perfect tense

The perfect tense describes what somebody **has** done or what **has** happened. It is formed from the appropriate present-tense form of **haber** and the past participle of the verb.

In English, the past participles of regular verbs end in '-ed' (e.g. 'walked'). In Spanish, the ending **-ado** (for **-ar** verbs) or **-ido** (for **-er** and **-ir** verbs) is added to the stem of the verb.

	-ar ***verbs***	**-er** ***verbs***	**-ir** ***verbs***
yo he	tomado	bebido	vivido
tú has	tomado	bebido	vivido
él ha	tomado	bebido	vivido
nosotros hemos	tomado	bebido	vivido
vosotros habeis	tomado	bebido	vivido
ellos han	tomado	bebido	vivido

Some commonly used verbs have irregular past participles which have to be learnt individually:

abrir *to open*	abierto *opened*
cubrir *to cover*	cubierto *covered*
decir *to say*	dicho *said*
descubrir *to discover*	descubierto *discovered*
escribir *to write*	escrito *written*
hacer *to do/make*	hecho *done/made*
morir *to die*	muerto *died*
poner *to put*	puesto *put*
romper *to break*	roto *broken*
ver *to see*	visto *seen*
volver *to return*	vuelto *returned*

Exercise 26

Read the summary of the soap opera (in the present tense) and answer the questions in the perfect tense as though you had seen the programme and a friend hasn't.

Example: ¿Qué ha hecho Manuel?
Manuel ha vuelto.

En el episodio de hoy, Manuel vuelve con una amiga, Mercedes. Ana descubre que la 'amiga' es su nueva esposa. Se lo dice a Manuel, entonces él rompe un plato.

Ana escribe una carta a los padres de Manuel dándoles las noticias. El padre abre la carta, la lee, se cae, se rompe el brazo y muere pocos días después en el hospital.

Manuel ve a Ana en el centro comercial y le dice que ella es un monstruo. Ella no contesta. Sale del centro y vuelve a casa tranquila.

1 ¿Con quién ha vuelto?
2 ¿Qué ha hecho Ana?
3 ¿Qué ha hecho Manuel cuando Ana se lo ha dicho?
4 ¿Qué ha hecho después Ana?
5 ¿Qué ha pasado luego?
6 ¿Qué ha dicho Manuel cuando ha visto a Ana después?
7 ¿Qué ha hecho ella?

5.17 The pluperfect tense

The pluperfect tense describes what somebody **had** done or what **had** happened at a certain point in the past, i.e. an action further back from the preterite or perfect tense. For example: *When he arrived at the hotel, he realised that he **had forgotten** his suitcase* (the forgetting happened before the arriving).

The pluperfect is formed from the appropriate imperfect-tense form of **haber** and the past participle of the verb (for formation of past participle, see **5.16**):

	-ar *verbs*	-er *verb*	-ir *verbs*
yo había	tomado	bebido	vivido
tú habías	tomado	bebido	vivido
él había	tomado	bebido	vivido
nosotros habíamos	tomado	bebido	vivido
vosotros habíais	tomado	bebido	vivido
ellos habían	tomado	bebido	vivido

Exercise 27

Answer the questions, explaining why these people didn't do certain things.

Example: ¿Por qué no fuiste de compras?
(Why didn't you go shopping?)
Porque ya había ido de compras.
(Because I'd already been shopping.)

1 ¿Por qué no leíste el periódico?
2 ¿Por qué no compró Pepe el billete de lotería?
3 ¿Por qué no hablaste con el guía?
4 ¿Por qué no comieron?
5 ¿Por qué no visitasteis la catedral?
6 ¿Por qué no se lavó?
7 ¿Por qué no quisiste tomar el sol por la tarde?

5.18 The passive

Verbs can be either active or passive. If the subject of the verb does the action, e.g. *He (subject) bought a newspaper*, the verb is active. If the subject has the action done to him/her/it, e.g. *The cathedral (subject) was built in 1200*, the verb is passive.

In English the passive is used a lot. In Spanish it is less common and is often replaced by a reflexive construction (see **5.6**), e.g. La catedral se construyó en el año 1200 (although La catedral fue construida … is also correct).

You may be expected to recognise the passive when it is used. It is formed, as in English, from a part of the verb **ser** *(to be)* (in the appropriate tense and person) and the past participle (for formation of past participle, see **5.16**):

Los juegos serán inaugurados en junio.
The games will be opened in June.
Los hidrocarburos son considerados como cancerígenos.
Hydrocarbons are believed to be carcinogenic.

5.19 The subjunctive

The subjunctive is rare in English, but it is used in a number of situations in Spanish:

1 In formal positive commands and all negative commands (see **5.22**):
¡**Diga**! *Speak!*
No **hables**. *Don't talk.*

2 To express wishes or requests after verbs such as querer que:
Quiero que **vuelvas** pronto.
I want you to come back soon.

3 To express doubt or uncertainty after expressions such as Es posible que, No creo que:
No creo que **vaya**. *I don't think he's going.*

4 To express feelings after expressions such as Me alegro de que, Es una pena que:
Es una pena que **esté** enferma.
It's a pity she's ill.

5 After cuando *(when)* referring to an event in the future:
Llámame cuando **llegues**.
Ring me when you arrive.

6 After the expression para que *(so that, in order that)*:
Ayudé a mi padre para que me **diera** más dinero.
I helped my father so that he might give me more money.

5.20 The present subjunctive

The present subjunctive is used in all the situations listed in **5.19**, generally when the main verb is in the present tense. It is formed by taking the first person singular of the present tense, removing the -**o** and adding the following sets of endings. This means that if the first person singular is irregular (see the list in **5.3**), the subjunctive will take the same form, e.g. hacer – hago (present tense) – haga (present subjunctive). In stem-changing verbs, the stem changes only in persons 1, 2, 3 and 6 (as in the present tense, see **5.4**).

These are the endings. Note that, apart from the first person singular, the present-tense endings of -**ar** verbs are used for the subjunctive of -**er** and -**ir** verbs, and vice versa:

	-ar *verbs*	-er *verbs*	-ir *verbs*
yo	tom**e**	beb**a**	viv**a**
tú	tom**es**	beb**as**	viv**as**
él, etc.	tom**e**	beb**a**	viv**a**
nosotros/as	tom**emos**	beb**amos**	viv**amos**
vosotros/as	tom**éis**	beb**áis**	viv**áis**
ellos, etc.	tom**en**	beb**an**	viv**an**

There are some irregular present subjunctives that have to be learnt individually, e.g. dar (doy) – dé, ser (soy) – sea, ir (voy) – vaya.

5.21 The imperfect subjunctive

The imperfect subjunctive is used in all the situations listed in **5.19**, generally when the main verb is in the preterite or imperfect tense, e.g. Fue una pena que **estuviese** enferma. It is also often used in 'if' clauses in the past:

Si **ganase** la lotería, me saldría del colegio.
If I won the lottery, I'd leave school.
Si no **hubiera** trabajo en tu pueblo, ¿qué harías?
If there was/were no work in your town, what would you do?

It is formed by taking the first person singular of the preterite tense, removing the ending and adding the following sets of endings. There are two alternative sets of endings, with the same meaning:

-ar *verbs*	-er *verbs*	-ir *verbs*
tomase/ tomara	bebiese/ bebiera	viviese/ viviera
tomases/ tomaras	bebieses/ bebieras	vivieses/ vivieras
tomase/ tomara	bebiese/ bebiera	viviese/ viviera
tomásemos/ tomáramos	bebiésemos/ bebiéramos	viviésemos/ viviéramos
tomaseis/ tomarais	bebieseis/ bebierais	vivieseis/ vivierais
tomasen/ tomaran	bebiesen/ bebieran	viviesen/ vivieran

5.22 Imperatives (commands)

Imperatives are used to give commands and instructions: they tell somebody what to do or not to do, e.g. *Come here, Sit down, Don't talk.*

There are four ways of saying 'you' in Spanish (see **4.1**) and accordingly four ways of forming an imperative.

Positive commands: regular and reflexive verbs

The familiar (tú/vosotros) imperatives are formed by taking the first person singular of the present tense, removing the **-o** and adding **-a/-ad** (**-ar** verbs), **-e/-ed** (**-er** verbs) or **-e/-id** (**-ir** verbs).

The formal (usted/ustedes) imperatives are the same as the third persons singular and plural of the present subjunctive. (These are formed, as explained in **5.20**, by taking the first person singular of the present tense, removing the **-o** and adding **-e/-en** (**-ar** verbs) or **-a/-an** (**-er** and **-ir** verbs).)

	Familiar		***Formal***	
	tú	**vosotros**	**usted**	**ustedes**
	(sing.)	*(plural)*	*(sing.)*	*(plural)*
-ar	toma	tomad	tome	tomen
-er	bebe	bebed	beba	beban
-ir	vive	vivid	viva	vivan

With reflexive verbs, the reflexive pronoun (see **4.4**) is joined to the end of the imperative and two things happen:

1 The final **d** of the vosotros imperative is dropped before adding **os**:
¡Sentaos! *Sit down!*

2 An accent must be added to the stressed syllable in all the other forms:
¡Siéntate! *Sit down!* (tú)
¡Siéntese! *Sit down!* (usted)
¡Siéntense! *Sit down!* (ustedes)

Positive commands: irregular verbs

These commonly used verbs are irregular in the tú imperative:

decir	di
hacer	haz
ir	ve
oír	oye
poner	pon
salir	sal
tener	ten
venir	ven

Ven aquí. *Come here.*
Haz lo que te digo. *Do what I say.*

Negative commands

These also have four forms, and all of them are the same as the appropriate person of the present subjunctive:

	Familiar		***Formal***	
	tú	**vosotros**	**usted**	**ustedes**
	(sing.)	*(plural)*	*(sing.)*	*(plural)*
-ar	no tomes	no toméis	no tome	no tomen
-er	no bebas	no bebáis	no beba	no beban
-ir	no vivas	no viváis	no viva	no vivan

No hables inglés. *Don't speak English.*
No crucen la calle aquí. *Don't cross the road here.*

The reflexive pronoun is not joined to the end of negative imperatives:

No se preocupe. *Don't worry.*

Exercise 28

Turn the positive commands into negative ones and vice versa.

1 Habla conmigo.
2 Tome usted la primera calle a la derecha.
3 Ven aquí.
4 Pon la mesa.
5 Escribid con un bolígrafo.
6 Levantaos.
7 Siéntate.
8 Coja la autopista.

9 No vayas al cine.
10 No cruce la plaza.
11 No vengáis a la fiesta.
12 No te sientes allí.
13 No contestes a su carta.

5.23 *Gustar, doler, quedar, hacer falta, faltar, pasar*

A few Spanish verbs are generally used only in the third persons singular and plural, in special constructions. Gustar is the most common of these:

Me gusta el chocolate. *I like chocolate.* *(literally: Chocolate is liking to me.)*

Note that el chocolate is the subject and it comes after the verb. When the person or thing that is the subject is plural, the verb must also be plural:

Me gustan las fresas. *I like strawberries.* *(literally: Strawberries are liking to me.)*

In the present tense the full pattern is as follows:

Me gusta(n) …	*I like …*
Te gusta(n) …	*You like …*
Le* gusta(n) …	*He/She/It likes …/ You* (usted) *like …*
Nos gusta(n) …	*We like …*
Os gusta(n) …	*You like …*
Les* gusta(n) …	*They/You* (ustedes) *like …*

* The meaning of le and les can be clarified by adding a él, a ella, a ustedes, etc. The pronoun le or les has to be used even when the person is named:

Le gusta a él la natación pero no le gusta a ella. *He likes swimming but she doesn't.*

A Juan le gusta el cine. *Juan likes the cinema.*

Doler, quedar, hacer falta, faltar and pasar operate in the same way:

Me duele la pierna. *My leg hurts.*
Le duelen los oídos. *His ears hurt.*
Me queda un día. *I've got one day left.*
Nos quedan 20 euros. *We've got 20 euros left.*
¿Te hace falta un boli? *Do you need a biro?*
Os hacen falta lápices. *You need pencils.*
Le falta un botón. *It's missing a button.*
¿Qué le pasa? *What's the matter with him/her/you?*

Exercise 29

Write out the sentences with the correct present-tense forms of the verbs.

1 ¿Te (doler) los ojos?
2 Me (quedar) cien libras.
3 Me (gustar) mucho mi novia.
4 Nos (hacer falta) más tiempo para estudiar.
5 ¿Qué le (pasar) a Fede? ¿Está enfermo?
6 Os (quedar) poco tiempo. El tren está para salir.
7 A mis padres les (gustar) leer.
8 ¿Te (faltar) algo?

5.24 Expressions with *tener*

A number of Spanish expressions use tener *(to have)* where in English we would use *to be*:

tener … años *to be … years old*
tener calor *to be hot*
tener frío *to be cold*
tener hambre *to be hungry*
tener sed *to be thirsty*
tener cuidado *to be careful/to take care*
tener miedo *to be afraid*
tener éxito *to be successful*
tener razón *to be right*
tener sueño *to be tired/sleepy*
tener suerte *to be lucky*

5.25 *Desde hace* + present and imperfect

To say that somebody **has** been doing something **for** a certain time, you use desde hace + **present** tense:

¿Desde hace cuánto tiempo estudias español?
How long have you been studying Spanish?
Estudio español desde hace tres años.
I've been studying Spanish for three years.

To say that somebody **had** been doing something **for** …, you use desde hace + **imperfect** tense:

Ya estudiaba español desde hace tres años antes de ir a la universidad.
I had already been studying Spanish for three years before going to university.

Exercise 30

Answer these questions.

1 ¿Desde hace cuánto tiempo estudias español?
2 ¿Conoces a tu mejor amigo/a desde hace cuánto tiempo?
3 ¿Desde hace cuánto tiempo vives en tu casa?

4 ¿Desde hace cuánto tiempo ibas a la escuela antes de ir al colegio? (6 años)
5 ¿Desde hace cuánto tiempo hacías los deberes cuando llegó tu amigo? (2 horas)
6 ¿Desde hace cuánto tiempo hablaba María con Susana cuando llegaron los otros? (20 minutos)

6 Numbers

6.1 Cardinal numbers

Cardinal numbers are the numbers used for counting.

1	uno
2	dos
3	tres
4	cuatro
5	cinco
6	seis
7	siete
8	ocho
9	nueve
10	diez
11	once
12	doce
13	trece
14	catorce
15	quince
16	dieciséis
17	diecisiete
18	dieciocho
19	diecinueve
20	veinte
21	veintiuno
22	veintidós
23	veintitrés
24	veinticuatro
25	veinticinco
26	veintiséis
27	veintisiete
28	veintiocho
29	veintinueve
30	treinta
31	treinta y uno
32	treinta y dos, etc.
40	cuarenta
50	cincuenta
60	sesenta
70	setenta
80	ochenta
90	noventa
100	cien
200	doscientos
300	trescientos
400	cuatrocientos
500	quinientos
600	seiscientos
700	setecientos
800	ochocientos
900	novecientos
1,000	mil
1,000,000	un millón

Notes

1 The numbers up to 30 are written as one word, and accents are needed on some of them to show that the stress is on the last syllable: dieciséis.

2 Cien becomes ciento when followed by another number: ciento veinte.

3 Uno, other numbers ending in uno and numbers ending in cientos agree with the noun they describe: un litro, una botella; veintiún alumnos, treinta y una alumnas; quinientos gramos, doscientas mesas.

6.2 Ordinal numbers

The ordinal numbers are 'first', 'second', 'third', etc. They are adjectives and so agree with the noun they are describing.

primero/a *first*
segundo/a *second*
tercero/a *third*
cuarto/a *fourth*
quinto/a *fifth*
sexto/a *sixth*
séptimo/a *seventh*
octavo/a *eighth*
novenva *ninth*
décimo/a *tenth*

Notes

1 Primero and tercero are shortened to primer and tercer before a masculine singular noun: el tercer piso *(the third floor)*.

2 The ordinal numbers are often written as 1º or 1ª, etc. For example, if a Spanish address is written: c/ Leopoldo Alas, 24, 2º, 3ª, it means that the block of flats is number 24, the flat is on the second floor (segundo piso) and it is the third door (tercera puerta).

3 Ordinals are not used for dates, except optionally for the first of the month: el primero/uno de abril, el dos de mayo.

7 The time

The verb **ser** is used to tell the time in Spanish:

Es la una.
It's one o'clock.
Son las dos y cuarto.
It's (a) quarter past two.
Son las tres y media.
It's half past three.
Son las cuatro menos cuarto.
It's (a) quarter to four.
Son las cinco y cinco.
It's five past five.

To indicate the time of day you say:

Son las seis de la mañana.
It's six in the morning.
Son las dos de la tarde.
It's two in the afternoon.
Son las ocho de la tarde.
It's eight in the evening.
Son las doce de la noche.
It's twelve at night.
Son las dos de la madrugada.
It's two in the morning.

To say **at** a certain time you use a la/a las:

Llega a las nueve. *He arrives at nine.*

8 Prepositions

8.1 Common prepositions

These are the most commonly used prepositions:

a *to, at*
con *with*
de *from, of*
desde *from, since*
en *in, on*
entre *between*
hacia *towards*
para *for*
por *for, because of*
sin *without*
sobre *on, about*

al final de *at the end of*
alrededor de *around*
cerca de *near*
delante de *in front of*
dentro de *inside*
detrás de *behind*
encima de *on top of*
enfrente de *facing, opposite*
fuera de *outside*
lejos de *far from*

¿Está lejos del hospital?
Is it far from the hospital?
Sí, está cerca de la comisaría.
Yes, it's near the police station.
Pepe va a la cafetería pero yo voy al restaurante.
Pepe is going to the café, but I'm going to the restaurant.

Note the way de and a combine with the definite article el (but not with la): de + el = del, a + el = al.

8.2 *Por* and *para*

Por and para can both translate 'for', but they are used in different situations.

Por is used:

- For the period in which an action takes place: Salí por la noche. *I went out at night.*
- For the location where an action takes place: Andan por las calles.

They walk along the streets.

- For the means by which something is done:
  Le llamé por teléfono. *I phoned him.*
- To express 'on behalf of' or 'instead of':
  Lo hizo por mí. *He did it instead of me.*
- To express 'per':
  Gana 15 euros por hora.
  She earns 15 euros per hour.

Para is used:

- For the purpose or recipient of something:
  Lo compré para mi madre.
  I bought it for my mother.
- For a destination:
  Salimos para Madrid. *We set off for Madrid.*
- For a deadline:
  Para finales de este mes.
  For the end of this month.
- To express 'in order to' (+ infinitive):
  Ahorra dinero para comprar una moto.
  He is saving his money (in order) to buy a motorbike.
  But note that after the verb **ir** 'in order to' is translated by **a** instead of para:
  Vamos a la cafetería a tomar una copa.
  We go to the café (in order) to have a drink.

9 Conjunctions

Conjunctions link two parts of a statement or link two statements. Common conjunctions include:

y/e *and*
o/u *or*
pero *but*
aunque *although*
porque *because*
sin embargo *however*

'And' is **y** unless it is followed by a word beginning with **i** or **hi** (but not **hie**), in which case it becomes **e**:

Estudio español e inglés.
I study Spanish and English.

Similarly, 'or' is **o** unless followed by a word beginning with **i** or **hi**, in which case it becomes **u**.

Hay cabañas de seis u ocho camas.
There are cabins with six or eight beds.

10 Stress and the written accent

Words are made up of syllables (e.g. casa = ca + sa). In every word of more than one syllable, one syllable is stressed more (spoken with more emphasis) than the rest (e.g. ca-sa). In Spanish there are simple rules for where the stress falls:

1 In words ending with a consonant other than **n** or **s**, the stress normally falls on the last syllable: Madrid, autocar.

2 In words ending with a vowel, **n** or **s**, the stress normally falls on the penultimate (next-to-last) syllable: hablan, niño, madre, tenemos.

In words where the position of the stress doesn't obey the above rules, a written accent is used to mark the syllable where the stress falls: árbol, canción, miércoles.

Words of one syllable don't of course require an accent to indicate the stress, but an accent is used to distinguish some pairs of one-syllable words that have the same spelling but different meanings. The most common of these are:

dé *give*	de *from, of*
él *he, him*	el *the*
más *more*	mas *but*
mí *me*	mi *my*
sé *I know*	se *him/her/it/yourself*
sí *yes; him/her/it/yourself*	si *if*
té *tea*	te *you, yourself*
tú *you*	tu *your*

Exercise 31

Look at one of the module vocabulary lists in this book (or a list in your vocabulary book) and try to explain why some of the words have accents.

11 Irregular verb tables

These are the irregular verbs you are most likely to need. The irregular forms are printed in red.

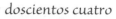

Infinitive	Present	Future	Preterite	Imperfect	Familiar imperative	Present subjunctive	Gerund & Past participle
dar	doy das da damos dais dan	daré darás dará daremos daréis darán	di diste dio dimos disteis dieron	daba dabas daba dábamos dabais daban	da, dad	dé des dé demos deis den	dando dado
decir	digo dices dice decimos decís dicen	diré dirás dirá diremos diréis dirán	dije dijiste dijo dijimos dijisteis dijeron	decía decías decía decíamos decíais decían	di, decid	diga digas diga digamos digáis digan	diciendo dicho
estar	estoy estás está estamos estáis están	estaré estarás estará estaremos estaréis estarán	estuve estuviste estuvo estuvimos estuvisteis estuvieron	estaba estabas estaba estábamos estabais estaban	está, estad	esté estés esté estemos estéis estén	estando estado
hacer	hago haces hace hacemos hacéis hacen	haré harás hará haremos haréis harán	hice hiciste hizo hicimos hicisteis hicieron	hacía hacías hacía hacíamos hacíais hacían	haz, haced	haga hagas haga hagamos hagáis hagan	haciendo hecho
ir	voy vas va vamos vais van	iré irás irá iremos iréis irán	fui fuiste fue fuimos fuisteis fueron	iba ibas iba íbamos ibais iban	ve, id	vaya vayas vaya vayamos vayáis vayan	yendo ido
oír	oigo oyes oye oímos oís oyen	oiré oirás oirá oiremos oiréis oirán	oí oíste oyó oímos oísteis oyeron	oía oías oía oíamos oíais oían	oye, oíd	oiga oigas oiga oigamos oigáis oigan	oyendo oído
poder	puedo puedes puede podemos podéis pueden	podré podrás podrá podremos podréis podrán	pude pudiste pudo pudimos pudisteis pudieron	podía podías podía podíamos podíais podían	–	pueda puedas pueda podamos podáis puedan	pudiendo podido

Infinitive	Present	Future	Preterite	Imperfect	Familiar imperative	Present subjunctive	Gerund & Past participle
poner	pongo	pondré	puse	ponía	pon, poned	ponga	poniendo
	pones	pondrás	pusiste	ponías		pongas	
	pone	pondrá	puso	ponía		ponga	puesto
	ponemos	pondremos	pusimos	poníamos		pongamos	
	ponéis	pondréis	pusisteis	poníais		pongáis	
	ponen	pondrán	pusieron	ponían		pongan	
querer	quiero	querré	quise	quería	quiere, quered	quiera	queriendo
	quieres	querrás	quisiste	querías		quieras	
	quiere	querrá	quiso	quería		quiera	querido
	queremos	querremos	quisimos	queríamos		queramos	
	queréis	querréis	quisisteis	queríais		queráis	
	quieren	querrán	quisieron	querían		quieran	
saber	sé	sabré	supe	sabía	sabe, sabed	sepa	sabiendo
	sabes	sabrás	supiste	sabías		sepas	
	sabe	sabrá	supo	sabía		sepa	sabido
	sabemos	sabremos	supimos	sabíamos		sepamos	
	sabéis	sabréis	supisteis	sabíais		sepáis	
	saben	sabrán	supieron	sabían		sepan	
salir	salgo	saldré	salí	salía	sal, salid	salga	saliendo
	sales	saldrás	saliste	salías		salgas	
	sale	saldrá	salió	salía		salga	salido
	salimos	saldremos	salimos	salíamos		salgamos	
	salís	saldréis	salisteis	salíais		salgáis	
	salen	saldrán	salieron	salían		salgan	
ser	soy	seré	fui	era	sé, sed	sea	siendo
	eres	serás	fuiste	eras		seas	
	es	será	fue	era		sea	sido
	somos	seremos	fuimos	éramos		seamos	
	sois	seréis	fuisteis	erais		seáis	
	son	serán	fueron	eran		sean	
tener	tengo	tendré	tuve	tenía	ten, tened	tenga	teniendo
	tienes	tendrás	tuviste	tenías		tengas	
	tiene	tendrá	tuvo	tenía		tenga	tenido
	tenemos	tendremos	tuvimos	teníamos		tengamos	
	tenéis	tendréis	tuvisteis	teníais		tengáis	
	tienen	tendrán	tuvieron	tenían		tengan	
venir	vengo	vendré	vine	venía	ven, venid	venga	viniendo
	vienes	vendrás	viniste	venías		vengas	
	viene	vendrá	vino	venía		venga	venido
	venimos	vendremos	vinimos	veníamos		vengamos	
	venís	vendréis	vinisteis	veníais		vengáis	
	vienen	vendrán	vinieron	venían		vengan	
ver	veo	veré	vi	veía	ve, ved	vea	viendo
	ves	verás	viste	veías		veas	
	ve	verá	vio	veía		vea	visto
	vemos	veremos	vimos	veíamos		veamos	
	veis	veréis	visteis	veíais		veáis	
	ven	verán	vieron	veían		vean	

Vocabulario español–inglés

A

a cambio *instead*
a distancia *(at a) distance*
a la semana *per week*
a mano … *on the … hand side*
¡a ver! *let's see*
abajo *downstairs, below, beneath*
el abanico *fan*
abierto/a *open*
el abogado *lawyer*
el abono *subscription*
abordar *to get on (train, etc.)*
el abrazo *hug*
abre *(s)he/it opens*
abril *April*
abrir *to open*
la abuela *grandmother*
el abuelo *grandfather*
aburridísimo/a *really boring*
aburrido/a *boring*
lo aburrido *the boring thing*
el abuso *abuse*
acabar de *to have just*
académico/a *academic*
el acceso *access*
el accidente *accident*
la acción *action*
el aceite *oil*
aceptable *acceptable*
aceptado/a *accepted*
aceptar *to accept*
acepté *I accepted*
acerca de *about*
acompañar *to accompany*
acostarse *to go to bed*
la actitud *attitude*
la actividad *activity*
activo/a *active*
el actor *actor*
la actriz *actress*
el acueducto *aqueduct*
estar de acuerdo *to agree*
adecuado/a *appropriate, sufficient*
en adelante *and above*
además *besides*
de administración *(adj.) administering*
administrativo/a *adminstrative*
admirar *to admire*
admitir *to allow*
el/la adolescente *adolescent*
¿adónde? *where (to)?*
adornado/a *adorned, set off by*
adoro *I adore*
adosado/a *semi-detached*
la adrenalina *adrenalin*
el adulto *adult*
el aerobic *aerobics*
el aeropuerto *airport*
afectar *to affect*
afortunadamente *fortunately*
afuera *outside*
las afueras *outskirts*
la agencia de viajes *travel agency*
la agenda *diary*
agosto *August*
agradable *pleasant*
agradecer *to thank*
la agresión *violence*
la agresividad *aggression*
agresivo/a *aggresive*
el agua *(fem.) water*
aguantar *to put up with*
ahora *now*
ahorran *they save*
ahorrar *to save*
los ahorros *savings*
el aire *air*
el aire acondicionado *air conditioning*
al aire libre *in the open air*
el ajedrez *chess*
al ajillo *cooked in garlic*
el ajo *garlic*
ajustado/a *tight*
el ala delta *hang-gliding*
el albergue (juvenil) *(youth) hostel*
el álbum *album*
el alcohol *alcohol*
alegre *happy, lively, cheerful*
alemán/alemana *German*
algo *something, somewhat*
¿algo más? *anything else?*
de algodón *cotton*
alguien *someone*
algún, alguno/a *some, any*
algunos/as *some*
alimentar *to feed*
allí *there*
los grandes almacenes *department store*
la almendra *almond*
el alojamiento *lodging*
alojarse *to lodge, stay*
alquilar *to rent, hire*
el alquiler *rental*
alrededor de *around*
de alta calidad *of high quality*
de alta velocidad *high-speed*
a altas horas *in the early hours*
la alteración *alteration*
alto/a *tall, high*
la altura *height*
el/la alumno/a *pupil*
ama *(s)he loves*
amable *friendly, kind, likeable*
amar *to love*
amarillo/a *yellow*
amarrarse a *to attach oneself to*
ambos/as *both*
la ambición *ambition*
ambicioso/a *ambitious*
el ambiente *atmosphere*
la ambulancia *ambulance*
América Latina *Latin America*
americano/a *American*
el/la amigo/a *friend*
la amistad *friendship*
amplio/a *wide, roomy*
añádela *add it*
añadir *to add*
ancho/a *wide*
andaluz(a) *from Andalucía*
andar *to walk*
el andén *platform*
la anfetamina *amphetamine*
el anillo *ring*
de animación *cartoon*
el animal *animal*
el año *year*
anotar *to make a note*
de antemano *in advance*
anterior *above-mentioned, previous*
antes de *before*
anticipado/a *in advance*
la antigüedad *antique*
antiguo/a *old, ancient*
antipático/a *unpleasant, nasty*
antisocial *antisocial*
anunciar *to announce*
el anuncio *advertisement*
anunció *(s)he announced*
apagar *to turn off*
apague *(imp.) turn off*
el aparato *machinery, apparatus*
el aparcamiento *car park*
aparcar *to park*
aparecer *to appear*
apareció *(s)he/it appeared*
el apartado *post-office box*
me apasiona *I am fanatical about*
apetecer *to appeal*
apetecería *it would appeal*
aplazado/a *deferred*
apreciar *to appreciate*
apréndela *learn it*
aprender *to learn*
aprendí *I learnt*
aprendiendo *learning*
aprobar *to pass (exam)*
apropiado/a *appropriate*
aprovechar *to take advantage of*
aproximadamente *approximately*
apunta *note down*
apuntar *to jot down, note*
el apunte *note*
aquel/aquella *that (one) over there*
aquellos/as *those over there*
aquí *here*
árabe *arab*
el árbol *tree*
el arco y la flecha *archery*
el área *(fem.) area*
la arena *sand*
el argumento *argument*
la armonía *harmony*
el/la arqueólogo/a *archaeologist*
el/la arquitecto/a *architect*
arreglarse *to get ready*
arriba *above*
arriesgarse *to take risks*
arrogante *arrogant*
el arroz con leche *rice pudding*
artesanal *(adj.) craft*
el artículo *article*
artificial *artificial*
artístico/a *artistic*
asado/a *roasted*
el ascensor *lift*
así *thus, in this way*
el asiento *seat*
la asignatura *school subject*
el/la asistente/a *assistant*
el aspecto *look*
la aspiradora *vacuum cleaner*
la aspirina *aspirin*
la astronomía *astronomy*
el ataque *attack*
atar *to tie*
el atardecer *dusk*
atender *to attend to*
atento/a *attentive*
aterrizar *to land*
el ático *attic*
el atletismo *athletics*

las atracciones *attractions*
el parque de atracciones *fun fair*
atractivo/a *attractive*
atraer *to attract*
atrevido *daring*
atropellar *to knock down*
el atún *tuna*
el aula *classroom*
aumentar *to increase*
el aumento *increase*
aún *even, still*
aunque *although*
auténtico/a *authentic*
el autobús *bus*
en autobús *by bus*
el autocar *coach*
en autocar *by coach*
automático/a *automatic*
el automóvil *automobile*
la autopista *motorway*
el autor *author, writer*
avaricioso/a *greedy*
la aventura *adventure*
aventurero/a *adventurer*
la avería *breakdown*
el avión *plane*
el aviso *warning*
¡ay! *oh!*
ayer *yesterday*
la ayuda *help*
ayudar *to help*
el ayuntamiento *town hall*
el azúcar *sugar*
azul *blue*

B

el bacalao *cod*
el bachillerato *A Level equivalent*
la bahía *bay*
bailando *dancing*
bailar *to dance*
el baile *dancing*
bajar *to go down*
al bajar *on getting out/off*
bajo *beneath*
bajo/a *short, low*
el balcón *balcony*
el baloncesto *basketball*
el balonmano *handball*
la banca *bench*
el banco *bank*
la banda sonora *soundtrack*
la bandera *flag*
bañarse *to bathe*
la bañera *bath*
el baño *bath(room)*
el bar *bar*
el bar de copas *cocktail bar*
barato/a *cheap*
la barba *beard*
la barbacoa *barbecue*
el barbitúrico *barbiturate*
barcelonés *from Barcelona*
el barco *boat*
el barco de vela *sailing boat*
la barra *loaf*
el barrio *district*
la base *base*
a base de *based on*
basta *it is enough*
bastante *quite (a lot), enough*
la basura *rubbish*
el basurero *bin*
la batalla *battle*
la batería *battery, drums*
el bebé *baby*
beber *to drink*
beberlo *to drink it*
la bebida *drink*
la belleza *beauty*
bello/a *beautiful*
la bestia *beast*
la biblioteca *library*
en bici *by bike*
la bicicleta *bicycle*
bien *good, well*
bienvenido/a *welcome*
el bigote *moustache*
el billete *ticket, banknote*
el billetero *wallet*
la biografía *biography*
la biología *biology*
el bistec *steak*
blanco/a *white*
el bloque *block*
el bloque sanitario *toilet block*
la boca *mouth*
el bocadillo *sandwich*
la boda *wedding*
la bodega *wine shop*
el boli *biro*
el bolígrafo *biro*
la bolsa *bag*
el bolsillo *pocket*
el bolso *bag*
pasarlo bomba *to have a great time*
bonito/a *nice-looking, pretty*
el bono-metro *book of metro tickets*
a bordo *on board*
el bosque *woods*
la bota *boot*
el bote neumático *rubber dinghy*
la botella *bottle*
el botón *button*
la boutique *boutique*
bravo/a *wild*
el brazalete *bracelet*
el brazo *arm*
británico/a *British*
el bronceador *sunscreen*
broncearse *to get brown*
buenísimo/a *really good*
bueno/a *good*
lo bueno *the good thing*
el bufete *office*
el burro *donkey*
el bus *bus*
busca *(imp.)* *look for*
buscando *looking for*
buscar *to look for*
la butaca *armchair*

C

el caballo *horse*
a caballo *on horseback*
la cabaña *cabin*
la cabeza *head*
la cabina *booth*
cada *each, every*
caerse *to fall down/off*
el café *coffee*
el café solo *black coffee*
la cafetería *café*
la caja *cash desk, till, box*
el cajero automático *cash point*
los calamares *squid*
el calcetín *sock*
la calculadora *calculator*
la calefacción *heating*
la calidad *quality*
caliente *hot*
callarse *to be quiet*
la calle *street*
la calma *calm*
calmar *to calm*
la cama *bed*
la camarera *waitress*
el camarero *waiter*
cambiando *changing*
cambiar *to change*
a cambio *instead*
el cambio *change*
caminar *to walk, stroll*
la caminata *hike*
el camión *lorry*
el/la camionero/a *lorry driver*
la camisa *shirt*
la camiseta *tee shirt*
el campamento *camp*
la campana *bell*
el camping *campsite*
el campo *countryside, field*
la caña *glass (of beer)*
el Canadá *Canada*
el canal *canal, channel*
cancerígeno/a *carcinogenic*
la cancha *court*
la canción *song*
el/la canguro *babysitter*
la canoa *canoe*
cansado/a *tired*
el/la cantante *singer*
cantar *to sing*
cantaron *they sang*
la cantidad *quantity*
canto *I sing*
la capacidad *capacity*
la capital *capital city*
el capitán *captain*
la cara *face*
los caracoles *snails*
el carácter *character*
la característica *characteristic*
el caramelo *sweet*
la caravana *caravan*
la cárcel *prison*
el Caribe *Caribbean*
con cariño *with love*
cariñoso/a *affectionate*
carismático/a *charismatic*
la carne *meat*
el carné *identity card*
la carnicería *butcher's*
caro/a *expensive*
la carpeta *file*
el/la carpintero/a *carpenter*
la carrera *race, career*
la carretera *main road*
el carro *car (in Latin America)*
la carta *letter*
la cartelera *what's on listing*

el cartón *cardboard*
en casa *at home*
la casa *house, home*
casado/a *married*
casarse *to get married*
el casco *helmet*
la caseta *hut, stand*
casi *almost*
la casilla *box*
el casino *casino*
la casita *little house*
el caso *case*
en caso de *in case of*
en caso de urgencia *in case of emergency*
castaño/a *brown/chestnut colour*
la castañuela *castanet*
castigar *to punish*
el castillo *castle*
el catamarán *catamaran*
el catarro *a cold*
catastrófico/a *catastrophic*
la catedral *cathedral*
la categoría *category*
catorce *fourteen*
la causa *cause*
a causa de *because of*
me cayó bien *it suited me well*
la cazuela *stew(pot)*
la cebolla *onion*
celebrar *to celebrate*
celoso/a *jealous*
el cemento *cement*
la cena *dinner, supper*
cenamos *we had dinner*
cenar *to have dinner*
cenaré *I shall have dinner*
el cenicero *ashtray*
ceno *I have dinner*
céntrico/a *central*
el centro *centre*
el centro comercial *shopping centre*
cepillarse los dientes *to brush one's teeth*
cerca *near, nearby*
cerca de *near to*
cercano/a *nearby*
el cerdo *pork*
los cereales *cereal*
cerrar *to shut*
la cerveza *beer*
el césped *lawn*
el chaleco salvavidas *life jacket*
el chalet *small villa*
el champán *champagne*
el champiñón *mushroom*
la chaqueta *jacket, coat*
charlar *to chat*
la chica *girl*
el chico *boy*
chileno/a *Chilean*
chino/a *Chinese*
el chófer *driver*
el choque *smash, crash*
el chorizo *Spanish spicy salami*
la chuleta *chop*
el churro *fried Spanish doughnut*
el ciclismo *cycling*
el cielo *sky*
cien *hundred*
la ciencia ficción *science fiction*
las ciencias *science*
las Ciencias de la Naturaleza *Natural Sciences*
las ciencias sociales *social sciences*
científico/a *scientific*
ciento *hundred*
por ciento *per cent*
cierra *(imp.) shut*
el cigarrillo *cigarette*
cinco *five*
cincuenta *fifty*
el cine *cinema*
la cinta *tape*
la cintura *waist*
el circuito de velocidad *speed track*
la cisterna *cistern*
la cita *date*
la ciudad *city*
claro (que sí) *of course*
claro/a *light, clear*
la clase *class, lesson*
clasificar *to file*
los clavadistas *Mexican divers*
clave *(adj.) key*
el/la cliente/a *customer*
el clima *climate*
climatizado/a *air-conditioned*
cobarde *cowardly*
la cocaína *cocaine*
el coche *car*
el coche-cama *sleeping car, sleeper*
la cocina *kitchen, cooker, home economics*
cocinando *cooking*
cocinar *to cook*
el/la cocinero/a *cook, chef*
el cóctel *cocktail*
la codera *elbow patch/guard*
coger *to take, catch*
coja *(imp.) take*
cojo *I take*
el cole *(abbr.) school*
la colección *collection*
colectivo/a *common*
el colegio *school*
el collar *necklace*
el color *colour*
colosal *colossal*
la columna *column*
combinado/a *combined*
la comedia *comedy*
el comediante *comedian*
el comedor *dining room*
el comentario *comment*
comer *to eat*
comercial *commercial*
el comercio *business, economics*
la tienda de comestibles *grocer's shop*
la cometa *kite*
la comida *lunch, meal, food*
la comida basura *junk food*
comiendo *eating*
la comisaría *police station*
como *I eat*
como *like, as, because*
¿cómo? *how? what?*
la comodidad *comfort*
cómodo/a *comfortable*
el/la compañero/a *partner*
el/la compañero/a de clase *classmate*
la compañía *company*
comparar *to compare*
compartir *to share*
competir *to compete*
completa *(imp.) complete*
completo/a *full*
complicadísimo/a *really complicated*
complicado/a *complicated*
compondrá *it will comprise*
componer *to compose*
la compra *shopping*
el/la comprador(a) *shopper*
comprar *to buy*
compraron *they bought*
ir de compras *to go shopping*
comprensivo/a *understanding*
compro *I buy*
común/comuna *communal*
la comunicación *communication*
comunicar *to communicate*
comunicarán *they will communicate*
con *with*
el concierto *concert*
concluir *to conclude*
el concurso *competition*
conducir *to lead, to drive*
el/la conductor(a) *driver*
el conejo *rabbit*
la confianza *confidence, trust*
la confrontación *confrontation*
el congelador *freezer*
conocer *to know*
conoces *you know*
conocía *I knew*
los conocimientos *knowledge*
conozco *I know*
como consecuencia *as a result*
la consecuencia *consequence*
el consejo *advice*
la consideración *consideration*
la consigna *left luggage*
consiste en *it consists of*
consistir en *to consist of*
consistirá en *it will consist of*
estar constipado/a *to have a cold*
la construcción *construction, building*
construido/a *built*
la consulta *surgery*
consumir *to consume*
el consumo *consumption*
estar en contacto *to be in contact*
la contaminación *pollution*
contaminado/a *polluted*
contaminante *polluting*
contaminar *to pollute*
contar *to tell*
contemplando *contemplating*
contemplar *to contemplate, gaze on*
contemporáneo/a *contemporary, modern*
contento/a *happy*
contesta *answering*
el contestador automático *answering machine*
contéstame *answer me*
contestando *answering*
contestar *to answer*
contiene *it contains*
en contra *against*
al contrario *on the contrary*
el contrario *opposite*
contrarreloj *against the clock*

el contrato *contract*
controlar *to control*
convencer *to convince*
convendría *(it) would suit*
convenir *to suit*
la conversación *conversation*
convivir con *to live with*
la copa *alcoholic drink*
la copia *copy*
copiar *to copy*
el corazón *heart*
la corbata *tie*
el cordero *lamb*
el coro *choir*
correcto/a *correct*
corregir *to correct*
por correo electrónico *by email*
Correos *post office*
correr el riesgo *to run the risk*
corresponde *(it) corresponds*
la correspondencia *connection*
correspondiente *corresponding*
la corrida de toros *bull fight*
la corriente de aire *air current*
corrige *(imp.) correct*
cortado/a *cut*
cortar *to cut*
cortés/cortesa *polite*
corto/a *short*
la cosa *thing*
la cosecha *harvest*
la cosmética *cosmetics*
cosmopolita *cosmopolitan*
la costa *coast*
costar *to cost*
costarricense *Costa Rican*
crear *to create*
creativo/a *creative*
el crédito *credit*
creer *to think, believe*
la crema *cream*
la criatura *creature*
el crimen *crime*
cristalino/a *crystal clear*
critican *they criticise*
criticar *to criticise*
el cruce *crossroads*
cruel *cruel*
cruzar *to cross*
el cuaderno *exercise book*
cuadrado/a *(adj.) square*
¿cuál(es)? *which?*
cualquier(a) *whatever*
cuando *when*
¿cuándo? *when?*
¿cuánto/a? *how much?*
¿cuántos/as? *how many?*
cuarenta *forty*
menos cuarto *quarter to*
y cuarto *quarter past*
el cuarto de baño *bathroom*
cuatro *four*
cuatrocientos *four hundred*
cubano/a *Cuban*
cubierto/a *covered*
la cuchara *spoon*
la cucharada *spoonful*
el cuchillo *knife*
cuenta *it counts, tells*
la cuenta *bill*
cuéntame *tell me*

la cuerda *rope, cord*
de cuero *made of leather*
el cuero *leather*
el cuerpo *body*
cuesta *it costs*
cuestan *they cost*
la cueva *cave*
cuidar *to look after*
cuido *I care for*
culinario/a *culinary*
cultivar *to grow*
la cultura *culture*
cultural *cultural*
el cumpleaños *birthday*
cumplir … años *to be … years old*
cumplo … años *I shall be … years old*
el curriculum *curriculum vitae, CV*
el cursillo *short course*
el curso *course*

D

da *give*
dale la gana *(s)he feels like (it)*
el dálmata *dalmatian*
dan *they give*
el daño *harm*
dar de comer *to feed*
dar rabia *to annoy, anger*
dar un paseo *to stroll*
dar una vuelta *to go for a ride around*
dar *to give*
darse cuenta de que *to realise*
darse por vencido *to give up*
de *of, from*
de antemano *in advance*
de moda *fashionable*
debajo de *beneath*
debe *one should, ought to*
deben *they should, ought to*
deber *to have to*
los deberes *homework*
decide *decide*
decidido/a *decided*
decir *to say, tell*
la decoración *decoration, decorative order*
el dedo *finger*
el defecto *defect*
deficiente *deficient*
degustar *to taste*
dejar *to leave (behind), allow*
dejarse *to allow oneself*
dejé *I left*
dejo *I leave*
delante de *in front of*
deletrear *to spell*
delgado/a *thin*
delicadamente *delicately*
delicioso/a *delicious*
demasiado *(adv.) too*
demasiado/a *(adj.) too much*
deme *give me*
democrático/a *democratic*
el/la dentista *dentist*
dentro *inside*
dentro de *within*
el departamento *department*
depende (de) *it depends (on)*

la dependencia *dependence*
el/la dependiente/a *shop assistant*
el deporte *sport*
el deporte de riesgo *extreme sport*
deportista *(adj.) sporty*
el/la deportista *sportsperson*
deportivo/a *(adj.) sports*
la depresión *depression*
deprimente *depressing*
la derecha *(the) right*
el derecho *law, right*
el derecho a *right to*
derribar *to shoot down*
desafortunadamente *unfortunately*
el desastre *disaster*
el desayuno *breakfast*
descansar *to rest*
descansé *I rested*
el descanso *rest, relaxation*
el descenso *descent*
desconectar *to disconnect*
describe *(imp.) describe*
describiendo *describing*
describir *to describe*
las descripciones *descriptions*
descubrir *to discover*
descuento *discount*
desde *from*
desde hace *for (length of time)*
desea *(s)he/you want(s)*
desear *to want*
el desempleo *unemployment*
desenchufar *to unplug*
desesperado/a *desperate*
los deshechos *waste*
desobediente *disobedient*
el desodorante *deodorant*
el desorden *disorder*
despacio *slow(ly)*
despegar *to take off*
despejado/a *clear (sky)*
despertarse *to wake up*
se despide atentamente *yours faithfully*
después *afterwards*
después de *after*
el destino *destination*
la desventaja *disadvantage*
detallado/a *detailed*
el detalle *detail*
detestable *detestable*
detestar *to detest*
detrás de *behind*
devolver *to return, hand back, refund*
di *say*
al día siguiente *the next day*
el día *day*
del día *of the day*
el diario *diary*
la diarrea *diarrhea*
el dibujo *drawing, art*
los dibujos animados *comic strip*
el diccionario *dictionary*
dicen *they say*
diciembre *December*
la dictadura *dictatorship*
diecinueve *nineteen*
dieciocho *eighteen*
dieciséis *sixteen*
diecisiete *seventeen*

el diente *tooth*
el diente de ajo *clove of garlic*
diez *ten*
la diferencia *difference*
diferente *different*
difícil *difficult*
dígame *hello (answering the phone)*
dime *tell me*
dinámico/a *dynamic*
el dinero *money*
la dirección *address, direction*
directamente *directly*
directo/a *direct, straight to the point*
el/la director(a) *manager, boss, head teacher*
dirigirse a *to go towards*
el disco *record, disc*
la discoteca *discotheque*
diseñado/a *designed*
el/la diseñador(a) *designer*
el/la diseñador(a) gráfico/a *graphic designer*
el diseño *design*
disfrutar *to enjoy*
disolver *to dissolve*
disponer de *to have available*
disponible *available*
dispuesto/a *ready*
a distancia *at a distance*
distinguido/a *dear (formal)*
diurno/a *(adj.) daytime*
la diversión *amusement, entertainment*
divertido/a *amusing, fun*
nos divertimos *we enjoyed ourselves*
dividir *to divide*
divorciado/a *divorced*
divorciarse *to divorce*
el divorcio *divorce*
el doblador *cigar maker*
doble *double*
doble *(imp.) go round, turn*
doce *twelve*
la docena *dozen*
el documental *documentary*
el dólar *dollar*
doler *to hurt*
el domicilio *home (address)*
domingo *Sunday*
el dominio de *command of*
donde *where*
¿dónde? *where?*
me dormí *I fell asleep*
dormir *to sleep*
dormirse *to fall asleep*
el dormitorio *bedroom*
dos *two*
la droga *drug*
la ducha *shower*
ducharse *to have a shower*
la duda *doubt*
duele(n) *it (they) hurt*
el dueño *owner*
me duermo *I fall asleep*
dulce *sweet*
duran *they last*
durante *during*
durar *to last*
duro/a *hard*
duró *it took, lasted*

E

e *and*
ecológico/a *organic*
ecologista *ecological*
el ecoturismo *green tourism*
las experiencias *experiences*
la edad *age*
el edificio *building*
la educación física *P.E.*
educativo/a *educational*
en efectivo *in cash*
el efecto *effect*
eficaz *efficient*
efusivo/a *effusive*
egoísta *selfish*
el ejemplar *copy*
el ejemplo *example*
el ejercicio *exercise*
el *(masc.) the*
él *he, him*
el/la electricista *electrician*
eléctrico/a *(adj.) electric*
el electrodoméstico *electric appliance*
elegante *elegant*
elige *choose*
eliminar *to eliminate*
ella *she, her*
ellas *(fem.pl.) them*
ellos *(masc.pl.) them*
embarazada *pregnant*
sin embargo *however*
la emisión *programme*
la emoción *excitement*
emocionalmente *emotionally*
emocionante *exciting*
empareja *(imp.) pair up*
emparéjalos *pair them*
emparejar *to pair up*
empatado/a *tied, drawn*
empecé *I began*
empezamos *we begin*
empezar *to begin*
empezó *it began*
empiezan *they begin*
el/la empleado/a *employee, clerk*
el empleo *job*
la empresa *business*
en *in, on*
en paro *unemployed*
se enamora de *(s)he falls in love with*
enamorarse de *to fall in love with*
encantar *to delight, enchant*
encender *to light*
encontré *I found*
la encuesta *survey*
el enemigo *enemy*
enero *January*
la enfermedad *illness*
la enfermería *medical room*
el/la enfermero/a *nurse*
enfermo/a *ill, sick*
el/la enfermo/a *sick person, invalid*
enfrente (de) *opposite*
enigmático/a *intriguing, mysterious*
enorme *huge, enormous*
la ensalada *salad*
la ensaladilla rusa *Russian salad*
enseñar *to show, teach*
entender *to understand*
entiendes *you understand*
entiendo *I understand*
me entiendo bien con *I get on well with*
entonces *then*
la entrada *entrance ticket*
entrar *to go in, enter*
entre *among, between*
el entrenamiento *training*
la entrevista *interview*
entrevistado/a *interviewed*
el entrevistador *interviewer*
entrevistar *to interview*
entusiasmar *to fill with enthusiasm*
entusiasta *enthusiastic*
enviar *to send*
el episodio *episode*
el equilibrio *balance*
el equipaje *luggage*
el equipo *team*
el equipo de música *music centre*
la equitación *horse riding*
eran *they were*
eres *you are*
el error *mistake*
es *(s)he/it is*
la escalera *stairs*
la escalera automática *escalator*
el escaparate *shop window*
escaparse *to escape*
la escena *scene*
el/la esclavo/a *slave*
escocés/escocesa *Scottish*
Escocia *Scotland*
escoge *(s)he chooses*
escoge *(imp.) choose*
escoger *to choose*
escolar *(adj.) school*
escriben *they write*
escribiendo *writing*
escribir *to write*
escribiré *I shall write*
escribo *I write*
escrito/a *written*
escucha *(imp.) listen to*
escuchando *listening to*
escuchar *to listen to*
la escuela *school*
ese/esa *that (one)*
a eso de *at around, about*
la ESO (Educacíon Secundaria Obligatoria) *compulsory secondary education*
esos/as *those*
el espacio *space*
la espalda *back, shoulders*
España *Spain*
español/a *Spanish*
especial *special*
la especialidad *speciality*
el/la especialista *specialist*
especializarse *to specialise*
espectacular *spectacular*
el espectáculo *spectacle, event*
el espectador *spectator, cinema goer*
el espejo *mirror*
a la espera de *waiting for*
esperando *waiting for*
esperar *to wait (for)*
esperaron *they waited*
el espía *spy*
esquiar *to ski*
la esquina *corner*

esta (fem.) *this*
está *(s)he/it is*
estaba *I/you/(s)he was*
estable (adj.) *stable*
el establo *stable*
la estación *station, season (of the year)*
la estación de servicio *service station*
el estacionamiento *parking*
el estadio *stadium*
el estado *state*
los Estados Unidos *United States*
estadounidense *from the USA*
estáis (pl.) *you are*
estamos *we are*
están *they are*
la estancia *stay*
el estanco *tobacconist's*
el estante *shelf*
estar de acuerdo *agree*
estar *to be*
estará *(s)he/it will be*
estarán de moda *they will be fashionable*
estaré *I shall be*
estas (fem.) *these*
estás *you are*
la estatua *statue*
este (masc.) *this*
el este *east*
el estilo *style*
estimado/a *dear (formal letter)*
esto *this*
el estómago *stomach*
estos (masc.) *these*
estoy *I am*
estrecho/a *narrow*
la estrella *star*
estrellarse *to crash*
el estrés *stress*
estresado/a *stressed*
estricto/a *strict*
estropeado/a *ruined, spoilt*
el estuche *pencil case*
el/la estudiante *student*
estudiar *to study*
estudias *you study*
estudio *I study*
el estudio *study*
estupendo/a *fantastic*
estúpido/a *stupid*
el euro *euro*
Europa *Europe*
evaluar *evaluate, mark, judge*
evitar *to avoid*
exactamente *exactly*
el examen *exam*
examinar *to look closely at*
excepto *except*
excesivo/a *excessive*
exclusivo/a *exclusive*
la excursión *trip, excursion*
las existencias *stock*
el éxito *success*
exótico/a *exotic*
la experiencia *experience*
explicar *to explain*
la expresión *expression*
el éxtasis *ecstasy*
extraescolar *extra-curricular*
extranjero/a *foreign*
al extranjero *abroad*
el extranjero *abroad*
extraordinario/a *extraordinary*
extrovertido/a *extrovert*
el ex-usuario *ex-user*

F

la fábrica *factory*
fabuloso/a *fabulous*
la facción *faction*
fácil *easy*
la facilidad *facility*
fácilmente *easily*
la falda *skirt*
falso/a *false*
falta *it is missing/lacking*
la falta *mistake*
faltar *to be lacking/missing*
la fama *fame*
la familia *family*
familiar (adj.) *family*
el familiar *family member*
famoso/a *famous*
fantástico/a *fantastic*
el/la farmacéutico/a *pharmacist*
la farmacia *chemist's shop*
fascinar *to fascinate*
fatal *really bad, dreadful*
la fauna *wildlife*
a favor de *in favour of*
favorito/a *favourite*
el fax *fax*
la fecha *date*
feliz *happy*
femenino/a (adj.) *woman's, girl's*
fenomenal *great*
feo/a *ugly*
la feria *fair*
el festival *festival*
el día festivo *holiday, festival*
el fichero *file*
la fiebre *fever, temperature*
fiel *loyal, faithful*
la fiesta *festival, party*
la figura *figure*
el filete *fillet (steak)*
al fin *finally*
el fin de semana *weekend*
el fin *end*
al final de *at the end of*
a finales de *at the end of*
finalmente *finally*
la finca *farm, estate*
fino/a *fine*
el fino *dry sherry*
el fiordo *deep river estuary*
firmar *to sign*
la física *physics*
físico/a *physical*
el flamenco *flamenco*
el flan *crème caramel*
el flan casero *home made crème caramel*
la flauta *flute*
la flexibilidad *flexibility*
flexible *flexible*
la flor *flower*
el folleto *brochure*
al fondo *at the back*
en forma *in shape*
la formación *training*
formal *formal, serious*
el formulario *form*
el fósforo *match*
la foto *photo*
la fotocopia *photocopy*
la fotografía *photography, photograph*
francés/francesa *French*
Francia *France*
la frase *sentence, phrase*
la frecuencia *frequent*
con más frecuencia *more frequently*
frecuentemente *frequently*
freír *to fry*
fregar *to wash up*
fregué *I washed up*
frenar *to brake*
el freno *brake*
la fresa *strawberry*
fresco/a *fresh*
friego *I wash up*
el frío *cold*
la frontera *frontier*
la fruta *fruit*
la frutería *fruit shop/stall*
fue *(s)he/it was, went*
fue de compras *(s)he went shopping*
la fuente *fountain*
fuera *outside*
fueron *they were*
fuerte *strong*
la fuerza *strength*
fui *I went, I was*
fuiste *you went, you were*
el fumador *smoker*
fumar *to smoke*
la función *function*
el funcionamiento *functioning*
funcionan *they work*
funcionar *to work*
el fútbol *football*
el futbolista *footballer*
el futuro *future*

G

las gafas *glasses*
las gafas de sol *sunglasses*
Gales *Wales*
galés/galesa *Welsh*
la galleta *biscuit*
la gamba *prawn*
ganaba *I earned/used to earn*
el ganado *cattle, livestock*
ganar *to earn, win*
tener ganas (de) *to want to*
gano *I earn*
la garganta *throat*
con gas *fizzy*
el gas *gas*
la gaseosa *lemonade*
gaseoso/a *fizzy*
la gasolina *petrol*
gastan *they spend*
gastar *to waste, to spend*
los gastos *expenses*
los gastos de envío *postage costs*
el gazpacho *cold tomato and cucumber soup*
el/la gemelo/a *twin*
en general *in general*

generoso/a *generous*
la gente *people*
la geografía *geography*
gigante *(adj.) giant*
el gigante *giant*
gigantesco/a *gigantic*
la gimnasia *gymnastics*
el gimnasio *gymnasium*
el globo *balloon*
el gol *goal*
la goma *rubber, eraser*
gordo/a *fat*
el gorro *cap*
grabar *to record*
gracias *thanks*
gracioso/a *funny*
el grado *degree*
gráfico/a *graphic*
gran *(abbrev) great*
Gran Bretaña *Great Britain*
grande *big, great*
la granja *farm*
el granjero *farmer*
la grasa *fat*
gratis *free*
grave *serious*
la gripe *flu*
gris *grey*
el grupo *group*
el guante *glove*
guapo/a *handsome, good-looking*
el guardabosques *forest warden*
guardar *to keep, preserve*
la guerra *war*
el guía *guide (person)*
la guía *guide, directory*
los guisantes *peas*
la guitarra *guitar*
me gusta *I like*
te gusta *you like*
me gustaría *I would like*
te gustaría *you would like*
a gusto *at ease*
el gusto *taste*
mucho gusto *pleased to meet you*
nos gustó *we liked*
te gustó *you liked*

H

habano/a *from Havana*
habían *they had*
ha habido *there has been*
la habitación *room*
el hábito *habit*
se habla *(it) is spoken*
habla *(s)he speaks*
hablador(a) *talkative*
hablan *(they) speak, are speaking*
hablando *speaking*
hablar *to speak*
habrá *there will be*
habría *there would be*
hace ... *... ago*
hace buen tiempo *it's good weather*
hace calor *it's hot*
hace falta *(it) is needed*
hace mal tiempo *it's bad weather*
hace sol *it's sunny*
hacer *to do, make*
hacer daño *to do harm, hurt*
hacer falta *to be needed*
hacer footing *to go jogging*
hacerlo *to do it*
hacia *towards*
haciendo *making, doing*
haga *(imp.) make*
hago *I do, make*
la hamaca *hammock*
tener hambre *to be hungry*
la hamburguesería *hamburger restaurant*
hará calor *it will be hot*
harán *they will do*
has *you have*
hasta (que) *until*
hasta luego *see you soon/then*
hay *there is, there are*
hay que *one must*
haz *(imp.) make, do*
hecho *made, done*
el helado *ice cream*
herido/a *wounded, injured*
la hermana *sister*
la hermanastra *stepsister*
el hermanastro *stepbrother*
el hermanito *little brother*
el hermano *brother*
hermoso/a *beautiful*
el héroe *hero*
la heroína *heroin, heroine*
hiciste *you did*
el hidrocarburo *hydrocarbon*
el hielo *ice*
la hierba *herb*
la hija *daughter*
el hijo *son*
el/la hijo/a único/a *only child*
el hipermercado *hypermarket*
la historia *history, story*
histórico/a *historic*
hizo *(s)he did*
la hoguera *bonfire*
¡hola! *hello!*
holandés/holandesa *Dutch*
el hombre *man*
honrado/a *honest*
la hora *hour, time, appointment*
la hora de comer *lunchtime*
el horario *timetable*
a todas horas *at all hours*
el horno *oven*
el hostal *boarding house*
hoy *today*
hubo *there was*
la huerta *market garden, orchard*
las Humanidades *Humanities*
humano/a *human*
el humo *smoke*
el humor *humour*

I

iba *(s)he/it was going to*
la ida y vuelta *return (ticket)*
la idea *idea*
ideal *ideal*
idéntico/a *identical*
identificar *to identify*
idílico/a *idyllic*
el idioma *language*
la iglesia *church*
ignorante *ignorant*
igual *equal, the same*
ilegal *illegal*
ilícito/a *illegal*
iluminado/a *lit up*
la imagen *picture, image*
la imaginación *imagination*
imaginar *to imagine*
imagino *I imagine*
impaciente *impatient*
el impermeable *raincoat*
importa *it is important*
importante *important*
importar *to be important*
imposible *impossible*
la impresión *impression*
la impureza *impurity*
inaugurar *to inaugurate*
el incendio *fire*
incluido/a *included*
incluir *to include*
incluye *it includes*
incluyendo *including*
incómodo/a *uncomfortable*
increíble *incredible*
la independencia *independence*
indica *indicate*
las indicaciones *instructions*
indicado/a *indicated*
indicar *to indicate*
indígena *native*
indispensable *indispensable*
individual *individual, single*
el individuo *individual*
la industria *industry*
industrial *industrial*
la infancia *childhood*
infantil *(adj.) children's*
infiel *unfaithful*
el infinitivo *infinitive*
la información *information*
infórmate *(imp.) find out information*
la informática *computing, ICT*
informático/a *(adj.) computer*
el informe *reference*
el/la ingeniero/a *engineer*
el/la ingeniero/a técnico/a *technical engineer*
Inglaterra *England*
inglés/inglesa *English*
el ingrediente *ingredient*
injusto/a *unfair*
inmejorable *unbeatable*
inmenso/a *immense*
insistir *to insist*
la insolación *sunstroke*
insolente *insolent, rude*
insólito/a *unusual*
el instituto *school*
la inteligencia *intelligence*
inteligente *intelligent*
intenso/a *intense*
intenta *try*
el intento *attempt*
de interés *of interest*
el interés *interest*
interesante *interesting*
interesantísimo/a *really interesting*
interesar *to interest*
los intereses *interest (financial)*

intermedio/a *(adj.) intermediate*
intermitentemente *from time to time*
internacional *international*
el/la intérprete *interpreter*
interrumpir *to interrupt*
la introducción *introduction*
introducido/a *introduced*
introvertido/a *introverted*
inútil *useless*
el invierno *winter*
invitar *to invite*
ir *to go*
ir a *to be going to*
irresistible *irresistable*
la isla *island*
las Islas Canarias *Canary Islands*
Italia *Italy*
la izquierda *(the) left*

J

el jabón *soap*
el jamón de York *cooked ham*
el jamón serrano *dry-cured ham*
el jamón *ham*
el jarabe *syrup, linctus*
el jardín *garden*
el/la jefe *boss*
el jersey *jumper*
la jornada *day*
joven *young*
los jóvenes *young people*
las joyas *jewellery*
la joyería *jeweller's*
jubilado/a *retired*
las judías verdes *green beans*
juego *I play*
el juego *game*
los Juegos Olímpicos *Olympic Games*
de juerga *out and about*
el jueves *Thursday*
el jugador *player*
el jugador de fútbol *footballer*
jugando *playing*
jugar *to play*
jugaré *I shall play*
jugué *I played*
julio *July*
la jungla *jungle*
junio *June*
junto *together*
justo/a *fair, right*
juvenil *(adj.) youth*

K

el kilo *kilo*

L

la *(fem.) the*
laborable *working*
laboral *(adj.) work*
el laboratorio *laboratory*
al lado de *at the side of, next to, beside*
el lago *lake*
la lágrima *tear*
la laguna *lagoon*
la lámpara *lamp*
de lana *woollen*
la lancha neumática *rubber dinghy*
lanzarse *to throw oneself*
el lápiz *pencil*
largo/a *long*
las *(fem.pl.) the*
las que *(fem.) the ones that*
la lasaña *lasagne*
la lata *tin*
latinoamericano/a *Latin American*
el lavabo *washbasin*
la lavadora *washing machine*
la lavandería *laundry*
el lavaplatos *dishwasher*
lavar *to wash*
lavarse el pelo *to wash one's hair*
le *(to) you/him/her*
la leche *milk*
el lector *reader*
lee *(imp.) read*
leer *to read*
leerá *(s)he will read*
leí *I read*
lejos (de) *far (from)*
la lengua *language*
la lengua española *Spanish language*
la lentilla *contact lens*
lento/a *slow*
la letra *letter*
el letrero *notice*
levantarse *to get up*
leyendo *reading*
la libertad *freedom*
libre *free*
la librería *bookshop*
el libro *book*
la licenciatura *degree*
la liga *league*
el límite *limit*
limpiando *cleaning*
limpiar *to clean*
limpio/a *clean*
de lino *linen*
la liquidación *clearance*
Lisboa *Lisbon*
liso/a *straight*
la lista *list*
listo/a *ready*
el litro *litre*
se llama *(s)he/it is called*
la llamada *call*
llámale *call him*
me llamo *I am called*
la llegada *arrival*
llegamos *we arrived*
llegar *to arrive*
llegaron *they arrived*
llegas *you arrive*
llegó *(s)he arrived*
llegué *I arrived*
llenar *to fill*
lleno/a *full*
llevan *they take, wear*
llevar *to carry, wear*
llevarán *they will wear*
llevarse bien con *to get on well with*
he llorado *I have cried*
llorar *to cry*
llover *to rain*
lloviendo *raining*
llueve *it's raining*
lo que *what, that which*
lo siento *I am sorry*
local *local*
el local *unit, premises*
loco/a *mad*
Londres *London*
los *(masc.pl.) the*
los de antes *the ones before*
los que *(masc.) the ones that*
la lotería *lottery*
la lucha *struggle, fight*
luchar *to fight*
luego *then*
el lugar *place*
de lujo *(adj.) luxury*
la luna *moon*
el lunes *Monday*
la luz *light*

M

la madera *wood*
de madera *wooden*
la madrastra *stepmother*
la madre *mother*
la madrugada *early hours of the morning*
mágico/a *magic*
majo/a *nice, sweet*
mal *badly*
mal educado/a *badly behaved, rude*
la maleta *suitcase*
malo/a *bad*
lo malo *the bad thing*
mañana *tomorrow*
la mañana *morning*
mandado/a *sent*
mandar *to send*
me mande *you should send me*
la mandolina *mandolin*
la manera *manner, way*
de una manera ... *in a ... way*
de todas maneras *anyway*
a mano *by hand*
a mano ... *on the ...hand side*
la mano *hand*
el mantel *tablecloth*
mantenerse *to stay, keep oneself*
manténgase *stay, keep yourself*
la mantequilla *butter*
el mapa *map*
la máquina de escribir *typewriter*
la máquina de fotos *camera*
el mar *sea*
la maravilla *marvel*
maravilloso/a *marvellous*
la marca *brand, make*
marcar *to score*
marcial *martial*
mareado/a *sick, dizzy*
el marido *husband*
la marihuana *marijuana*
los mariscos *seafood, shellfish*
marrón *brown*
el martes *Tuesday*
marzo *March*
más *more*
las matemáticas *maths*
la matrícula *registration number*
el matrimonio *marriage*
mayo *May*

mayor *older, oldest*
la mayoría de *the most, majority of*
mecánico/a *mechanical*
el mecánico *mechanic*
la mecanografía *typing*
la medalla *medal*
y media *half past*
la media hora *half an hour*
la media pensión *half board*
mediano/a *medium*
la medianoche *midnight*
el medicamento *medicament*
el/la médico/a *doctor*
medio/a *half*
el medio *means*
en medio *in between*
el medio ambiente *environment*
al mediodía *at midday*
el mediodía *midday*
medir *to measure*
mejor *better, best*
lo mejor *the best*
mejorar *to improve*
el melocotón *peach*
de memoria *by heart*
la memoria *memory*
mencionar *to mention*
mencionado/a *mentioned*
menor *younger, youngest*
menos *except, minus, less*
el mensaje *message*
el mensaje electrónico *email*
mensual *monthly*
la mente *mind*
la mentira *lie, false*
mentiroso/a *lying*
el menú *menu*
el menú del día *menu of the day*
a menudo *often*
el mercado *market*
merienda *picnic, snack, tea (the meal)*
la merluza *hake*
la mermelada *jam*
al mes *each month*
el mes *month*
en el mes *in the month*
la mesa *table*
meter *to put*
el metro *underground railway*
mexicano/a *Mexican*
mi(s) *my*
mido *I am … tall*
el miedo *fear*
la miel *honey*
el miembro *member*
mientras *while*
el miércoles *Wednesday*
mil *thousand*
militar *military*
el millón *million*
el minidisco *minidisc*
el minuto *minute*
mío/a *(of) mine*
mira *look at*
mirando *looking (at)*
mirar *to look at*
miras *you look at*
la misión *mission*
mismo/a *itself, same*
lo mismo *the same thing*

al mismo tiempo *at the same time*
mixto/a *mixed*
la mochila *bag, backpack*
de moda *fashionable*
la moda *fashion*
la modalidad *module, strand*
el modelo *model*
moderno/a *modern*
modesto/a *modest*
a mi modo de ver *the way I see it, to my mind*
el módulo *module*
mojarse *to get wet*
te mojas *you get wet*
me molesta *(it) bothers me*
molestar *to bother*
la molestia *bother*
el momento *moment*
la moneda *coin, currency*
el monedero *purse*
monótono/a *monotonous*
el monóxido de carbono *carbon monoxide*
la montaña *mountain*
moreno/a *brown*
morir *to die*
mortal *deadly, mortal*
la moto *motorbike*
la motocicleta *motorcycle*
el motociclista *motorcyclist*
el motor *engine*
moverse *to move*
móvil *mobile*
muchísimos/as *very many*
mucho/a *much, a lot*
muchos/as *many*
los muebles *furniture*
la muela *tooth*
muere *(s)he dies*
muerto/a *dead*
la mujer *woman*
mundial *(adj.) world*
el mundo *world*
la muñeca *doll*
municipal *(adj.) municipal, town*
la muralla *town wall*
murió *(s)he died*
el músculo *muscle*
el museo *museum*
el museo de arte *art gallery*
la música *music*
muy *very*

N

nací *I was born*
la nacionalidad *nationality*
nada *nothing*
de nada *not at all*
nadie *nobody*
el/la nadador(a) *swimmer*
la naranja *orange*
la nariz *nose, nostril*
la natación *swimming*
natural *natural*
la naturaleza *nature*
la Navidad *Christmas*
necesario/a *necessary*
necesitan *they need*
necesitar *to need*
necesitas *you need*

negociar *to negotiate*
el negocio *business*
de negocios *(adj.) business*
los negocios *business*
negro/a *black*
nervioso/a *nervous*
neutro/a *neutral*
nevar *to snow*
la nevera *fridge*
ni … ni … *neither … nor …*
la niebla *fog*
la nieve *snow*
nieva *it's snowing*
la niña *girl*
ningún, ninguno *(masc.) no, none, not one*
ninguna *(fem.) no, none, not one*
el niño *boy, child*
el nivel *level*
no *no, not*
la noche *night*
la Nochebuena *Christmas Eve*
nocturno/a *(adj.) night*
el nombre *name*
normal *normal*
normalmente *normally*
el norte *north*
nos *us*
nosotros/as *we, us*
la nota *mark/note*
las noticias *news*
la novela *novel*
noveno/a *ninth*
la novia *girlfriend*
el novio *boyfriend*
nublado/a *cloudy*
nuestro/a/os/as *our*
Nueva York *New York*
Nueva Zelanda *New Zealand*
nueve *nine*
nuevo/a *new*
el número *number, size (of shoes)*
nunca *never*

O

o *or*
obligar *to oblige*
obligatorio/a *obligatory*
la obra de arte *work of art*
obsesionado/a *obsessed*
obtendré *I shall get*
obtener *to get, obtain*
obtenga *(imp.) get*
ocho *eight*
octubre *October*
ocuparse de *to take care of, look after*
odiar *to hate*
la oferta *offer*
la oficina *office*
la oficina de turismo *tourist office*
ofrece *it offers*
ofrecer *to offer*
ofrecieron *they offered*
el oído *(inner) ear*
oigo *I hear*
oír *to hear*
el ojo *eye*
¡ojo! *be careful!*
el olor *smell*

olvidar *to forget*
once *eleven*
ondulado/a *wavy*
la opción *option*
opinar *to think*
opinas *you think*
la opinión *opinion*
la oportunidad *opportunity*
optar por *to opt for*
la óptica *optician's*
optimista *optimistic*
el/la optimista *optimist*
oral *oral, speaking*
en orden *in order*
ordenado/a *ordered*
el ordenador *computer*
el ordenador portátil *portable computer, laptop*
ordinario/a *standard, ordinary*
la oreja *ear*
el organismo *organism*
la organización *organisation*
organizar *to organise*
orgulloso/a *proud*
el oriente *east*
original *original*
de oro *gold*
la orquesta *orchestra*
la ortografía *spelling*
la oscuridad *darkness*
oscuro/a *dark*
el osito *teddy bear*
el oso *bear*
el otoño *autumn*
otro/a *other*
de otra forma *in another way*
otra vez *again*

P

la paciencia *patience*
paciente *patient*
el/la paciente *patient*
el Pacífico *Pacific*
el padrastro *stepfather*
el padre *father*
los padres *parents*
el padrino *godfather, godparent*
la paella *Spanish rice dish*
pagado *paid*
pagan *they pay*
pagar *to pay for*
pagaré *I shall pay*
la página *page*
el pago *payment*
pagué *I paid*
el país *country, nation*
el paisaje *countryside, landscape*
el pájaro *bird*
la palabra *word*
el palacio *palace*
el paleontólogo *paleontologist*
la palmera *palm tree*
el pan *bread*
la panadería *bread shop*
la pandilla *group of friends*
los pantalones *trousers*
el papel *paper*
la papelería *stationery department/shop*
el paquete *packet*
para *in order to, for*
el parabrisas *windscreen*
el paracaídas *parachute*
la parada de autobús *bus stop*
el paraguas *umbrella*
la paranoia *paranoia*
el parapente *paragliding*
parar *to stop*
la parcela *plot (of land), pitch*
parecer *to seem*
a mi parecer *it seems to me*
la pared *wall*
la pareja *couple, pair*
el parking *car park*
en paro *unemployed*
el parque *park*
la parte *part*
de parte de *on behalf of*
participar *to take part*
el partido *match*
pasado/a *last*
el año pasado *last year*
pasado/a de moda *no longer fashionable*
el pasajero *passenger*
pasan *they pass by*
el pasaporte *passport*
pasar *to spend (time), to pass*
pasarlo bomba *to have a great time*
pasárselo bien *to have a good time*
pasaste *you spent*
el pasatiempo *pastime, entertainment*
pasé *I spent*
pasear *to stroll*
paseo el perro *I take the dog for a walk*
el paseo *stroll*
pasó *(it) happened*
el paso *step, pace*
el paso de peatones *pedestrian crossing*
la pasta de dientes *toothpaste*
la pastilla *pill*
la patada *kick*
la patata *potato*
las patatas bravas *spicy potatoes*
el patinaje *skating*
el patio *yard*
la pausa *break, pause*
la paz *peace*
el peatón *(adj.) pedestrian*
peatonal *pedestrian*
la peca *freckle*
el pecado *sin*
el pedal *pedal*
pedir *to ask for*
pegar *to hit*
pelar *to peel*
la pelea *fight*
pelear *to fight*
la película *film*
el peligro *danger*
peligroso/a *dangerous*
el pelo *hair*
la peluquería *hairdresser's*
¡qué pena! *what a shame!*
el penalty *penalty*
el pendiente *earring*
la pensión *boarding house*
la pensión completa *full board*
el peque *little one (colloquial)*
pequeño/a *small*
perder *to lose*
la pérdida *loss, waste*
perdido/a *lost*
perdimos *we lost*
perdón, perdone *pardon, excuse me*
perezoso/a *lazy*
perfecto/a *perfect*
lo perfecto *the perfect one/thing*
perfumado/a *perfumed*
la perfumería *perfume department*
el periódico *newspaper*
el periodismo *journalism*
el/la periodista *journalist*
el permiso *permission*
no se permite(n) *they do not allow*
pero *but*
el perro *dog*
la persona *person*
el personaje *character*
pertenecer a *to belong to*
la pesadilla *nightmare*
¡que pesado! *what a drag/bore!*
pesar *to weigh*
la pesca *fishing*
la pesca deportiva *leisure fishing*
el pescado *fish*
peso *I weigh*
el pez *fish*
piden *they ask for*
el pie *foot*
a pie *on foot*
la piel *hide, skin*
piensan *they think*
piensas *you think*
pienso *I think*
¡no te lo pierdas! *don't miss it!*
la pierna *leg*
la píldora *pill*
el piloto *pilot*
el piloto de caza *fighter pilot*
a la pimienta *cooked with pepper*
el pimiento *pepper*
la piña *pineapple*
el pinchazo *puncture*
pintado/a *painted*
pintoresco/a *picturesque*
la pintura *painting*
el pirata *pirate*
los Pirineos *Pyrenees*
la piscina *swimming pool*
el piso *flat, floor, ground*
la pista *slope, piste, track, way, clue*
la pizarra *blackboard*
la plaça (Catalan = plaza) *square*
a la plancha *grilled*
planchar *to iron*
el planeta *planet*
el plano *plan*
la planta *floor, plant*
de plástico *plastic*
de plata *silver*
el plátano *banana*
el plato *dish, course, plate*
la playa *beach*
la plaza *square*
la plaza de toros *bull ring*
la plaza mayor *main square*
en pleno centro *right in the centre*
el plomo *lead*
el pobre *poor person*
pocas veces *seldom*

poco/a *little*
un poco *a little*
poco hecho *underdone*
pocos/as *few*
poder *to be able*
se podrá *one will be able*
el/la policía *policeman/woman*
la policía *police*
policiaco/a *(adj.) police*
el polideportivo *sports centre*
el pollo *chicken*
la polución *pollution*
el polvo *dust*
pon *put*
¿qué ponen? *what's on?*
poner la mesa *to set the table*
poner *to put*
ponerse *to put on*
popular *popular*
el poquito *little bit*
por *along, because of*
¿por dónde? *which way?*
por eso *for that reason, therefore*
por favor *please*
¿por qué? *why?*
¿por qué no? *why not?*
porque *because*
el porro *joint*
portarse *to behave*
portugués/portuguesa *Portuguese*
la posibilidad *possibility*
posible *possible*
positivo/a *positive*
la postal *postcard*
el póster *poster*
el postre *dessert*
potente *strong*
las prácticas *work experience, practice*
prácticamente *practically*
practicar *play, practise*
práctico/a *practical*
el precio *price*
precioso/a *beautiful*
preciso/a *necessary, essential*
la preferencia *preference*
preferible *preferable*
preferir *to prefer*
preferiría *I would prefer*
prefiero *I prefer*
prefijo *prefix*
pregunta *(imp.) ask*
preguntar *to ask*
la pregunta *question*
premiado/a *rewarded*
el premio *prize*
la prensa *newspapers and magazines*
la preocupación *worry*
preocupado/a *worried*
preocuparse *to worry*
la preparación *preparation*
preparar *to prepare*
prepárese *get ready*
la presencia *appearance*
la presentación *introduction, presentation*
presentar *to sit, take (exam)*
presentar(se) *to introduce (oneself)*
te presento *I introduce you*
la presión *pressure*
la prestación *service, facility*
prestarse *to lend oneself*
la previsión *forecast*
la previsión meteorológica *weather forecast*
primario/a *primary*
la prima *female cousin*
la primavera *spring*
el primer tiempo *first half*
a primera vista *at first sight*
primero/a *first*
primitivo/a *primitive*
el primo *male cousin*
principal *main*
al principio *at the beginning*
privado/a *private*
el probador *fitting room*
probar *to try (on)*
el problema *problem*
producir *to produce*
el producto *product*
el profe *teacher*
el/la profesor/a *teacher*
el programa *programme*
el/la programador/a *programmer*
prolongar *to prolong*
prometer *to promise*
la promoción *promotion*
el pronóstico *forecast*
pronto *soon, early*
la propiedad *property*
el propietario *owner*
propio/a *own*
la propagación *propagation, spread*
la protección *protection*
protestar *to protest*
la provincia *province*
provoca *it causes*
provocar *to bring about*
próximo/a *next*
se proyectan *they are shown*
proyectarse *to be shown (film)*
la prueba *test*
pruebe *(imp.) try*
la psicología *psychology*
psicológico/a *psychological*
publicado/a *published*
la publicidad *advertisement*
publicitario/a *(adj.) advertising*
público/a *public*
pudo *(s)he/it could*
el pueblo *village, town*
se puede *one can*
puedes *you can*
puedo *I can*
el puente *bridge*
el puenting *bungee jumping*
la puerta *door*
el puerto *port*
la puesta del sol *sunset*
el puesto *position*
la hora punta *rush hour*
el punto *point*
desde mi punto de vista *from my point of view*
puro/a *pure*
el puro *cigar*

Q

que *that, which, than*
¿qué? *what?*
¿qué tal? *how are you?*
¿le queda bien? *does it fit you?*
quedáis *(pl.) you are meeting*
quedamos *we meet*
quedar *to be left, to meet*
quedar en blanco *to go blank*
quedarse *to stay, remain*
me quedé *I stayed*
se quedó *(s)he stayed*
la queja *complaint*
quejarse *to complain*
quemado/a *burnt*
quemar *to burn*
queremos *we want*
querer *to want*
querido/a *dear (informal)*
el queso *cheese*
¿quién(es)? *who?*
quieres *you want*
quiero *I want*
la química *chemistry*
quince *fifteen*
quinientos/as *five hundred*
el quiosco *news stand*
quisiera *I would like*
quitar *to take away*
quitar la mesa *to clear the table*
quitarse *to take off*
quizás *perhaps*

R

la ración *portion*
la radio *radio*
el rafting *white water rafting*
rápidamente *quickly*
rapidísimo/a *really quick*
rápido/a *quick*
rasgado/a *scratched*
el rato *while*
rayado/a *striped*
de rayas *striped*
la razón *reason*
la reacción *reaction*
en realidad *in reality*
la realidad *reality*
las rebajas *sales*
el recado *message*
la recepción *reception*
el/la recepcionista *receptionist*
rechazar *to refuse, to turn down*
reciben *they receive*
recibes *you receive*
recibir *to receive*
el recibo *receipt*
reciclar *to recycle*
recientemente *recently*
reclinable *reclining*
recoger *to pick*
recolectar *to gather*
recomendar *to recommend*
recomienda *(s)he recommends*
recomiendo *I recommend*
el récord *record*
recordar *to remember*
la recreación *recreation*
el recreo *break*
todo recto *straight on*
recuerdas *you remember*
el recuerdo *souvenir*
recuperar *to get back*
la red *network, net*
reducirá *(it) will reduce*

reduzca *reduce*
el reembolso *refund*
se refieren *they refer*
refrescar *to refresh*
el refresco *refreshment*
el regalo *present*
la región *region*
regional *regional*
la regla *rule, ruler*
regular *average*
rehabilitado/a *refurbished*
la reina *queen*
me reiré *I shall laugh*
reirse *to laugh*
la relación *relationship*
con relación a *referring to*
la relajación *relaxation*
relajarse *to relax*
relájate *(imp.) relax*
relativamente *relatively*
la religión *R.E.*
rellena *(imp.) fill in*
rellena la ficha *fill in the form*
rellenar *to fill*
el reloj *watch*
la relojería *watch department*
repartir *to deliver*
reparto *I deliver*
el repaso *revision*
repetir *to repeat*
el reportaje *report*
el requisito *requirement*
reservar *to reserve*
residencial *residential*
respete *(imp.) respect*
responde *(imp.) reply*
responder *to reply*
la responsabilidad *responsibility*
responsable *responsible*
la respuesta *answer*
el restaurante *restaurant*
el resultado *result*
el retraso *delay*
el retrato robot *typical profile*
nos reuníamos *we used to meet up*
la reunión *meeting*
reunirse *to meet up, get together*
la revelación *sensation(al)*
la revista *magazine*
el rey *king*
rico/a *delicious, rich*
se ríe *(s)he/it laughs*
el río *river*
riquísimo/a *really delicious*
el ritmo *rhythm*
rizado/a *curly*
el robo *robbery*
la rodilla *knee*
la rodillera *knee pad*
rogar *to ask (someone to do something)*
rojo/a *red*
romántico/a *romantic*
romper *to break*
el ron *rum*
la ropa *clothes*
roto/a *broken*
el rotulador *felt-tip pen*
rubio/a *blond*
ruego *I ask*
le ruego que *I ask you to*
el ruido *noise*
ruidoso/a *noisy*
en ruinas *in ruins*
rural *rural*
ruso/a *Russian*
la rutina *routine*
rutinario/a *(adj.) routine*

S

s/n (sin número) *without a number*
el sábado *Saturday*
la sábana *sheet*
no se sabe *it is not known*
saber *to know*
el sabor *taste*
sabroso/a *tasty*
el sacapuntas *pencil sharpener*
sacar *to take out*
sacar a pasear *to take for a walk*
sacar fotos *to take photos*
sacar una nota *to get a mark*
sacrificarse *to sacrifice oneself*
el sacrificio *sacrifice*
la sal *salt*
la sala *room*
la sala de estar *living room*
la sala de profesores *staff room*
el salchichón *salami*
saldrá *(s)he will go out*
sale *it leaves*
salí *I went out*
la salida *departure, outing, exit*
saliendo *leaving*
salir *to go out, leave*
la salita *little room*
el salmón del mar *sea salmon*
la salsa de tomate *tomato sauce*
saltar *to jump*
el salón *living room*
la salud *health*
le saluda atentamente *yours faithfully*
saludar *to greet*
el saludo *greeting*
salvaje *wild*
salvar *to save*
la sandalia *sandal*
la sangre *blood*
San José *Saint Joseph*
sano/a *healthy*
Semana Santa *Holy Week*
la sardina *sardine*
la satisfacción *satisfaction*
satisfecho/a *satisfied*
se *itself, yourself, oneself*
sé *I know*
no lo sé *I don't know*
sea *(imp.) be*
seco/a *dry*
la secretaria *secretary*
secreto/a *secret*
el sector *sector*
el secuestro *kidnap*
secundario/a *secondary*
la seda *silk*
en seguida *immediately, straight away*
seguir *to continue, follow*
según *according to*
segundo/a *second*
la seguridad *security*
seguro/a *certain*
el seguro médico *medical insurance*
los seguros *insurance*
seis *six*
selecciona *(imp.) choose*
seleccionado/a *chosen*
el seleccionador *person making the choice*
seleccionar *to be selective, choose*
el semáforo *traffic light*
la semana *week*
a la semana *weekly, per week*
cada semana *each week*
la semana pasada *last week*
la semana que viene *next week*
semanal *weekly*
señalar *to signal, point out*
sencillo/a *single, simple, one way*
el señor *sir, Mr, gentleman*
la señora *madam, Mrs, lady*
la sensación *feeling, sensation*
sensible *sensitive*
sentarse *to sit down*
el sentido del humor *sense of humour*
el sentimiento *feeling*
sentirse *to feel*
separado/a *separated*
separar *to separate*
separarse *to separate*
septiembre *September*
séptimo/a *seventh*
ser *to be*
será *(s)he/it will be*
la serenidad *serenity*
sería *(s)he/it would be*
la serie *series*
serio/a *serious*
el servicio *service (charge)*
los servicios *toilets*
servir *to serve*
¿en qué puedo servirle? *how can I help you?*
la sesión *showing*
severo/a *severe*
el/la sevillano/a *person from Seville*
si *if*
sí *yes*
siempre *always*
lo siento *I am sorry*
me siento *I feel*
la siesta *afternoon nap*
siete *seven*
siga *(imp.) follow, carry on*
significativo/a *significant*
siguiente *following, next*
el silencio *silence*
la silla *chair*
el símbolo *symbol*
similar *similar*
simpático/a *nice, kind*
simplemente *simply*
sin *without*
sincero/a *sincere*
sino *but*
sintético/a *synthetic*
se sirve *(it) is served*
el sistema *system*
el sitio *place*
se sitúa *it is situated*
la situación *situation*
situado/a *situated*
el snorkel *snorkel*
sobran *(they) are extra*

sobrar *to be left over, be extra*
sobre *about, above, on*
sobre todo *especially*
socialmente *socially*
el sofá *sofa*
sofisticado/a *sophisticated*
sois *you (pl.) are*
el sol *sun*
solamente *only*
soler *to be accustomed to*
solía *I used to*
solicitar *to request*
solo/a *alone*
sólo *only*
soltero/a *single*
la solución *solution*
somos *we are*
son *they are*
el sondeo *opinion poll*
el sonido *sound*
la sonrisa *smile*
la sopa *soup*
el sorbete *sorbet*
la sorpresa *surprise*
el sótano *cellar, basement*
soy *I am*
su(s) *his, her, their, your*
suave *smooth, soft*
suavizar *to smooth, soften*
la subida *rise*
el submarinismo *underwater diving*
submarino/a *underwater*
subrayado/a *underlined*
sucio/a *dirty*
la sudadera *sweatshirt*
Sudamérica *South America*
sudar *to sweat*
el sueldo *salary*
suelo *I usually*
el suelo *ground, floor*
el sueño *dream, sleep*
suficiente *enough, sufficient*
sufren *they suffer*
sufrir *to suffer*
la sugerencia *suggestion*
sugerir *to suggest*
la superestrella *superstar*
superfantástico/a *extra fantastic*
superior *higher*
el supermercado *supermarket*
suplementario/a *supplementary*
por supuesto *of course*
el surtido *choice, selection*
susceptible *susceptible*
suspender *to fail (exam)*
la sustancia *substance*

T

el tabaco *tobacco*
la tabla *table, grid*
la tableta *bar*
la talla *size (of body/clothing)*
el taller *workshop*
el tamaño *size (in general)*
también *also*
tampoco *neither, nor*
tan *so*
tan … como *as … as*
tan … que *so … that*
tanto/a *so much*
tanto … como … *as much … as …*
tantos/as *so many, as many*
la tapa *bar snack*
la taquilla *box office, booking office*
tardar *to take (time)*
tardan en *to take (time)*
tarde *late*
la tarde *afternoon, early evening*
la tarea *task*
la tarea doméstica *household chore*
la tarifa *rate*
la tarjeta *card*
la tarta helada *ice-cream gateau*
el taxi *taxi*
la taza *cup*
te *you*
el té *tea*
el teatro *drama, theatre*
el tebeo *comic*
la tecnología *DT*
el telediario *daily TV news*
telefonear *to phone*
telefónico/a *on the phone*
por teléfono *by phone*
la telenovela *soap opera*
la televisión *television*
la temperatura *temperature*
la temporada *season*
temprano *early*
ten en cuenta *keep in mind*
el tendero *stall holder*
tendrán *they will have*
el tenedor *fork*
tenéis *(pl.) you have*
tenemos *we have*
tener *to have*
tener calor *to be hot*
tener frío *to be cold*
tener hambre *to be hungry*
tener lugar *to take place*
tener miedo *to be afraid*
tener prisa *to be in a hurry*
tener que *to have to*
tener sueño *to be sleepy*
tengo *I have*
tengo … años *I am … years old*
tengo hambre *I'm hungry*
el tenis *tennis*
la tentación *temptation*
tercer(o)/a *third*
termina *it finishes*
terminaba *I used to finish*
terminar *to finish*
la terraza *terrace*
el territorio *territory*
el test *test*
el testigo *witness*
el testimonio *statement*
el texto *text*
ti *you*
la tía *aunt*
a tiempo parcial *part-time*
a tiempo *on time*
del tiempo *of the season*
el tiempo *time, weather*
la tienda *shop, tent*
la tienda de ropa *clothes shop*
las tiendas de cadena *chain stores*
tiene *(s)he/it has*
tiene … años *(s)he is … years old*
tienen *they have*
tienes *you have*
tienes que *you have to*
la tierra *earth, land*
tímido/a *shy, timid*
la tinta *ink*
tinto *red (wine)*
el tío *uncle*
típico/a *typical*
el tipo *type*
tirar *to throw away*
el tiro *shooting*
el título *title*
te/le toca *it's up to you*
tocar el piano *to play the piano*
a todas horas *at all times*
todo *everything*
todo/a *every, all*
todos *everyone*
todos/as *all*
todos los días *every day*
tolerado/a *tolerated*
tolerante *tolerant*
tomábamos *we used to take*
tomando *taking*
tomar *to take, have (food and drink)*
tomar el sol *to sunbathe*
tomar notas *to take notes*
tomar una copa *to go for a drink*
el tono *tone*
tonto/a *stupid*
torcer *to twist, turn*
torcido/a *twisted*
la tormenta *storm*
el toro *bull*
la torta *cake*
la tortilla *omelette*
la tortuga *turtle*
la tos *cough*
la tostada *toast*
trabajaba *(s)he used to work*
trabajador(a) *hard-working*
trabajar *to work*
el trabajo *job, work*
el trabajo de temporada *seasonal work*
los trabajos manuales *craft(s)*
tradicional *traditional*
traduce *(imp.) translate*
traducir *to translate*
trae *(imp.) bring*
traer *to bring*
el tráfico *traffic*
trágico/a *tragic*
el traidor *traitor*
traiga *(imp.) bring*
traigo *I bring*
el traje *suit*
tranquilamente *quietly*
la tranquilidad *peace, tranquillity*
tranquilo/a *quiet, peaceful*
transformado/a *transformed*
el transporte *transport*
el tratamiento *treatment*
tratar *to treat*
tratar de *to try to*
trece *thirteen*
treinta *thirty*
el tren *train*
tres *three*
el trimestre *term*
triple *triple*

triste *sad, miserable*
tropical *tropical*
la trucha *trout*
tú *you*
tu(s) *your*
tuerza *(imp.) turn*
el turismo *tourism*
el/la turista *tourist*
turístico/a *touristy*
túrnate *take turns*
el turno *session, shift (at work)*
el turrón *Spanish nougat*
el tutor *tutor*
tuvo que *(s)he had to*
tuyo/a *(of) yours*

U

u *or*
por última vez *for the last time*
último/a *latest, last*
ultramoderno/a *ultramodern*
un *(masc.) a, one*
una *(fem.) a, one*
unas *(fem.) some*
único/a *only*
lo único *the only thing*
el uniforme *uniform*
la universidad *university*
universitario/a *(adj.) university*
uno *one*
unos *(masc.) some*
unos cuantos *several*
usa *(imp.) use*
usando *using*
usar *to use*
usted *(polite, sing.) you*
ustedes *(polite, pl.) you*
el usuario *user*
útil *useful*
utilizado *used*

V

va *(s)he/it/you is/are going*
la vaca *cow*
las vacaciones *holidays*
vacante *vacant*
vacío/a *empty*
el vagón restaurante *restaurant car*
la vainilla *vanilla*
vais *(pl.) you go*
vale *okay*
valenciano/a *from Valencia*
valiente *brave, courageous*
vamos *we go, let's go*
vamos a ver *let's see*
van *they go*
van a *they are going to*
el vapor *steam*
los vaqueros *jeans*
variado/a *varied*
la variedad *variety*
varios/as *several*
vas *you go*
vasco/a *(adj.) Basque*
el vaso *glass*
no te vayas *don't go*
vea *(imp.) see*
a veces *sometimes*
vegetariano/a *vegetarian*
la vegetación *vegetation*
veinte *twenty*
veinticinco *twenty-five*
veinticuatro *twenty-four*
veintidós *twenty-two*
veintinueve *twenty-nine*
veintiocho *twenty-eight*
veintiséis *twenty-six*
veintisiete *twenty-seven*
veintitrés *twenty-three*
veintiún, veintiuno *twenty-one*
la vela *sailing*
la velocidad *speed*
véndeles *sell them*
venenoso/a *poisonous*
venga *(imp.) come*
venir *to come*
en venta *on sale*
la venta *sale*
la venta anticipada *advance booking*
la ventaja *advantage*
la ventana *window*
ver *to see*
¡a ver! *let's see!*
veraniego/a *(adj.) summer*
el verano summer
el verbo *verb*
la verdad *truth, true*
¿verdad? *isn't it so?*
verde *green*
la verdura *green vegetables*
la versión *version*
ves *you see*
vespertino/a *(adj.) late afternoon*
el vestido *dress*
vestirse *to get dressed*
la vez *time*
otra vez *again*
una vez *once*
de vez en cuando *from time to time*
vi *I saw*
la vía *track, way*
viajamos *we travelled*
viajar *to travel*
el viaje *journey*
el/la viajero/a *traveller, passenger*
el vicio *vice*
la víctima *victim*
la vida *life*
el vídeo *video*
el videoclub *video shop*
el videojuego *video game*
viejísimo/a *really old*
viejo/a *old*
que viene *next*
vienen *they come*
el viento *wind*
el viernes *Friday*
vimos *we saw*
el vinagre *vinegar*
el vino *wine*
el viñedo *vineyard*
la violencia *violence*
violento/a *violent*
la Virgen María *Virgin Mary*
virtual *virtual*
el visado *visa*
la visibilidad *visibility*
la visita *visit*
visitamos *we visit(ed)*
visitando *visiting*
el/la visitante *visitor*
visitar *to visit*
visité *I visited*
el visor *mask*
la víspera *evening before a holiday*
la vista *view*
viste *you saw*
visualizar *to visualise*
viudo/a *widowed*
el viudo *widower*
vive *(s)he/it lives*
viven *they live*
vives *you live*
vivíamos *we used to live*
vivimos *we live*
vivir *to live*
vivís *(pl.) you live*
vivo *I live*
vivo/a *live*
el vocabulario *vocabulary*
el volante *steering wheel*
el volcán *volcano*
el voleibol *volleyball*
volver *to return*
vomitar *to be sick, vomit*
los vómitos *sickness*
voy *I go*
voy a *I'm going to*
la voz *voice*
el vuelo *flight*
de vuelta *return*
la vuelta *trip, tour, return*
vuelvo *I return*
vuestro/a/os/as *your*

W, X

el windsurf *windsurfing*

Y

y *and*
ya *already, now*
ya sea *whether it be*
yo *I*
el yogur *yoghurt*

Z

la zanahoria *carrot*
las zapatillas *slippers*
las zapatillas deportivas *trainers*
el zapato *shoe*
la zona *zone*
el zoo *zoo*
el zumo *juice*

Vocabulario inglés–español

A

a *un(a)*
it is about *se trata de*
they are about *se tratan de*
above *arriba*
abroad *al extranjero*
academic *académico/a*
accident *el accidente*
ache *el dolor*
action *(adj.) de acción*
address *la dirección*
adult *el adulto*
in advance *de antemano*
advertisement *el anuncio*
affectionate *cariñoso/a*
after *después de*
good afternoon *buenas tardes*
in the afternoon *por la tarde*
against *en contra de*
aggressive *agresivo/a*
airport *el aeropuerto*
alcohol *el alcohol*
to allow *permitir, dejar*
almost *casi*
alone *solo/a*
also *también*
always *siempre*
ambulance *la ambulancia*
American *americano/a*
and *y/e*
angry *enfadado/a*
ankle *el tobillo*
apple *la manzana*
aptitude *la aptitud*
April *abril*
archaeologist *el/la arqueólogo/a*
there are *hay*
area *la zona*
arm *el brazo*
armchair *la butaca*
I arrive *llego*
to arrive *llegar*
arrogant *arrogante*
art *el dibujo*
artistic *artístico/a*
as … as … *tan … como …*
aspirin *la aspirina*
assistant *el/la dependiente/a*
athletics *el atletismo*
attentive *atento/a*
attitude *la actitud*
August *agosto*
aunt *la tía*
autumn *el otoño*
to avoid *evitar*

B

baby *el bebé*
babysitter *el/la canguro*
back *la espalda*
bad *malo/a*
the bad thing *lo malo*
it is bad weather *hace mal tiempo*
badly paid *mal pagado*
bag *el bolso, la mochila*
baker's *la panadería*
balcony *el balcón*
bald *calvo/a*
bank *el banco*
bar *el bar, el café*
bar (of chocolate) *la tableta*
basketball *el baloncesto*
bath *el baño, la bañera*
bathroom *el cuarto de baño*
battery *la batería*
to be *ser/estar*
beach *la playa*
bean *la judía*
beard *la barba*
beautiful *precioso/a, guapo/a*
because *porque*
bed *la cama*
bed and breakfast *el alojamiento y desayuno*
bed only *el alojamiento*
bedroom *el dormitorio*
beer *la cerveza*
before *antes de*
to begin *empezar*
in the beginning *al principio*
it begins *empieza*
to behave well *portarse bien*
behind *detrás de*
below *abajo*
besides *además*
between *entre*
big *grande*
by bike *en bici*
bill *la cuenta*
biology *la biología*
bird *el pájaro*
biro *el boli, el bolígrafo*
birthday *el cumpleaños*
biscuit *la galleta*
black *negro/a*
blond *rubio/a*
blue *azul*
full board *la pensión completa*
half board *la media pensión*
by boat *en barco*
book *el libro*
telephone book *la guía telefónica*
to book *reservar*
booking office *la taquilla*
bookshop *la librería*
boring *aburrido/a*
I was born *nací*
(s)he was born *nació*
where were you born? *¿dónde naciste?*
bottle *la botella*
box *la caja*
boy *el chico*
boyfriend *el novio*
boys' *(adj.) masculino/a*
bracelet *la pulsera*
brake *el freno*
to brake *frenar*
brand *la marca*
brave *valiente*
bread *el pan*
break *el recreo*
to break *romper(se)*
breakdown *la avería*
breakfast *el desayuno*
bridge *el puente*
to bring *traer*
brochure *el folleto*
broken *roto/a*
I have broken my … *me he roto el/la …*
brother *el hermano*
brown (hair) *marrón, castaño/a*
I brush my teeth *me lavo los dientes*
budgie *el periquito*
bull fight *la corrida de toros*
bull ring *la plaza de toros*
bungee jumping *el puenting*
bureau de change *el cambio*
to burn (oneself) *quemar(se)*
I have burnt myself *me he quemado*
by bus *en autobús*
business *la empresa*
businessman/woman *el/la hombre/mujer de negocios*
but *pero*
butcher's *la carnicería*
butter *la mantequilla*
to buy *comprar*

C

cabin *la cabaña*
café *la cafetería*
cake shop *la pastelería*
calculator *la calculadora*
I am called *me llamo*
(s)he is called *se llama*
they are called *se llaman*
what are you called? *¿cómo te llamas?*
camera *la máquina de fotos/cámara fotográfica*
campsite *el camping*
I can *puedo*
one can *se puede*
canteen *el comedor*
cap *el gorro*
by car *en coche*
car park *el aparcamiento*
caravan *la caravana*
student card *el carné de estudiante*
carpenter *el/la carpintero/a*
carrot *la zanahoria*
cartoons *los dibujos animados*
cash desk *la caja*
in cash *el dinero en efectivo*
castanets *las castañuelas*
castle *el castillo*
cat *el gato*
cathedral *la catedral*
central *céntrico/a*
cereal *los cereales*
chair *la silla*
to change *cambiar*
I chat *charlo*
to chat *charlar*
cheap *barato/a*
cheese *el queso*
chef *el/la cocinero/a*
chemist's *la farmacia*
chemistry *la química*
(traveller's) cheque *el cheque (de viaje)*
chess *el ajedrez*
chest of drawers *la cómoda*
chicken *el pollo*
child *el niño, la niña*
Chile *Chile*
Chilean *chileno/a*
chips *las patatas fritas*

chocolate *el chocolate*
choir *el coro*
to choose *seleccionar, elegir*
chop *la chuleta*
Christmas *la Navidad*
Christmas Eve *la Nochebuena*
church *la iglesia*
cigarette *el cigarrillo*
cinema *el cine*
city *la ciudad*
second class *segunda clase*
classmate *el/la compañero/a de clase*
classroom *el aula*
clean *limpio/a*
to clean *limpiar*
to clean one's teeth *lavarse los dientes*
there is a clear sky *está despejado*
I clear the table *quito la mesa*
to clear the table *quitar la mesa*
clever *inteligente*
closed *cerrado/a*
clothes *la ropa*
it is cloudy *está nublado*
club *el club*
by coach *en autocar*
coast *la costa*
code *el código*
coffee *el café*
black coffee *el café solo*
white coffee *el café con leche*
coin *la moneda*
cold *el catarro*
it is cold *hace frío*
to be cold *tener frío*
to have a cold *estar constipado/a*
colour *el color*
comedy *la comedia*
comfortable *cómodo/a*
comic *el tebeo*
compact disc *el CD/disco compacto*
company *la compañía*
competition *el concurso*
to complain *quejarse*
complaint *la queja*
compulsory *obligatorio/a*
computer *el ordenador*
concert *el concierto*
it consists of *consiste en*
contact lenses *las lentillas*
to continue *seguir*
cooker *la cocina*
cookery *la cocina*
copy *el ejemplar, la copia*
to copy *copiar*
corner *la esquina*
it costs *cuesta*
cotton *de algodón*
cough *la tos*
country (nation) *el país*
country(side) *el campo*
course *el curso*
court (sports) *la cancha*
cousin *el primo, la prima*
cowardly *cobarde*
craft *los trabajos manuales*
cream *la crema*
creative *creativo/a*
credit card *la tarjeta de crédito*
crisps *las patatas (fritas)*
cross (imp.) *cruce*
to cross *cruzar*
crossroads *el cruce*
cup *la taza*
curly *rizado/a*
customer *el cliente, la clienta*
I have cut myself *me he cortado*
to cut (oneself) *cortar(se)*
cycling *el ciclismo*

D

daily *diario/a*
danger *el peligro*
dangerous *peligroso/a*
daring *atrevido/a*
dark (colour) *oscuro/a*
dark (complexion) *moreno/a*
date *la fecha*
what date is it? *¿cuál es la fecha?*
daughter *la hija*
day *el día*
every day *todos los días*
dead *muerto/a*
dear (formal letter) *estimado/a, distinguido/a*
dear (informal letter) *querido/a*
December *diciembre*
to decide *decidir*
delay *el retraso*
delicious *rico/a*
to deliver *repartir*
dentist *el/la dentista*
department *la sección*
department store *los grandes almacenes*
design *el diseño*
designer *el/la diseñador/a*
diarrhea *la diarrea*
diary *la agenda, el diario*
dictionary *el diccionario*
different *diferente*
difficult *difícil*
dinner *la cena*
I have dinner *ceno*
to have dinner *cenar*
dining room *el comedor*
direct *directo/a*
dirty *sucio/a*
disaster *el desastre*
discount *el descuento*
dish *el plato*
dishwasher *el lavaplatos*
disobedient *desobediente*
district *el barrio*
divorced *divorciado/a*
dizzy *mareado/a*
doctor *el/la médico/a*
documentary *el documental*
dog *el perro*
doll *la muñeca*
door *la puerta*
double *doble*
dozen *la docena*
drama *el teatro*
I feel dreadful *estoy fatal*
dress *el vestido*
drink *la bebida*
to drink *beber, tomar*
to drive *conducir*
they drive me mad *me dan rabia*
driver *el/la conductor/a*
drugs *las drogas*
drums *la batería*
DT *la tecnología*
during *durante*
dust *el polvo*
to dust *quitar el polvo*

E

ear *la oreja,* (inner) *el oído*
early *temprano*
to earn *ganar*
earring *el pendiente*
easily *fácilmente*
east *el este*
Easter *Semana Santa*
easy *fácil*
egg *el huevo*
scrambled eggs *los huevos revueltos*
eight *ocho*
eight hundred *ochocientos/as*
eighteen *dieciocho*
eighth *octavo/a*
eighty *ochenta*
electrician *el/la electricista*
eleven *once*
emergency *la urgencia*
at the end *al final*
to end *terminar*
it ends *termina*
enemy *el enemigo*
engine *el motor*
engineer *el/la ingeniero/a*
England *Inglaterra*
English *(adj.) inglés/inglesa*
English (language) *el inglés*
entrance *la entrada*
eraser *la goma*
to escape *escaparse*
estate *la finca*
euro *el euro*
good evening *buenas tardes*
in the evening *por la tarde*
every *cada*
every day *todos los días*
exam *el examen*
exchange (money) *el cambio de moneda*
to exchange *cambiar*
excuse me *perdón, perdone*
exercise book *el cuaderno*
exit *la salida*
expensive *caro/a*
experience *la experiencia*
extreme sports *los deportes de riesgo*
extrovert *extrovertido/a*
eye *el ojo*

F

facility *la facilidad*
factory *la fábrica*
fair *justo/a*
fair-skinned *rubio/a*
yours faithfully *le saluda atentamente*
to fall in love with *enamorarse de*
family *la familia*
fan *el abanico*

do you fancy …? *¿te apetece …?*
far (from) *lejos (de)*
farm *la granja*
farmer *el/la granjero/a*
fashionable *de moda*
fast *rápido/a*
fat (adj.) *gordo/a*
fat (grease) *la grasa*
father *el padre*
in favour of *a favor de*
February *febrero*
to feed *dar de comer a*
I feel like it *me da la gana*
felt-tip *el rotulador*
by ferry *en ferry*
fever *la fiebre*
fifteen *quince*
fifth *quinto*
fifty *cincuenta*
file *la carpeta,* (ICT) *el fichero*
to fill (in) *rellenar*
film *la película*
it is fine weather *hace buen tiempo*
finger *el dedo*
firefighter *el/la bombero/a*
first *primero/a*
fish (alive) *el pez*
fish (to eat) *el pescado*
to fish *pescar*
fishing *la pesca*
fitting room *el probador*
five *cinco*
five hundred *quinientos/as*
fizzy *con gas*
flat (apartment) *el piso*
flexible *flexible*
flight *el vuelo*
floor *el piso, la planta*
flower *la flor*
flu *la gripe*
flute *la flauta*
it is foggy *hay niebla*
food *la comida*
foot *el pie*
on foot *a pie, andando*
football *el fútbol*
for (in favour of) *a favor de*
for (time) *desde hace*
forbidden *prohibido/a*
to forget *olvidar*
fork *el tenedor*
fortnight *quince días*
fortunately *afortunadamente*
forty *cuarenta*
four *cuatro*
four hundred *cuatrocientos/as*
fourteen *catorce*
fourth *cuarto/a*
France *Francia*
freckle *la peca*
free *libre*
freedom *la libertad*
freezer *el congelador*
French (adj.) *francés/francesa*
French (language) *el francés*
Friday *el viernes*
fridge *el frigorífico, la nevera*
fried *frito/a*
friend *el/la amigo/a*
friendship *la amistad*

to be frightened *tener miedo*
in front of *delante de*
fruit *la fruta*
fruit shop *la frutería*
full *lleno*
fun *divertido/a*

G

game *el juego*
garden *el jardín*
generally *en general*
generous *generoso/a*
gentleman *el señor*
gentlemen's toilets *los caballeros*
geography *la geografía*
German (adj.) *alemán/alemana*
German (language) *el alemán*
Germany *Alemania*
I get back *vuelvo*
I get dressed *me visto*
to get dressed *vestirse*
do you get on well with …? *¿te llevas bien con ..?*
I get on well with … *me entiendo bien con …*
I get ready *me arreglo*
to get ready *arreglarse*
I get up *me levanto*
to get up *levantarse*
to get wet *mojarse*
girl *la chica*
girlfriend *la novia*
girls' (adj.) *femenino/a*
give me *deme*
glass *el vaso*
(sun) glasses *gafas (de sol)*
glove *el guante*
to go *ir*
I go to bed *me acuesto*
to go to bed *acostarse*
I go to sleep *me duermo*
to go to sleep *dormirse*
how do you go? *¿cómo vas?*
I go *voy*
I shall go *iré*
they go *van*
we go *vamos*
goal *el gol*
(s)he/it goes *va*
gold *de oro*
golf *el golf*
good *bueno/a*
the good thing *lo bueno*
to have a good time *pasárselo bien*
goodbye *adiós*
good-looking *guapo/a*
goods *los artículos*
gram *el gramo*
grandfather *el abuelo*
grandmother *la abuela*
grape *la uva*
graphic *gráfico/a*
great! *¡fenomenal!*
to have a great time *pasarlo bomba*
greedy *avaricioso/a*
green *verde*
green vegetables *las verduras*
grey *gris*

guesthouse *el hostal*
gymnasium *el gimnasio*
gymnastics *la gimnasia*

H

I had *tuve*
hair *el pelo*
hairdresser *el/la peluquero/a*
half an hour *media hora*
half past *y media*
hall *el auditorio*
ham *el jamón*
hamburger restaurant *la hamburguesería*
hamster *el hámster*
hand *la mano*
handball *el balonmano*
handsome *guapo/a*
hang-gliding *el ala delta*
what has happened to you? *¿qué te ha pasado?*
happy *contento/a*
hardworking *trabajador(a)*
to harm *hacer daño a*
I have harmed my … *me he hecho daño en …*
(s)he/it has *tiene*
one has to *hay que*
I hate *odio*
I have *tengo*
to have *tener*
I have a bath *me baño*
to have a bath *bañarse*
I have a shower *me ducho*
to have a shower *ducharse*
I have breakfast *tomo el desayuno/desayuno*
to have breakfast *tomar el desayuno/desayunar*
I have to *tengo que*
to have to *tener que*
he *él*
head *la cabeza*
health *la salud*
heated *climatizado/a*
hello *¡hola!*
to help *ayudar*
can I help you? *¿te puedo ayudar?*
here *aquí*
to hire *alquilar*
history *la historia*
to hit *chocar con*
hobby *el pasatiempo*
hockey *el hockey*
hole *el agujero*
on holiday *de vacaciones*
at home *en casa*
home economics *la cocina*
homework *los deberes*
to hoover *pasar la aspiradora*
horse *el caballo*
horse riding *la equitación*
hospital *el hospital*
hostel *el albergue*
hot *caliente*
it is hot *hace calor*
to be hot *tener calor*
hotel *el hotel*
hour *la hora*
house *la casa*

household chore *la tarea doméstica*
how? *¿cómo?*
how many? *¿cuántos/as?*
how much? *¿cuánto/a?*
however *sin embargo*
hundred *cien(to)*
to be hungry *tener hambre*
to be in a hurry *tener prisa*
my … hurt *me duele(n) ….*
husband *el marido*
hypermarket *el hipermercado*

I

I *yo*
ice *el hielo*
ice cream *el helado*
ICT *la informática*
ill *enfermo/a*
impatient *impaciente*
important *importante*
in *en*
information office *la información*
injured *herido/a*
instead of *en vez de*
intelligent *inteligente*
interesting *interesante*
internet *la red*
interpreter *el/la intérprete*
introverted *introvertido/a*
Ireland *Irlanda*
Irish *irlandés/irlandesa*
to iron *planchar*
(s)he/it is *es, está*
there is *hay*
Italian *italiano/a*
Italy *Italia*

J

jacket *la chaqueta*
jam *la mermelada*
January *enero*
jealous *celoso/a*
jeans *los vaqueros*
jeweller's *la joyería*
jewellery *las joyas*
job *el empleo*
journalist *el/la periodista*
journey *el viaje*
juice *el zumo*
July *julio*
jumper *el jersey*
junction *el cruce*
June *junio*
junk food *la comida basura*

K

key *la llave*
kidnap *el secuestro*
kilo *el kilo*
kitchen *la cocina*
knee *la rodilla*
knife *el cuchillo*
(s)he/it knocked down *atropelló a*
I don't know *no lo sé*
to know (fact) *saber*
to know (person/place) *conocer*

L

laboratory *el laboratorio*
ladies' toilets *las señoras*
lady *la señora*
lake *el lago*
lamb *el cordero*
lamp *la lámpara*
to land *aterrizar*
language *el idioma, la lengua*
lasagne *la lasaña*
last *último/a*
to last *durar*
last … *… pasado/a*
late *tarde*
laundry *la lavandería*
lawn *el césped*
I lay the table *pongo la mesa*
to lay the table *poner la mesa*
lazy *perezoso/a*
leather *de cuero*
I leave *salgo*
to leave *salir*
to leave (behind) *dejar*
I left *dejé*
on the left *a la izquierda*
on the left hand side *a mano izquierda*
left luggage office *la consigna*
there is/are none left *no queda(n)*
leg *la pierna*
lemon *el limón*
lemonade *la limonada*
less *menos*
lesson *la clase*
to let (allow) *permitir*
to let (rent) *alquilar*
letter *la carta*
a liar *mentiroso/a*
library *la biblioteca*
life *la vida*
lift *el ascensor*
light *la luz*
light (colour) *claro/a*
do you like? *¿te gusta(n)?*
I like *me gusta(n)*
I would like *quisiera*
they like *les gusta(n)*
we like *nos gusta(n)*
(s)he likes *le gusta(n)*
line *la línea*
to listen to *escuchar*
litre *el litro*
little *poco/a*
a little *un poco*
live (spectacle) *en vivo*
I live *vivo*
they live *viven*
to live *vivir*
we live *vivimos*
where do you live? *¿dónde vives?*
(s)he/it lives *vive*
living room *la sala de estar*
loaf *la barra*
long *largo*
to look after *cuidar, ocuparse de*
lorry *el camión*
lorry driver *el/la camionero/a*
to lose *perder*
I have lost *he perdido*
lost property *los objetos perdidos*
a lot *mucho*
a lot of *mucho/a*
lounge *el salón*
love *el amor*
I love *me encanta(n)*
love from (in letter) *un abrazo*
luggage *el equipaje*
lunch *la comida/el almuerzo*
I have lunch *como*
to have lunch *comer*
lunch time *la hora de comer*
luxury *de lujo*
lying *mentiroso/a*

M

madam *(la) señora*
magazine *la revista*
main character *el protagonista*
make *la marca*
I make *hago*
to make *hacer*
manager *el director*
map *el mapa*
March *marzo*
market *el mercado*
marriage *el matrimonio*
married *casado/a*
to marry *casarse con*
match *el partido*
maths *las matemáticas*
what's the matter? *¿qué pasa?*
mauve *púrpura*
May *mayo*
to measure *medir*
meat *la carne*
mechanic *el/la mecánico/a*
medicine *el jarabe*
medium *mediano*
we shall meet *quedamos*
meeting *la reunión*
melon *el melón*
menu *el menú*
Mexican *mexicano/a*
Mexico *México*
at midday *al mediodía*
in the middle *en el centro*
at midnight *a medianoche*
milk *la leche*
minute *el minuto*
mirror *el espejo*
it is missing *falta*
mistake *el error*
mixed *mixto/a*
mobile phone *el teléfono móvil*
modern *moderno/a*
module *la modalidad, módulo*
Monday *el lunes*
money *el dinero*
month *el mes*
monthly *mensual*
more *más*
more or less *más o menos*
early morning *la madrugada*
good morning *buenos días*
in the morning *por la mañana*
mother *la madre*
motorbike *moto*
motorway *la autopista*
mountain *la montaña*

mouse *el ratón*
moustache *el bigote*
museum *el museo*
mushroom *el champiñón*
music *la música*
music centre *el equipo de música*
one must *se debe*
my *mi(s)*

N

name *el nombre*
his/her/its name is *se llama*
my name is *me llamo*
their names are *se llaman*
nasty *antipático/a*
near (to) *cerca (de)*
necklace *el collar*
nervous *nervioso/a*
never *nunca*
new *nuevo/a*
New Year's Day *el Año Nuevo*
New Year's Eve *la Nochevieja*
news *el telediario, las noticias*
news stand *el quiosco*
newspaper *el periódico*
next *próximo, siguiente, que viene*
on the next day *al día siguiente*
next to *al lado de*
nice (friendly) *simpático/a*
at night *por la noche*
good night *buenas noches*
nine *nueve*
nine hundred *novecientos/as*
nineteen *diecinueve*
ninety *noventa*
ninth *noveno/a*
no *no*
nobody *nadie*
noisy *ruidoso/a*
north *el norte*
nose *la nariz*
not at all *de nada*
note (banknote) *el billete*
note (jotting) *el apunte*
nothing *nada*
nougat *el turrón*
November *noviembre*
nurse *el/la enfermero/a*

O

it is ... o'clock *es/son la(s) ...*
occasionally *de vez en cuando*
October *octubre*
office *la oficina*
often *a menudo*
oil *el aceite*
okay *de acuerdo, vale*
I'm okay *estoy regular*
I am okay in *se me da(n) bien*
old (building etc.) *antiguo/a*
old (person) *viejo/a*
how old are you? *¿cuántos años tienes?*
omelette *la tortilla*
on *sobre, en*
one *un(o)/a*
onion *la cebolla*
open *abierto/a*
in the open air *al aire libre*
opposite *enfrente de*
optician's *la óptica*
or *o/u*
orange *la naranja*
orangeade *la naranjada*
orchestra *la orquesta*
organic *ecológico/a*
other *otro/a*
outside *fuera*
on the outskirts *en/a las afueras*
overdone *demasiado hecho/a*

P

packet *el paquete*
badly paid *mal pagado*
well paid *bien pagado*
pain *el dolor*
palace *el palacio*
paragliding *el parapente*
paper *el papel*
parents *los padres*
park *el parque*
to park *aparcar*
part-time *a tiempo parcial*
partner *el/la compañero/a*
party *la fiesta*
to pass by *pasar*
passport *el pasaporte*
go past *(imp.) pase*
pasta *la pasta*
patient *paciente*
patio *el patio*
to pay *pagar*
PE *la educación física*
peas *los guisantes*
peach *el melocotón*
pear *la pera*
pedestrian *(adj.) peatonal*
pedestrian (person) *el peatón*
pencil *el lápiz*
pencil case *el estuche*
pencil sharpener *el sacapuntas*
people *la gente*
perfume shop *la perfumería*
pet *el animal doméstico*
pharmacist *el/la farmacéutico/a*
to phone *llamar (por teléfono)*
photo *la photo*
photography *la fotografía*
physics *la física*
pill *la pastilla*
pilot *el piloto*
pineapple *la piña*
pink *(de color) rosado/a*
pitch (campsite) *la parcela*
pitch (football) *el campo (de fútbol)*
place *el sitio*
plan *el plano*
plane *en avión*
plant *la planta*
platform *el andén*
I play (games, sports) *juego a*
to play (games, sports) *jugar a*
to play (an instrument) *tocar*
to play the piano *tocar el piano*
playground *el patio*
pleasant *agradable*
please *por favor*
poisonous *venenoso/a*
police *(adj.) policíaco/a*
police force *la policía*
police station *la comisaría*
policeman/woman *el/la policía*
polite *cortés/cortesa*
polluted *contaminado/a*
pollution *la contaminación*
popular *popular*
pork *el cerdo*
port *el puerto*
position *el puesto*
post office *Correos*
postcard *la postal*
potato *la patata*
pound sterling *la libra esterlina*
practical *práctico/a*
I prefer *prefiero*
to prefer *preferir*
prefix *el prefijo*
to prepare *preparar*
present (gift) *el regalo*
pretty *bonito/a*
prison *la cárcel*
private *privado/a*
prize *el premio*
problem *el problema*
programme *el programa*
proud *orgulloso/a*
pub *el bar*
pudding *el postre*
puncture *el pinchazo*
to punish *castigar*
pupil *el/la alumno/a*
purse *el monedero*
I put on *me pongo*
to put on *ponerse*

Q

quarter past *y cuarto*
quarter to *menos cuarto*
quick *rápido/a*
quiet *tranquilo/a*
quite *bastante*

R

rabbit *el conejo*
race *la carrera*
radio *la radio*
raincoat *el impermeable*
it is raining *está lloviendo*
it rains *llueve*
RE *la religión*
receipt *el recibo*
reception *la recepción*
receptionist *el/la recepcionista*
to recycle *reciclar*
red wine *el vino tinto*
redhead *pelirrojo/a*
referring to *en relación a*
refund *el reembolso*
to refund *devolver*
region *la región*
registration number *la matrícula*
I relax *me relajo*
to relax *relajarse*
to remember *acordarse de*
to rent *alquilar*
rental *el alquiler*

to request *solicitar*
responsibility *la responsabilidad*
responsible *responsable*
rest *el descanso*
to rest *descansar*
restaurant *el restaurante*
retired *jubilado/a*
return (ticket) *de ida y vuelta*
to return (go back) *volver*
to return (refund) *devolver*
rice *el arroz*
rice pudding *el arroz con leche*
rich *rico*
on the right *a la derecha*
on the right hand side *a mano derecha*
ring *el anillo*
risk *el riesgo*
river *el río*
road *la carretera*
robbery *el robo*
romantic *romántico/a*
room *la habitación*
routine *la rutina*
routine *(adj.) rutinario/a*
rubber *la goma*
rubbish *la basura*
rude *mal educado/a*
rug *la alfombra*
rugby *el rugby*
ruined *estropeado/a*
rule *la regla*
ruler *la regla*

S

sad *triste*
sailing *la vela*
salad *la ensalada*
salary *el sueldo*
sales *las rebajas*
same *mismo/a*
Saturday *el sábado*
to save *ahorrar*
savings *los ahorros*
I saw *vi*
school *(adj.) escolar*
school (primary) *la escuela*
school (secondary) *el instituto, el colegio*
science *las ciencias*
science fiction *(adj.) de ciencia ficción*
scientific *científico/a*
to score a goal *marcar un gol*
Scotland *Escocia*
Scottish *escocés/escocesa*
scratched *rasgado/a*
sea *el mar*
seasick *mareado/a*
second *segundo/a*
secretary *la secretaria*
seldom *pocas veces*
selfish *egoísta*
sensitive *sensible*
separated *separado/a*
September *septiembre*
series *la serie*
serious *grave, serio/a*
seven *siete*
seven hundred *setecientos/as*
seventeen *diecisiete*
seventh *séptimo/a*
seventy *setenta*
what a shame! *¡qué pena!*
she *ella*
sheet *la sábana*
shelf *el estante*
shirt *la camisa*
shoes *los zapatos*
shop *la tienda*
shopping centre *el centro comercial*
I go shopping *hago la compra, voy de compras*
to go shopping *hacer la compra, ir de compras*
short (hair) *corto/a*
short (person) *bajo/a*
shower *la ducha*
showing (of a film) *la sesión*
to shut *cerrar*
it shuts *cierra*
shy *tímido/a*
sick *mareado/a*
sickness *los vómitos*
to sign *firmar*
silk *de seda*
silver *de plata*
sincere *sincero/a*
to sing *cantar*
singer *el/la cantante*
single (room) *individual*
single (ticket) *de ida, sencillo*
single (unmarried) *soltero/a*
sir *(el) señor*
sister *la hermana*
six *seis*
six hundred *seiscientos/as*
sixteen *dieciséis*
sixth *sexto/a*
sixty *sesenta*
size (in general) *el tamaño*
size (of clothes) *la talla*
size (of shoes) *el número*
skating *el patinaje*
skiing *el esquí*
skirt *la falda*
slow *lento/a*
small *pequeño/a*
to smoke *fumar*
non-smoking *no fumador*
it is snowing *está nevando*
it snows *nieva*
soap *el jabón*
soap opera *la telenovela*
sock *el calcetín*
sofa *el sofá*
some *unos/as*
someone *alguien*
something *algo*
sometimes *a veces*
son *el hijo*
I am sorry *lo siento*
so-so *regular*
soup *la sopa*
south *el sur*
souvenir *el recuerdo*
space *el espacio*
spaghetti *los espaguetis*
Spain *España*
Spanish *(adj.) español(a)*
Spanish (language) *el español*
I speak *hablo*
to speak *hablar*
spoon *la cuchara*
spoonful *la cucharada*
sport *el deporte*
to do sport *hacer deporte*
sports *(adj.) deportivo/a*
sports centre *el polideportivo*
sportsperson *el/la deportista*
sporty *deportista*
spring *la primavera*
square *la plaza*
stadium *el estadio*
staff room *la sala de profesores*
stain *la mancha*
stained *manchado/a*
stairs *la escalera*
bus station *la estación de autobuses*
coach station *la estación de autocares*
service station *la estación de servicio*
train station *la estación de trenes*
under-ground station *la estación de metro*
stationer's *la papelería*
strawberry *la fresa*
I stay *me quedo*
to stay *quedarse*
steak *el filete*
stepbrother *el hermanastro*
stepfather *el padrastro*
stepmother *la madrastra*
stepsister *la hermanastra*
stomach *el estómago*
stop *la parada*
bus stop *la parada de autobús*
it is stormy *hay tormenta*
straight away *en seguida*
straight on *todo recto*
street *la calle*
stressed *estresado/a*
strict *estricto/a*
striped *de rayas*
student *el/la estudiante*
study *el estudio*
I study *estudio*
to study *estudiar*
stupid *tonto/a, estúpido/a*
subject *la asignatura*
subway *el paso subterráneo*
sugar *el azúcar*
to suit *convenir*
suitcase *la maleta*
it suits me (to do something) *me conviene*
summer *el verano*
I sunbathe *tomo el sol*
to sunbathe *tomar el sol*
sunbathing *tomando el sol*
Sunday *el domingo*
it is sunny *hace sol*
sunstroke *la insolación*
supermarket *el supermercado*
supper *la cena*
I have supper *ceno*
to have supper *cenar*
surgery *la consulta*
sweatshirt *la sudadera*
sweet *el caramelo*
swimming *la natación*
swimming pool *la piscina*

T

table *la mesa*
tablecloth *el mantel*
to take *tomar*
to take (time) *tardar en*
I'll take it *me lo llevo*
to take off *despegar*
talkative *hablador(a)*
tall *alto/a*
I am … tall *mido … metros*
tasty *sabroso/a*
by taxi *en taxi*
tea (drink) *el té*
tea (to eat) *la merienda*
teacher *el/la profesor(a)*
team *el equipo*
in a team *en equipo*
technical *técnico/a*
tee shirt *la camiseta*
on the telephone *por teléfono*
television *la televisión*
ten *diez*
tennis *el tenis*
tent *la tienda*
tenth *décimo/a*
terrace *la terraza*
thank you *gracias*
that *ese/esa*
that one there *aquel/aquella*
the *el/la/los/las*
theatre *el teatro*
then *luego, entonces*
there *allí*
there is/are *hay*
these *estos/as*
they *ellos/as*
thin *delgado/a*
thing *la cosa*
third *tercero/a*
to be thirsty *tener sed*
thirteen *trece*
thirty *treinta*
this *este/a*
those *esos/as*
those ones there *aquestallos/as*
thousand *mil*
three *tres*
three hundred *trescientos/as*
throat *la garganta*
Thursday *el jueves*
ticket (entrance) *la entrada*
ticket (travel) *el billete*
ticket office *la taquilla*
book of tickets (for the metro) *el bono-metro*
take *(imp.) coja*
tie *la corbata*
tight *ajustado/a*
time *la vez*
at what time? *¿a qué hora?*
on time *a tiempo*
what time is it? *¿qué hora es?*
two or three times *dos o tres veces*
timetable *el horario*
tin *la lata*
tip *la propina*
tired *cansado/a*
to be tired *tener sueño*
to *a*
toast *la tostada*
tobacconist's *el estanco*
today *hoy*
toilet block *el bloque sanitario*
toilet paper *el papel higiénico*
toilets *los servicios*
tomato *el tomate*
tomorrow *mañana*
too *demasiado*
tooth *el diente,* (molar) *la muela*
toothpaste *la pasta de dientes*
tourist *el/la turista*
tourist office *la oficina de turismo*
touristy *turístico/a*
towel *la toalla*
town (city) *la ciudad*
town (small) *el pueblo*
town hall *el ayuntamiento*
toy shop *la juguetería*
traffic *el tráfico*
traffic light *el semáforo*
by train *en tren*
trainers *las zapatillas deportivas*
training (sports) *el entrenamiento*
training (vocational) *la formación*
to travel *viajar*
travel agency *la agencia de viajes*
tree *el árbol*
trousers *los pantalones*
to try on *probar*
Tuesday *el martes*
turn *(imp.) tuerza*
to turn *torcer*
to turn off *apagar*
to turn on *encender*
to turn out *apagar*
twelve *doce*
twenty *veinte*
twenty-one *veintiuno*
twenty-two *veintidós*
twin *el/la gemelo/a*
to twist *torcer*
I have twisted my … *me he torcido …*
two *dos*
two hundred *doscientos/as*

U

ugly *feo/a*
umbrella *el paraguas*
uncle *el tío*
uncomfortable *incómodo/a*
underdone *poco hecho/a*
underground (railway) *el metro*
understanding *comprensivo/a*
underwater diving *el submarinismo*
unfair *injusto/a*
unfortunately *desafortunadamente*
uniform *el uniforme*
United States *los Estados Unidos*
university *la universidad*
university *(adj.) universitario/a*
to unplug *desenchufar*
to use *usar*
useful *útil*
useless *inútil*
user *el/la usuario/a*

V

vacuum cleaner *la aspiradora*
vanilla *la vainilla*
varied *variado/a*
variety *la variedad*
vegetarian *vegetariano/a*
very *muy*
video *el vídeo*
view *la vista*
village *el pueblo*
vinegar *el vinagre*
vitamin *la vitamina*
volleyball *el voleibol*

W, X

wages *el sueldo*
waiter *el camarero*
waiting room *la sala de espera*
waitress *la camarera*
I wake up *me despierto*
to wake up *despertarse*
Wales *Gales*
to walk *ir a pie, caminar*
to walk the dog *pasear el perro*
wallet *el billetero*
I want *quiero*
to want *querer*
war *la guerra*
wardrobe *el armario*
there was *había* (imperfect tense)
there was *hubo* (preterite tense)
to wash *lavar*
to wash (oneself) *lavarse*
to wash up *fregar los platos*
washbasin *el lavabo*
I get washed *me lavo*
washing machine *la lavadora*
waste *la pérdida*
waste of time *la pérdida de tiempo*
watch *el reloj*
I watch *veo*
to watch *ver, mirar*
water *el agua*
wavy *ondulado/a*
we *nosotros/as*
Wednesday *el miércoles*
week *la semana*
each week *a la semana*
weekend *el fin de semana*
weekly *semanal*
I weigh … kilos *peso … kilos*
to weigh *pesar*
I am well *estoy bien*
well informed *bien informado/a*
Welsh *galés/galesa*
I went *fui*
we went *fuimos*
west *el oeste*
to get wet *mojarse*
what? *¿qué?*
what is it like? *¿cómo es?*
when? *¿cuándo?*
where? *¿dónde?*
from where? *¿de dónde?*
to where? *¿adónde?*
which? *¿cuál(es?)*
which way? *¿por dónde?*
while *el rato*
white *blanco/a*
white water rafting *el rafting*
who? *¿quién?*
why? *¿por qué?*

widowed *viudo/a*
wife *la mujer*
to win *ganar*
window *la ventana*
shop window *el escaparate*
windscreen *el parabrisas*
windsurfing *el windsurf*
it is windy *hace viento*
wine *el vino*
wine list *la lista de vinos*
winter *el invierno*
with *con*
without *sin*
woollen *de lana*
work experience *las prácticas*
work *el trabajo*
I work *trabajo*
it doesn't work *no funciona*
to work (machine) *funcionar*
to work (person) *trabajar*
I worked *trabajé*
I was working *trabajaba*
workshop *el taller*
worried *preocupado/a*
I would like *me gustaría*
wrist *la muñeca*

Y, Z

year *el año*
I am … years old *tengo … años*
(s)he/it is … years old *tiene … años*
they are … years old *tienen … años*
yellow *amarillo*
yes *sí*
yesterday *ayer*
yoghurt *el yogur*
you *(pl.) vosotros/as*
you (polite) *usted(es)*
you *(sing.) tú*
young *joven*
young people *los jovénes*
youth hostel *el albergue juvenil*